LES

PEINTRES ILLUSTRES

PETIT IN-FOLIO

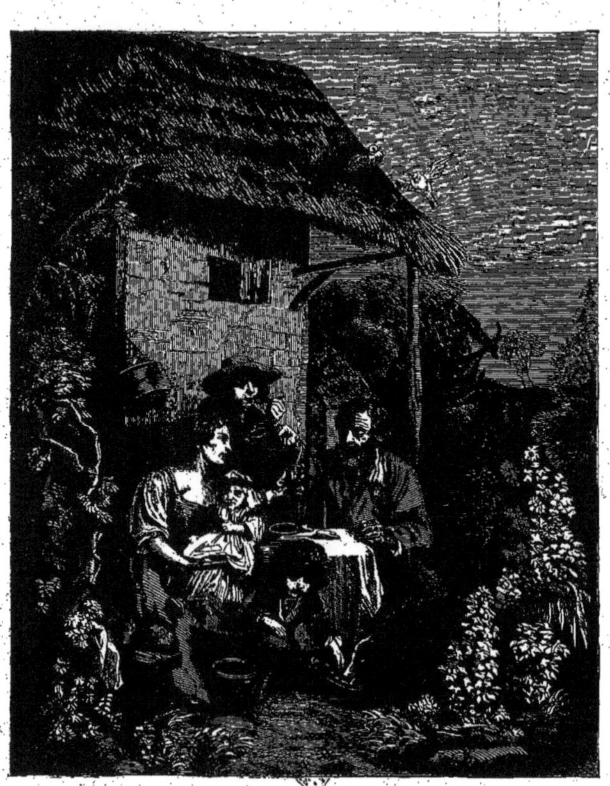

Le Repas de famille. — Tableau de WATTEAU.

LES

PEINTRES ILLUSTRES

PAR

Fr. DESPLANTES

ET

Paul PONTHIER

Vingt-six gravures

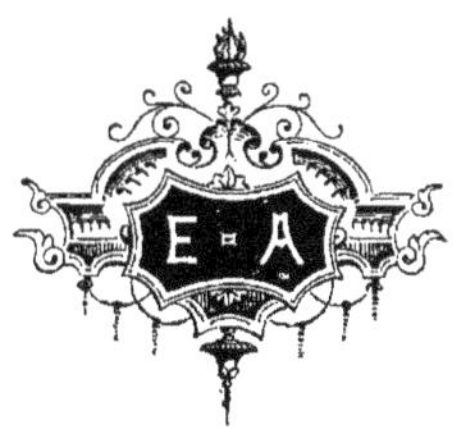

LIMOGES

EUGÈNE ARDANT ET Cie

ÉDITEURS.

INTRODUCTION

COUP D'ŒIL GÉNÉRAL SUR LA PEINTURE

ORIGINE

Les commencements de l'art du dessin et de la peinture remontent à la plus haute antiquité. Le dessin est, pour ainsi dire, aussi vieux que le monde : il est antérieur à l'invention de l'écriture, car il fut le premier essai d'écriture fait par les hommes. Les fragments des monuments de l'ancienne Egypte, que nous possédons encore, nous offrent des bas-reliefs, sur lesquels sont figurés le soleil, des hommes, des chevaux, des chats, des ibis, des animaux de toutes sortes, et tous ces dessins gravés sur la pierre avaient une signification précise, rappelaient des faits mémorables. Quelques-uns conservent même encore des traces d'enluminure. Les Egyptiens avaient d'ailleurs l'habitude de peindre leurs statues, afin de leur donner une plus grande apparence de vie.

LA PEINTURE CHEZ LES GRECS

Chez les Grecs, également, la peinture fut souvent alliée à la sculpture et les statues étaient parfois enluminées. Quant à la peinture proprement dite de la Grèce, il ne nous en reste malheureusement aucun spécimen ; mais, à en juger par l'enthousiasme des écrivains qui parlent des œuvres de Zeuxis, d'Apelles, etc., les Grecs ont dû exceller aussi bien dans la peinture que dans la sculpture. Ces artistes immortels, qui ne connaissaient alors que la peinture à la détrempe, égalèrent certainement en talent les Phidias, les Praxitèles et tous ces merveilleux sculpteurs dont les quelques œuvres qui subsistent excitent encore une admiration universelle.

Il est fort probable que les tableaux étaient alors disposés comme les bas-reliefs, c'est-à-dire n'avaient qu'un seul plan, sans profondeur; car les Grecs ne paraissent pas avoir eu le sentiment de la perspective.

LA PEINTURE CHEZ LES ROMAINS

Chez les Romains, la peinture fut également en grande faveur. Les tableaux atteignaient, à Rome, des prix très élevés (jusqu'à 200,000 francs de notre monnaie).

Quelques spécimens de la peinture romaine subsistent encore; par exemple, les peintures des bains de Titus, à Rome, et diverses fresques retrouvées dans les fouilles de Pompéï, la ville qui fut ensevelie sous les cendres de la fameuse éruption du Vésuve, dans le premier siècle de notre ère, le 29 août 79.

Mais, s'il ne nous reste que fort peu d'échantillons de la peinture romaine proprement dite, nous possédons de magnifiques mosaïques, spécimens plus durables de l'art dans l'ancienne Rome. Parmi les plus célèbres, nous citerons la mosaïque dite du *Capitole* ou des *Quatre Colombes*, trouvée auprès de Tivoli. Puis, la grande mosaïque de Pompéï qui, dit M. René Ménard, « représentant une bataille entre les Grecs et les Perses, est un des plus curieux morceaux de l'art antique. Le héros grec vient de percer de sa lance un guerrier barbare dont le cheval s'est abattu. Le chef barbare, monté sur un char, tient son arc à la main et semble pressentir sa défaite; son cocher fait tourner les chevaux pour prendre la fuite. Ce tableau, qu'on croit représenter la bataille d'Arbelles, passe pour la copie d'un ouvrage célèbre dans l'antiquité. »

Les vases étrusques, dont le musée du Louvre possède une fort belle collection, tous enrichis de figures d'un très grand style, sont également des spécimens de la peinture antique.

ÉPOQUE BYZANTINE

A la suite de l'invasion des Barbares dans l'empire romain — au IVe siècle, — les beaux-arts, comme la littérature, subirent une longue éclipse en Europe. La civilisation, déjà en décadence sous les derniers empereurs, disparut brusquement, et avec elle la peinture, qui eut une longue période d'obscurité.

Il nous faut maintenant arriver au Bas-Empire et à l'époque byzantine pour retrouver quelques traces de peinture artistique d'un nouveau genre, suffisamment défini par le terme de *style byzantin* qui lui a été attribué. Il se distingue, surtout, par l'alliance de l'or, des métaux et des pierres précieuses à la peinture proprement dite : son caractère est surtout hiératique et religieux. La peinture byzantine est intimement liée à l'enfance du christianisme.

DÉCADENCE

Après la chute de la cour de Byzance, la peinture disparaît encore une fois. Il nous faut, pour en retrouver quelques essais, faire un saut jusqu'au moyen-âge, où elle débute par l'ornementation des missels et des manuscrits. Plusieurs de ces enluminures sont de remarquables œuvres d'art. Elles sont, en général, l'ouvrage de moines artistes qui illustraient les manuscrits dans le silence et l'isolement du couvent et dont les noms ne sont point parvenus jusqu'à nous.

LES PRIMITIFS

Le premier anneau de la chaîne de la tradition moderne doit, croyons-nous, remonter aux *primitifs* italiens. A ces vaillants artistes, appartient l'honneur d'avoir fait sortir la peinture de l'obscurité et d'avoir ouvert la voie à leurs successeurs.

Le premier des *primitifs*, CIMABUÉ, naquit vers 1240. Ses ouvrages sont durs, secs, dénués de charme, mais montrent déjà une grande recherche d'expression et un certain art dans l'arrangement des draperies.

Remarquons en passant que, dès le XIVe siècle, les papes, en général, contribuèrent beaucoup à donner l'essor à la peinture par leurs nombreuses commandes de grands travaux décoratifs, tant fresques que mosaïques.

Après Cimabué, il convient de citer GIOTTO (1276-1336), ce petit pâtre que Cimabué trouva en train de dessiner sur le sable avec une pierre pointue et qu'il prit pour élève, par charité. C'est à Giotto que revient l'honneur d'avoir réellement fondé l'école italienne moderne, et même d'avoir été le véritable promoteur de la Renaissance. Comme tous les grands artistes de cette époque, il pratiqua simultanément tous les arts : il fut peintre, sculpteur, architecte, ingénieur, mosaïste, etc...

Puis, ORCAGNA (1329-1389) fit faire à son tour des progrès très sensibles à l'art de la peinture. Ses grandes fresques du Campo Santo de Pise sont demeurées célèbres et sont encore admirées.

Enfin, MASACCIO (1402-1428) mérite, lui aussi, d'être cité parmi les *primitifs*. « C'était un de ces hommes naïfs que leur vocation absorbe au point de les rendre insensibles pour tout le reste. Gauche, distrait et rêveur, il fut sans cesse préoccupé de son art... A 26 ans, le pauvre artiste mourut, selon l'opinion commune, empoisonné par des jaloux. Il fut le premier peintre italien qui posa ses personnages sur la plante de leurs pieds ; ses prédécesseurs les plaçaient toujours debout sur la pointe, faute de savoir exécuter assez habilement les raccourcis. » (*Alfred* MICHIELS.)

LA PEINTURE A L'HUILE

Nous voici arrivés au XVe siècle. Jusque-là, la peinture n'avait été exécutée qu'à la détrempe. La découverte de la peinture à l'huile, par les frères Hubert et Jean VAN ECK, de Bruges (vers 1420), va maintenant amener une révolution considérable dans l'art de peindre. Ces deux immortels artistes flamands portèrent, du premier coup, leur procédé à une perfection que l'on n'a jamais surpassée depuis lors. Leurs toiles ont, encore aujourd'hui, un éclat et une fraîcheur de coloris qui étonnent, quand on songe qu'elles sont exécutées depuis près de cinq siècles.

Le premier tableau de Van Eck qui arriva en Italie y causa une admiration générale. Celle-ci fut tellement vive qu'ANTONELLO de Messine (1414-1496) n'hésita pas à entreprendre le long et pénible voyage des Flandres pour apprendre le procédé des novateurs. Et pourtant, à cette époque, les relations étaient fort difficiles entre les Etats du Nord et ceux du Midi de l'Europe, c'est-à-dire entre les Flandres et l'Italie, ces deux grands centres du réveil de l'art.

De retour en Italie, Antonello communiqua à ses élèves le procédé des Van Eck. Ce fut ainsi que s'introduisit la peinture à l'huile dans les écoles italiennes. Et ce fut avec ce procédé, qui assurait à leurs ouvrages une durée pour ainsi dire indéfinie, que PELLAJUOLO, GHIRLANDAJO (1451-1495), et le PÉRUGIN (1446-1524), qui fut le maître de RAPHAEL, exécutèrent tous leurs chefs-d'œuvre.

LE SIÈCLE D'OR DE LA PEINTURE

Jusque-là, dans les Flandres aussi bien qu'en Italie et dans les autres pays, pour l'enluminure des manuscrits, l'art avait toujours conservé un certain caractère naïf qui a fait donner aux artistes de cette première époque le surnom de *primitifs*. Raphaël, lui-même, dans sa première manière, a conservé à cet égard l'influence de son maître le Pérugin. Nous avons de lui, au Louvre, deux petits tableaux bien précieux dans ce genre et qui sont loin de faire soupçonner les *Loges* du Vatican, que le maître devait exécuter plus tard.

Ce furent quelques débris de l'antiquité grecque, retrouvés dans des fouilles faites à Rome, qui révélèrent à Raphaël l'idéal d'un art nouveau, moins exclusivement immatériel que celui des *primitifs*, tels que GIOVANNI DA FIESOLE, surnommé FRA-ANGELICO (1387-1455), LUINI, MANTEGNA (1430-1506), etc... Dès lors l'étude de la forme de la nature humaine, recherchée dans la beauté et l'harmonie des lignes, a constitué le grand style italien.

A l'époque où nous sommes arrivés, la peinture atteint son apogée. Il suffit de citer les noms de LÉONARD DE VINCI, de MICHEL-ANGE, du CORRÈGE, de TITIEN, du TINTORET, de VÉRONÈSE, etc., qui portèrent l'art à une hauteur que l'on atteindra difficilement et — il est permis de le croire, — que l'on ne dépassera jamais. Cette époque est véritablement le siècle d'or de la peinture.

A partir de là, la décadence est visible. Elle se manifeste surtout par l'enseignement de l'école des CARRACHE (1) et par les fades peintures du GUIDE (1575-1642), qui n'ont plus l'ampleur et le grand style des maîtres que nous venons de nommer.

L'ART EN ESPAGNE

Presque en même temps qu'il reflorissait dans les diverses écoles italiennes, l'art était aussi pratiqué en Espagne avec beaucoup d'éclat par VÉLASQUEZ (1599-1660), MURILLO (1618-1682), ZURBARAN (1598-1662), qui sont, avec RIBÉRA (1588-1659), les maîtres les plus distingués de l'Ecole espagnole. Ce dernier vécut d'ailleurs longtemps en Italie.

L'ART ET LES ARTISTES FRANÇAIS

En France, si nous en exceptons François CLOUET, qui paraît avoir subi une lointaine influence des Van Eck, notre Ecole française se rattache, par ses origines, à la tradition italienne. En effet, entre autres résultats, nos expéditions en Italie, à la fin du XVe et du commencement du XVIe siècle, eurent celui de nous faire connaître les productions des maîtres italiens et de nous initier au remarquable mouvement de *renaissance* qui prenait un vigoureux essor dans la Péninsule. Pendant son séjour en Italie, François Ier fut frappé de surprise et d'admiration à la vue des chefs-d'œuvre que créait incessamment le génie de la nombreuse phalange des glorieux artistes des diverses écoles qui florissaient alors. Dès son retour en France, il attira plusieurs peintres à sa cour : LÉONARD DE VINCI (1452-1519), ANDRÉ DEL SARTE (1488-1530), LE PRIMATICE (1504-1570), LE ROSSO (1496-1541), Nicolo DELL' ABBATE (1509 ou 1512-1571), séjournèrent successivement à Fontainebleau et eurent une influence décisive sur l'art français.

Nous allons, d'ailleurs, donner un peu plus de détails pour la France que pour les autres pays à ce rapide résumé de l'histoire de la peinture, qui est l'introduction naturelle de ce volume, consacré

(1) Il a existé plusieurs peintres de ce nom. Les trois plus célèbres sont : Louis CARRACHE, né à Bologne en 1555, mort en 1619; Augustin CARRACHE, cousin de Louis, né à Bologne en 1557, mort à Parme en 1602; et Annibal CARRACHE, frère d'Augustin, né en 1560 et mort en 1609.

seulement aux plus illustres d'entre les artistes. Nous nous servons, pour cela de l'excellent et remarquable article publié par le *Magasin pittoresque*, en 1836, sur ce même sujet.

L'origine de la peinture n'est pas entourée en France du même éclat qu'en Italie, dit l'article en question. Cet art, pendant longtemps subordonné à l'architecture et à la sculpture, ne fut d'abord appliqué qu'à la décoration des édifices et à l'enluminure des livres de piété. Les manuscrits, trésors des bibliothèques modernes, furent presque tous *illustrés* dans les cloîtres dont l'obscurité dérobait, même aux contemporains, les noms des artistes ingénieux auxquels sont dus tant de curieux monuments.

Les essais de la peinture agrandie dans son but et dans ses moyens d'exécution datent seulement du XIVe siècle, époque où l'architecture et la sculpture, dites gothiques, avaient déjà atteint un degré de perfection et de pureté duquel elles ne pouvaient plus que déchoir.

Van Eck, connu également sous le nom de *Jean de Bruges*, avait depuis longtemps découvert et habilement pratiqué la peinture à l'huile ; les illustres et célèbres artistes Italiens avaient déjà signalé, par des chefs-d'œuvre bien connus, le réveil de leur art, que nous n'avions encore à opposer à ces gloires de l'Italie d'autres illustrations nationales que celles de François d'Orléans, de Guillaume de Marseille, et de Claude. Ces deux derniers attachèrent leur nom aux premières splendeurs de la peinture sur verre, qui vint couronner, par ses merveilleuses féeries, l'œuvre des grands architectes des XIIIe et XIVe siècles.

Il paraît, d'après Le Vieil, (*Art de la peinture sur verre*) que les premiers vitraux parurent seulement dans le XIe siècle, sous le roi Robert, trois cents ans après que l'usage des vitres fut devenu commun pour les fenêtres. Les noms de l'inventeur de ce procédé et des premiers peintres sur verre, si l'on peut appeler ainsi de simples ouvriers, ne nous ont pas été conservés. Ce serait considérer la peinture comme un métier que de voir un produit de ce bel art dans les premiers essais que l'on fit pour réunir, au moyen de coulisseaux de plomb, des fragments de verre colorés. Aux XIe et XIIe siècles c'était simplement une espèce de mosaïque transparente, de marqueterie en morceaux de verre, sur lesquels on appliqua les couleurs avec de l'eau de gomme, jusqu'au jour où l'on imagina de les cuire pour leur donner de la solidité. Ces morceaux, diversement figurés, n'offraient alors que des teintes plates et sans aucune gradation. Il y eut déjà un perfectionnement, lorsqu'au moyen de larges traits, on chercha à exprimer les parties ombrées.

Encouragé par la protection de Louis-le-Jeune, de Philippe-Auguste, de Saint-Louis, l'art des vitraux avait fait de grands progrès au XIIe et au XIIIe siècles. Sous Charles V, qui le favorisait par le magnifique emploi qu'il en faisait dans ses palais et surtout à l'hôtel Saint-Paul, à la Sainte-Chapelle, à l'église des Célestins et au Louvre; il avait dû prendre un grand essor. Animant par ses libéralités les peintres vitriers, ce prince leur accordait en outre des privilèges honorifiques et les déchargeait d'impôts par des édits qui, depuis, furent confirmés par quelques-uns de ses successeurs.

La peinture de manuscrits avait aussi fait de grands progrès, à cette époque, comme on peut en juger par les figures qui enrichissent les Heures du prince Jean, fils du roi Jean. Ces Heures doivent être citées parmi les plus beaux manuscrits de la Bibliothèque nationale. Plusieurs de ces figures, largement drapées et d'un très bon style, sont dignes des meilleurs temps des anciennes écoles d'Italie. Ce manuscrit, ainsi que quelques autres, prouve que les meilleurs progrès de la peinture en France ne sont point exclusivement dûs à l'Italie.

On ne peut cependant se refuser de croire que le séjour des papes, à Avignon, n'ait exercé une grande influence sur le perfectionnement de la peinture sur verre, qui florissait particulièrement dans le midi de la France. Il est probable que Guillaume de Marseille et Claude, qui furent appelés à Rome pour orner de leurs merveilleux vitraux les fenêtres du Vatican, n'avaient pas contemplé, sans fruit, les belles peintures de Giotto, qu'on admire encore aujourd'hui dans la cathédrale d'Avignon.

L'art de la peinture fit peu de progrès depuis le règne de Charles V jusqu'à celui de François Ier, qui détermina en France la renaissance des arts. Plein d'enthousiasme pour les écoles de l'Italie dont il connaissait et appréciait les principaux chefs-d'œuvre, ce prince

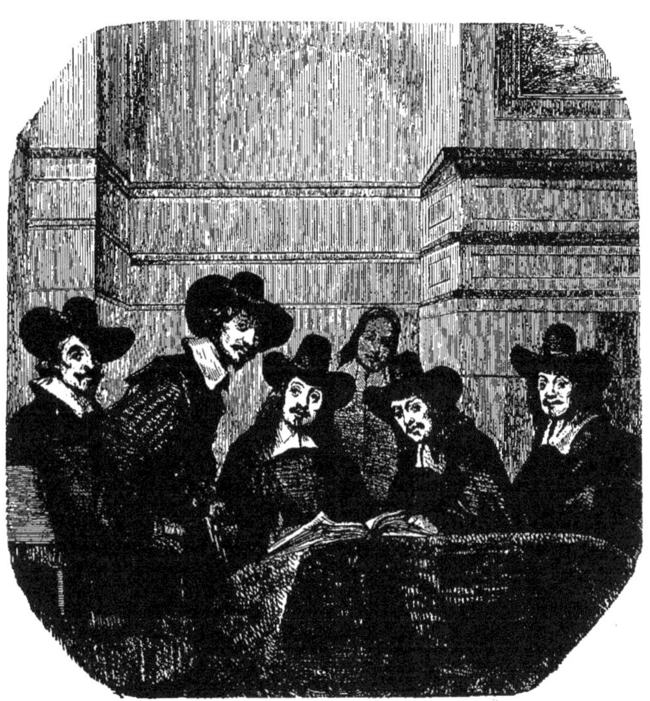

Les cinq bourgmestres. — Tableau de REMBRANDT.

rassembla autour de lui tous les artistes italiens qu'il put détacher de leur patrie.

Ces artistes, qui activèrent le développement de la peinture, trouvèrent en France d'heureux imitateurs, et quelquefois de dignes émules. Parmi les peintres qui, sous la direction de Primatice, travaillèrent à la décoration du Louvre et du château de Fontainebleau, on remarque : Claude Baldouin, Louis Dubreuil, Jean et Virgile Baron, Fantose, Francisque Cachetemier, Charles Carmois, Charles et Théodore Dorigny, Michel Gérard, François et Louis Lerambert, Simon Le Roy, Michel Rochetet, et Germain Musnier.

A ces fastes incontestables de notre gloire nationale, nous joindrons encore le nom, déjà connu sans doute de nos lecteurs, d'un habile peintre verrier, de Bernard Palissy, le potier, qui fut aussi graveur en pierres fines, et qui prenait le titre d'*inventeur et ouvrier des rustiques figurines du roi et du connétable Anne de Montmorency.* Bernard Palissy continua, sous François Ier, l'œuvre de Claude et de Guillaume, car la peinture de vitraux ne fut pas oubliée sous le règne qui vit fleurir tous les arts à la fois. Les peintres italiens échangèrent en France leurs précieuses leçons contre les secrets de la peinture sur verre, qu'ils naturalisèrent ensuite dans leur patrie. La cathédrale de Sens prouverait qu'ils firent, dans ce genre, de rapides progrès, si les vitraux de cette église ont été exécutés, comme quelques-uns le croient, par Primatice et non par Jean Cousin.

Les règnes de Henri II, de François II et de Charles IX, virent fleurir l'architecture et la sculpture au détriment de la peinture, qui fut pendant quelque temps négligée; puis vinrent les troubles de la Ligue qui apportèrent une longue interruption aux progrès de l'art; mais, sous le règne de Henri IV, la peinture parut se réveiller; le Louvre et les Tuileries, continués avec activité sous les prédécesseurs de ce prince, attendaient une décoration intérieure. Toussaint Dubreuil, l'un des artistes les plus habiles de ce temps, peignit entièrement la galerie d'Apollon. Dubreuil eut pour élèves Jacob Bunel de Blois, Arthus Flamand, Pasquier, Jean de Brie, Homet, et Guillaume Dumée.

Ce fut une époque de transition dans l'art comme dans la langue. Pendant que Malherbe s'efforçait de ramener la poésie et toute la littérature nationales à la forme latine, Etienne du Pérac, peintre et architecte d'un talent tout au plus estimable, travaillait de toutes ses forces à changer la forme éclectique, ou plutôt incertaine, qui distingue l'art de la renaissance.

Il fut secondé dans ses efforts par Fréminet, premier peintre du roi, qui travailla, aux Tuileries, à l'appartement de la reine. Certes, jamais révolution plus importante ne fut dirigée et accomplie par de plus médiocres esprits.

Ces ouvriers obscurs préparèrent sourdement le réseau de conventions, de préjugés et de principes absolus qui surprit et emprisonna la grande époque de Louis XIV, où la forme gréco-romaine prévalut sur toutes les traditions nationales et sur les importations heureuses du grand siècle de Léon X.

Disons-le cependant, la peinture, à cette époque, se montra le plus indépendant de tous les arts. Elle persista à chercher, dans l'Italie moderne, ses inspirations et ses modèles, et on la vit quelquefois résister, mieux que la poésie et surtout que la sculpture, à l'enseignement mythologique de la cour.

La vie entière de Nicolas Poussin parle en faveur de cette assertion : ce grand homme voulut toujours habiter l'Italie, et, à l'exception de ses paysages, qui procèdent par le caractère de ceux du Dominiquin, tous ses tableaux appartiennent évidemment à une inspiration et à une volonté tout individuelles.

Appelé en France pour concourir à la décoration de Versailles, et placé entre les dangers de la résistance et la honte de la soumission, il prit le parti de la fuite et abandonna sans contestation à Lebrun la dictature dont celui-ci abusait parfois d'une façon outrageante.

Charles Lebrun, premier peintre de Louis XIV, avait toute la faveur de ce prince qui l'avait nommé chancelier et recteur de l'Académie, et qui lui abandonnait la haute direction de tous les grands travaux.

Claude Gelée, dit le Lorrain, se montra tout aussi rebelle que le Poussin aux exigences de la vogue. Ce fut un grand paysagiste et un mauvais courtisan.

Philippe de Champagne fut toujours habile quand il se soumit, et toujours admirable quand il résista.

Quant à Juste d'Egmont d'Anvers, peintre et fondateur de l'Académie de peinture, sa haute position suffit presque à indiquer le parti qu'il adopta.

Les deux Mignard, Nicolas Loyr, Noël Coypel, Jean Jouvenet et beaucoup d'autres furent tous académiciens ou peintres du roi.

Lesueur se tint en dehors de toute imitation. Il fit de la peinture religieuse et se montra toujours sérieux et fervent. Lesueur n'a, dans l'école française, d'autre rival que Nicolas Poussin.

Le rigorisme des principes d'art adoptés par le xviie siècle devait amener une réaction violente.

Le cavalier Bernin, qui, après avoir faussé le goût de l'Italie entière et déterminé la décadence de l'art dans sa patrie, avait échoué en France devant les susceptibilités inflexibles de l'art classique, le cavalier Bernin triompha, en France, de la Grèce, après avoir vaincu Rome dans Rome. Romanelli, son favori et son imitateur, avait déposé en France, pendant le règne de Louis XIV, des germes de corruption que le soleil de la Régence devait féconder activement. La déroute de l'art grec commença par l'architecture; la sculpture suivit de près; mais, ni les convulsions étranges de l'architecture, ni les contorsions délirantes de la sculpture, admises à danser devant les favorites, n'égalèrent en désordre les complaisances de la peinture.

Le paysage n'eut plus que des arbres bleus, des eaux vert-tendre, des nuages roses et des terrains lilas. Les fleurs les plus fraîches pâlirent, comme dans les madrigaux de l'époque, auprès du teint des bergères de Watteau, des amours de Boucher, des marquises de Lancret, et des anges ou des madones de Carle Vanloo. Ces quatre hommes d'une merveilleuse habileté, et en qui la recherche du faux fut sans doute une erreur autant du sens que la tendance systématique d'une volonté corruptrice, entraînèrent après eux tous les artistes, qu'une médiocrité rebelle, ou qu'un génie supérieur ne retint pas sur les bords du torrent.

Enfin, à la réaction du xviiie siècle a succédé, pendant la révolution de 89, une réaction non moins violente, préparée par Vien et accomplie par David. David remit en honneur l'étude de l'antique et l'autorité du goût académique. Il fut suivi dans la voie qu'il avait ouverte par des artistes d'un talent remarquable qui, en modifiant des principes trop exclusifs sans doute, mais préférables à la licence du dernier siècle, ont fait, depuis lors, la gloire de l'école française.

LES ARTISTES FLAMANDS

Nous avons vu plus haut que, dans les Flandres, dès le XIVe siècle, les frères Van Eck avaient inventé la peinture à l'huile. Après eux, l'art de peindre a été pratiqué dans ce pays sans interruption et souvent avec éclat. Parmi les peintres qui s'illustrèrent durant cette première période de l'école flamande, nous devons citer MEMLING, élève des Van Eck.

Disons cependant que, à ses débuts, là, comme partout, l'art empruntait une forme assez gothique. Puis, il subit l'influence italienne, mais avec quelque enflure et une certaine incorrection de style, marques de dégénérescence comparables à celles qu'offrirait une fleur transplantée dans un pays qui ne conviendrait pas à son acclimatation. Ce ne fut que plus tard que les Flandres et la Hollande trouvèrent leur style propre : — celle-ci dans la reproduction des paysages, des scènes familières et dans le portrait, avec REMBRANDT (1606-1669), VAN-GOYEN (1596-1656), RUYSDAEL (1630-1681), VAN-DER-NEER, Paul POTTER (1625-1654), Albert CUYP (1605-1683); — celle-là avec la peinture fastueuse et non sans grandeur des RUBENS (1577-1640), VAN-DYCK (1599-1641) et JORDAENS (1594-1678).

L'ÉCOLE ALLEMANDE

A la même époque où Raphaël donnait un admirable essor à l'art en Italie, la peinture était pratiquée en Allemagne par trois grands artistes qui surent conserver leur originalité native et ne paraissent point avoir subi l'influence italienne. Ces artistes immortels sont :

D'abord HOLBEIN, le jeune, né à Bâle en 1498 et mort en 1543, qui passa une partie de sa vie en Angleterre et excella surtout dans le portrait.

Puis, Albert DURER (1471-1528) qui, outre ses remarquables peintures religieuses et d'histoire, fut un des maîtres de la gravure, ainsi qu'on le verra dans le cours de ce volume.

Après eux, Lucas KRANACH, — *Lucas Sunder* de son véritable nom, mais que l'on appelle communément *Kranach*, du nom de sa ville natale située auprès de Bamberg, — (né en 1472 et mort en 1553), égala presque son contemporain, Albert Durer « par le talent, la fécondité et la renommée. »

LA PEINTURE EN ANGLETERRE

Nous venons de passer rapidement en revue les grandes écoles de peinture du continent. Pour que notre *coup d'œil général sur la peinture* présente un ensemble à peu près complet, il nous faut mentionner aussi l'école anglaise, bien que son importance ne soit pas, à beaucoup près, aussi considérable que celle des diverses écoles précédemment énumérées. L'école anglaise s'est d'ailleurs fait connaître à une époque bien plus tardive que celles du continent, et elle a beaucoup emprunté à plusieurs peintres de celles-ci, notamment à notre immortel Claude Lorrain et au Poussin. Il est bon de remarquer à ce sujet que la plupart des grands artistes, — entre autres Holbein et plus tard Van Dyck, — avaient successivement fait de longs séjours à la cour d'Angleterre. Pourtant, chose bizarre! l'art anglais ne paraît pas avoir été beaucoup influencé par les œuvres de ces derniers. On chercherait vainement chez les peintres de la Grande-Bretagne trace de style et de grande peinture d'histoire ou de décoration. Ceux-ci ont plutôt excellé dans les peintures de genre, comme HOGARTH (1697-1764); — dans les paysages, comme OLD CROME, (*ou Crome le vieux*) et CONSTABLE (1776-1837); — dans les portraits, comme REYNOLDS (1723-1792), LAWRENCE (1769-1830) et GAINSBOROUGH (1727-1788).

CONCLUSION

La rapide énumération des diverses écoles de peinture que nous venons de faire laisse entrevoir combien est considérable le nombre des artistes illustres, célèbres, ou même simplement remarquables à quelque titre, qui se sont adonnés à la peinture, et ont consacré leur vie à la pratique de cet art admirable. Faire connaître en détail toutes ces existences de travailleurs acharnés avec passion à la recherche du beau offrirait certes un réel intérêt. Mais un semblable travail dépasserait de beaucoup les bornes que nous nous sommes imposées pour le présent ouvrage : plusieurs volumes seraient nécessaires, et c'est un seul que nous avons l'intention d'écrire. Nous ne parlerons donc ici que des sommités des diverses écoles, que des artistes les plus illustres, c'est-à-dire de ceux qui sont, pour ainsi dire, — que l'on veuille bien nous passer cette métaphore, — les phares lumineux rayonnant au-dessus des autres peintres, de ceux enfin dont il n'est permis à personne d'ignorer la vie et les travaux.

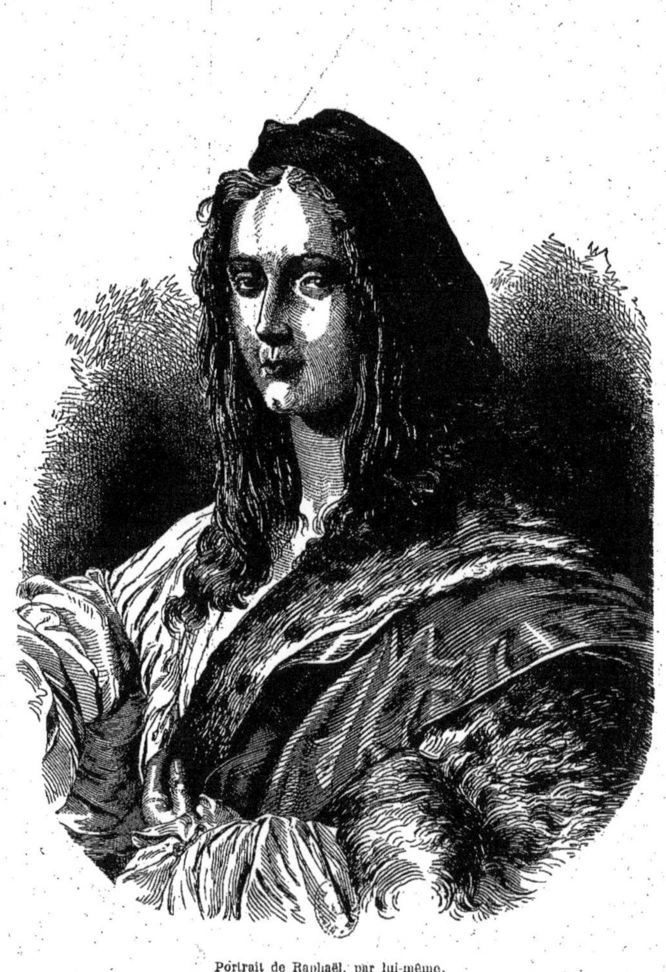

Portrait de Raphaël, par lui-même.

LES

PEINTRES ILLUSTRES

I

RAPHAEL

1483-1520

Il est d'usage, lorsqu'on parle de Raphaël, de s'extasier à chaque mot sur ce qu'il a fait, et même sur ce qu'il n'a pas fait, et de trouver dans sa peinture beaucoup de choses auxquelles il n'avait sans doute pas songé lui-même. Sans vouloir diminuer en rien le mérite de ce grand homme, il nous semble cependant préférable de laisser chacun maître de son admiration et de son goût, d'autant que toutes les pages que l'on peut écrire sur le talent d'un peintre ne vaudront jamais un quart d'heure passé à regarder ses toiles, sans y apporter d'idée préconçue, ni de parti pris. Notre but n'est donc pas de répéter après tant d'autres que Raphaël est admirable, sublime, qu'il est le premier des peintres, le prince de la peinture, et autres phrases banales et creuses; nous essaierons seulement de raconter, le plus clairement qu'il nous sera possible, la vie de ce grand artiste, en nous servant des travaux les plus récents écrits sur ce sujet, c'est-à-dire de l'ouvrage allemand de Passavant et surtout du beau livre de M. Eugène Müntz sur Raphaël.

Rafaëllo Sanzio, dont nous avons fait Raphaël, naquit en 1483, en Italie, et mourut en 1520, jeune encore, puisqu'il n'avait que trente-sept ans.

Il vint au monde dans ce petit duché d'Urbin, qui a donné naissance au célèbre Bramante, dont nous aurons plus d'une fois l'occasion de citer le nom au cours de cette biographie, et à Rossini, le compositeur, illustre dans le monde entier. Le site est fort beau, à lire les descriptions qui nous en ont été faites à diverses reprises. En voici une d'un voyageur qui visita la ville, il y a quelque trente ans :

« La ville d'Urbin est très saine et dans une belle situation, près du point le plus élevé de l'Apennin, qui sépare la marche d'Ancône de la Toscane et de l'Ombrie. Les montagnes qui l'entourent se dessinent en cônes aigus, et zigzaguent sur le ciel jusqu'à l'Adriatique, pareilles aux flots soulevés d'une mer tempétueuse. Du sud à l'ouest, ses pics couronnent l'horizon. C'est d'abord le Furlo, sorte d'impasse où se heurte le regard ; puis les monts grandioses du Monte-Nerone ; à l'orient, les roches pittoresques du Monte-San-Simone qui dominent le pays ; plus loin encore, le rocher d'où sort le Tibre pour aller se jeter dans la Méditerranée. Au nord, sur un pic escarpé, se dresse la petite république de Saint-Marin ; sur la droite de Saint-Marin, on aperçoit l'Adriatique, entre les découpures de collines boisées et giboyeuses qui provoquent aux plaisirs de la chasse, tandis que la plaine et les petits coteaux sont couverts de riches céréales, de vignes, d'oliviers. »

Dans la ville même, ce qu'il y avait de plus remarquable, c'était le palais des ducs d'Urbin, les Montefeltro, sortes de condottieri, comme il y en avait tant alors en Italie ; mais ceux-ci se distinguaient de leurs congénères, — grossiers hommes d'armes, pour la plupart, — par un goût très prononcé pour tous les arts, et par une certaine urbanité dans les manières. C'est ainsi que le duc Frédéric, mort en 1482, un an avant la naissance de Raphaël, se faisait lire, pendant les repas, des morceaux d'Aristote, de Platon, et avait décoré son palais des plus belles tapisseries et marqueteries qu'il avait pu rencontrer. On trouvait dans son palais de nombreux tableaux du célèbre Van-Eyck, et même des antiques. Son fils Guidobaldo, élevé par un savant, hérita des goûts paternels, et continua la collection que Frédéric avait commencée. Il avait d'ailleurs épousé Elisabeth Gonzague, fille du marquis de Mantoue, et cette famille des Mantoue, d'origine française, avait un grand renom de distinction. Le milieu était donc favorable pour un peintre; et il sert à expliquer, jusqu'à un certain point, le développement du génie de Raphaël.

Le père de celui-ci, Giovanni Santi, était peintre lui-même. Il avait épousé la fille d'un riche négociant, Magia Ciarla, et pouvait se livrer, sans soucis pécuniaires, à son art. Il eut de Magia, outre Raphaël, deux enfants qui moururent en bas âge; la mère ne tarda pas à les suivre, et Giovanni se remaria avec la fille d'un orfèvre, personne dure, à ce qu'il semble, et sans cœur. Aussi, lorsque Giovanni mourut, en 1494, Raphaël, — orphelin à 12 ans, — trouva peu d'affection auprès d'elle, et il dut regretter plus d'une fois les tendres caresses de sa mère.

Malgré son jeune âge, il avait eu, sans doute, le temps de recevoir les premières leçons de dessin de son père. Songeons, en effet, que Mantegna avait commencé de peindre à 17 ans, qu'il avait même exécuté un tableau qui se trouve aujourd'hui encore à l'église Sainte-Sophie de Padoue, que Michel-Ange fit à 15 ans ce fameux masque de faune que Laurent de Médicis admirait tant, que Pérugin avait commencé de dessiner à 9 ans, enfin qu'Andrea del Sarto, — s'il faut en croire les anciens biographes italiens, — aurait fait quelques esquisses passables à 7 ans. Il semble même que le dessin conservé aujourd'hui à l'Académie de Venise, sous le titre de *Massacre des Innocents*, soit une des premières, sinon la première production de Raphaël, dessin où tout le monde a l'air innocent, même les bourreaux.

Mais peu importe que Raphaël ait pu ou non profiter des leçons de son père; il n'en est pas moins certain qu'il montrait, dès cet âge, des dispositions remarquables pour le dessin et pour la peinture, — dispositions qui seraient demeurées stériles, si Raphaël n'avait eu auprès de lui que sa belle-mère. Heureusement que son oncle maternel, Simon Ciarla, pressentit le futur grand peintre, et s'occupa activement de lui. Aussi Raphaël ne l'oublia jamais; et, dans sa correspondance, il parle souvent de lui avec une reconnaissance sincère.

Cet oncle l'envoya, vers l'année 1499, sans doute, à Pérouse, chez le Pérugin, peintre célèbre. Mais avant de le suivre dans cette dernière ville, voyons ce qu'il avait fait dans cet espace de 5 ans (1494-1499), qui s'était écoulé depuis la mort de son père. Il avait reçu quelques leçons, à Urbin même, de son compatriote Timoteo Viti, qui devint son ami, et que plus tard il s'adjoindra pour l'exécution des Sibylles et des Prophètes destinés à l'église de la Pace à Rome. Il lui fit cadeau d'un nombre assez considérables de dessins que Timoteo conserva religieusement à Urbin. Ce fait aurait peu d'importance par lui-même, si nous n'ajoutions que ces dessins furent achetés en 1714 par un Français, M. Crozat, et que Watteau les étudia chez ce dernier.

De plus, pour avoir une notion complète des premières connaissances de Raphaël, disons qu'à Urbain se trouvaient des peintures du Flamand, Justus de Gand, et des estampes de Mantegna, que Raphaël put copier à son aise. Il n'est donc pas téméraire d'affirmer que lorsque Raphaël partit pour Pérouse, à l'âge de 17 ans, il n'avait pas tout à apprendre, mais qu'il allait plutôt achever ses études.

Cependant, ce séjour de trois ans, qu'il allait faire à Pérouse, devait avoir une influence si profonde sur lui qu'il est bon, et même nécessaire, d'y insister quelque peu. Il allait trouver un pays tout autre que celui qu'il quittait, et entrer auprès d'un maître, chef d'une école spéciale, et parfaitement distincte. Qu'est-ce donc que Pérouse? qu'est-ce que le Pérugin?

Nous n'avons aucune description de Pérouse au xve siècle; cependant, cette petite ville a en somme peu changé, et l'aspect doit être resté à peu près le même; aussi, peut-on s'en faire quelque idée par cette description qu'en donne M. Taine, dans son *Voyage en Italie* :

« C'est une vieille ville du Moyen-Age, ville de défense et de refuge, posée sur un plateau escarpé d'où toute la vallée se découvre. Des portions de mur sont antiques; plusieurs fondations de portes sont étrusques; l'âge féodal y a mis ses tours et ses bastions. La plupart des rues sont en pente; et, des passages voûtés y font des défilés sombres. Souvent une maison enjambe sur la rue; le premier étage va se continuer dans celui qui fait face; de grandes murailles de briques roussies, sans fenêtres, semblent des restes de forteresses.....

» Vingt débris y mettent devant l'imagination la cité féodale et républicaine; la noire porte San-Agostino, énorme donjon de pierres tellement ravagées et rongées qu'on dirait une caverne naturelle, et tout au sommet une terrasse soutenue par de jolies colonnettes encore romaines, délicates créatures, premières idées d'élégance et d'art qui fleurissent au milieu des dangers et des haines du Moyen-Age; le palazzo del Governo, sévère et massif comme il en fallait pour les batailles et les séditions des rues, mais avec un gracieux portail où s'enroulent de sincères et naïves figures sculptées, des formes gothiques et des réminiscences latines, des cloîtres d'arcades superposées et de hautes tours d'églises en briques noircies par le temps, des sculptures de la première renaissance, celle des XIIIe et XIVe siècles, la plus originale et la plus vivante de toutes. »

En un mot, ce qui domine dans cette ville, située au cœur de l'Ombrie, au milieu d'un océan de montagnes, ce sont les nombreux contrastes qui s'y rencontrent à chaque pas, les effets imprévus qui vous surprennent. Le type des habitants a quelque chose de souffreteux et de malingre, comme on en voit dans les tableaux du Pérugin; mais la figure est douce, et comme empreinte d'une mélancolique résignation, qui fait invinciblement songer aux tableaux des *primitifs*. Le souverain légitime de Pérouse était, au XVe siècle, le pape; mais au milieu de ces seigneurs grossiers et souvent assassins, cette autorité était plus nominale que réelle. L'Université était célèbre et avait produit des hommes tels que Pie III et Jules II; un autre pape, Sixte IV, y avait même été professeur. Ainsi, terre ingrate, vie dure, mais active, voilà ce qu'allait trouver Raphaël à Pérouse.

Son maître, Pérugin, était bien un vrai fils de cette terre. Il s'était mis de bonne heure, comme nous l'avons vu, à l'étude de la peinture; mais de bonne heure aussi il avait souffert. Son vrai nom était Pietro Vannucci : — *le Pérugin* est un surnom tiré de sa ville natale, comme on fit pour beaucoup d'autres peintres. Il avait longtemps eu faim : il coucha, nous dit un de ces biographes, plusieurs mois sur un coffre de bois. Il travaillait sans répit pour arriver à vivre un jour à l'aise et en repos; il brava la faim, le froid, la fatigue, les incommodités de tout genre, et même la honte; aussi, devint-il avare, ne s'occupant plus que d'argent... Il y a, en effet, quelque chose de sec et de froid dans toute son œuvre; c'était un esprit récalcitrant et habile à tout ce qui offrait quelque air de nouveauté. Il avait longtemps séjourné à Florence et à Rome; mais malgré tout, il était resté solidement attaché aux traditions de l'école ombrienne, n'apportant que quelques modifications dans le coloris et la perspective. Aussi, a-t-on eu raison de le considérer comme le chef de l'école ombrienne, à cette époque. Comme son chef, l'art ombrien a quelque chose d'exclusif et d'étroit, repoussant également le profane et l'antique pour conserver sa saveur propre, un peu rude et raide, mais qui n'est pas dépourvue d'un certain agrément. La peinture de portrait, où excellait l'école florentine, est à peine représentée dans l'école ombrienne, mais en revanche que de madones! que de sujets religieux, naïfs si l'on veut, mais beaux pourtant par la sincérité de l'expression. Pour bien comprendre le caractère de la peinture ombrienne, il faut d'abord songer au pays, mais surtout relire la vie de saint François d'Assise (petite bourgade à peu de distance de Pérouse) et la lumière se fait. Si, dans ces tableux de madones, le sujet est toujours le même, si la disposition, l'arrangement restent les mêmes, c'est que dans ce pays qui avait produit le saint mystique, la foi, une foi profonde existait dans le peuple; et, l'on conçoit que « l'esprit populaire attache aux représentations religieuses un sens sacré et considérerait comme une profanation de laisser le champ libre au caprice des artistes. Ce n'est qu'aux époques où la foi faiblit, que leur fantaisie peut s'exercer sans contrainte dans le domaine de l'art religieux. » Aussi bien, le Pérugin ne se fit-il pas faute de se répéter, jusqu'à la satiété, au point de faire presque de la confection en peinture, sans y apporter la moindre préoccupation d'art ni d'inspiration.

Mais il n'en était pas encore arrivé à ce point, au moment où Raphaël entra dans son atelier. Il était, au contraire, dans toute la force de son talent, et la ville de Pérouse allait le charger de décorer de fresques un des principaux monuments de la ville, le palais du Cambio (palais des changeurs.) Il ne faudrait pas se faire d'un atelier, à cette époque, l'idée que nous en avons aujourd'hui. De nos jours un peintre s'intitule élève de M. X..., sans avoir parfois mis les pieds dans son atelier; ou, s'il l'a fréquenté, il n'en reste pas moins indépendant, libre de s'assimiler, s'il le juge bon, les procédés et la manière de faire de son maître; en tout cas, pouvant le quitter à son gré. Il n'en était pas de même au xve siècle, parce qu'on se faisait une tout autre idée de l'art. Liberté d'invention, d'exécution était alors chose inconnue; et surtout on ne connaissait guère ce que nous appelons maintenant l'indépendance d'un artiste. Bien plus, la liberté matérielle même n'existait pas; on entrait dans un atelier de peinture, comme aujourd'hui un apprenti dans une manufacture. L'apprenti peintre était nourri, logé même à la maison du maître qu'il avait choisi, et habillé. Moyennant quoi, il payait une certaine somme, et travaillait pendant deux ou trois ans, suivant le nombre d'années qui avait été fixé. On conçoit, dès lors, que l'influence du maître ait pu, à cette époque, être sérieuse. Nous n'en avons que trop la preuve dans un tableau de Raphaël qui se trouve au Louvre : *Apollon et Marsyas,* qui est tout à fait dans la manière du Pérugin. Aussi, Vasari, le contemporain de Raphaël, nous dit-il, dans ses *Vies de peintres*, que Raphaël « éprouva beaucoup de peine à se défaire de la manière mesquine, sèche et pauvre de dessin à laquelle il s'était habitué chez le Pérugin; ce n'est qu'au prix des plus grands efforts qu'il apprit à rendre la beauté des sens et les secrets des raccourcis, en étudiant les cartons peints par Michel-Ange pour la salle du conseil de Florence. »

Et cependant le Pérugin avait, lui aussi, travaillé à Florence à côté de Léonard de Vinci, dans l'atelier de Verocchio; mais, encore une fois, il avait l'esprit plus étroit, ou plus tenace si l'on veut, et il avait continué à conserver pure la tradition de l'école ombrienne.

Mais si, comme Vasari le dit, Raphaël eut toutes les peines du monde à abandonner le procédé du maître, n'alla-t-il donc à Pérouse que pour apprendre des choses qu'il s'efforça de désapprendre dans la suite? Dans ce dernier cas, son séjour à Pérouse, loin de lui être utile, lui aurait été très nuisible. Il nous semble que cette manière de raisonner est fausse et que Raphaël, malgré tout, profita à l'école du Pérugin. Sans doute, le milieu était étroit, la vie restreinte, le dessin sec, et la peinture froide; mais, une fois ces imperfections reconnues, que d'avantages Raphaël ne trouva-t-il pas chez le Pérugin? D'abord, la vie de famille, ce qui est bien quelque chose, surtout pour ce jeune homme de 17 ans, tel qu'était Raphaël; puis, une affection sincère que Raphaël rendit bien par la suite à son maître, en mettant son portrait dans un de ses tableaux les plus célèbres; enfin, et surtout, Raphaël passa dans l'atelier du Pérugin trois bonnes années de méditation et de recueillement avant de s'abandonner à sa propre inspiration, et de se laisser aller à sa facilité naturelle.

Que nous reste-t-il de cette période de la vie de Raphaël? Peu de chose, et encore ce peu est-il lui-même contesté. Nous avons déjà parlé de l'*Apollon et Marsyas* du Louvre, qui est peut-être d'une époque postérieure; on prétend que Raphaël aida le

Pérugin dans la décoration de cette petite salle du Cambio, mais le fait n'est pas bien prouvé.

Un autre maître de Raphaël, à Pérouse, fut le Pinturicchio, favori des Borgia, peintre d'histoire, que l'on appelle indifféremment artiste ou artisan, car les deux mots n'en faisaient qu'un à cette époque. Comme tel, il passait de véritables marchés avec la personne, ou la corporation qui lui commandait un tableau. Parfois, il était payé en nature et recevait du blé; souvent il travaillait au mois ou à la journée; parfois même, il était nourri. Nous supposons qu'il l'était un peu mieux que ce pauvre David Ghirlandajo, qui, fatigué du même plat, le lança un jour à la tête du moine qui le lui apportait, — ou que ce malheureux Paolo Vecello, à qui l'on ne servait que du fromage et qui prit la fuite pour se soustraire à ce nouveau genre de persécution faite à son estomac. Il ne revint, ajoute le biographe fidèle, qu'avec la promesse écrite et dûment signée qu'on mettrait un peu plus de variété dans le menu.

Heureusement pour lui, Raphaël n'eut jamais à lutter contre de pareilles misères. Il travaille patiemment dans l'atelier du Pérugin à des sujets religieux, fait et refait les mêmes madones, les yeux baissés, si douces, si pures, jusqu'à ce qu'enfin, pendant la dernière année de son séjour chez le Pérugin, on lui fasse une commande plus importante : il s'agissait d'un tableau représentant le *Couronnement de la Vierge*, dans lequel il prit pour modèles de la Vierge les figures de ses camarades, Fiorenzo ou Pinturicchio, sans doute. En somme il ne nous reste que peu de chose de cette époque de la vie de Raphaël; on peut dire que c'est une période d'élaboration et de préparation à des ouvrages plus considérables.

La période de quatre ans, qui va de 1504 à 1508, est dans la vie de Raphaël une période agitée et confuse. Le jeune peintre est tour à tour à Pérouse, Citta di Castillo, Sienne, Urbin, Florence, peut-être même à Bologne, sans s'arrêter ni se fixer nulle part assez longtemps pour qu'on puisse saisir l'influence qu'il en put résulter sur le développement de son talent. On ne peut fixer aucune date précise sur ces courses rapides et vagabondes, mais on sait d'une manière précise que Raphaël forma, pendant cette période, des amitiés solides, et produisit quelques toiles qui sont parmi ses plus belles, s'essayant en toutes sortes de sujets, dominé par l'influence presque simultanée de Léonard de Vinci, de Fra Bartolommeo, de Masaccio; se transformant insensiblement par un travail latent, mais continu, « à mesure que l'âge et les circonstances modifient ses impressions. »

A Sienne, ce fut Pinturicchio qui l'y entraîna pour qu'il l'aidât dans un travail important que lui avait confié François Piccolomini, qui sera pape plus tard sous le nom de Pie III. Il s'agissait de retracer la vie d'Aneas Sylvius, lettré savant, fin diplomate, qui avait été pape sous le nom de Pie II. Raphaël ne contribua que pour quelques esquisses à l'exécution de ce travail; il ne mit la main à aucune peinture. Ce fut pendant ce rapide séjour à Sienne qu'il dessina le groupe des *Trois-Grâces,* morceau de sculpture ancienne, le premier peut-être qu'il copia. Antonio Bazi, surnommé le Sodoma, se trouvait alors dans cette dernière ville; il fit une grande impression sur l'esprit de Raphaël, qui s'attacha pendant quelque temps à imiter sa manière.

En 1505, on retrouve Raphaël à Urbin, qui venait de passer par une série de révolutions. César Borgia avait chassé le duc Guidobaldo de ses Etats; mais la mort d'Alexandre VI, survenue en 1503, avait mis fin à sa tyrannie et à sa scandaleuse fortune; et la cour d'Urbin était dans tout son éclat, lorsque Raphaël y vint. La duchesse Elisabeth de Mantoue avait réuni autour d'elle les personnages les plus distingués, tels que Julien de Médicis, fils de Laurent le Magnifique, frère de Léon X, César de Gonzague, Pierre Bembo, Bernard de Bibbiena, auteur de la plus ancienne comédie italienne qui soit connue (*la Calandra*), enfin Balthazar Castiglione, guerrier, diplomate et poète, à qui l'on doit tous ces renseignements, et d'autres encore très curieux pour la vie de cette époque, dans son ouvrage intitulé *le Courtisan.*

Tous ces personnages étaient destinés à devenir célèbres, plus tard. Julien de Médicis fut un instant à la tête du gouvernement florentin, puis remplit la charge de capitaine général de l'église. C'est lui que Léonard de Vinci accompagne à Rome en 1513; Raphaël fit son portrait, Michel-Ange son tombeau. Quant à Bibbiena et à Bembo, ils reçurent l'un et l'autre la pourpre cardinalice. Il arriva maintes fois que tous ces esprits d'élite se trouvèrent réunis dans le palais ducal, et alors commençaient ces joutes d'esprit et d'urbanité, comme on les aimait au Moyen-Age. C'était là un tout autre milieu que celui que Raphaël avait trouvé chez le Pérugin à Pérouse. Il y gagna une grande noblesse de manières, une certaine élégance de tournure, encore peu commune chez les artistes de cette époque; en un mot, au contact de cette cour qui était alors la plus fastueuse peut-être de l'Europe, Raphaël s'humanisa. Il gagna son entrée à la cour par un tableau qu'il fit pour le duc Guidobaldo; un *Saint-Georges* et un *Saint-Michel*, abordant pour la première fois un genre nouveau. Le peintre de madones se transforme en peintre militaire, mais les scènes guerrières qu'il représente restent cependant encore chrétiennes.

Dans le *Saint-Michel*, qui se trouve au Louvre, le peintre a introduit des figures monstrueuses d'animaux fabuleux, éclos dans son imagination; une chouette qui ressemble à une énorme araignée au ventre rebondi, des damnés qui se tordent sous la morsure de serpents enroulés autour d'eux, d'autres écrasés sous le poids d'habits garnis de lamelles de plomb. Il semble que Raphaël se soit inspiré de ce passage de Dante :

« Là-bas, nous trouvâmes des âmes éclatantes qui marchaient tout autour à pas lents, pleurant d'un air abattu et succombant presque à la douleur. Elles étaient vêtues de chapes garnies de capuchons fort bas et taillées sur le modèle de celles que portent les moines de Cologne. Le dehors, tout doré, éblouit; mais, à l'intérieur, elles sont de plomb et d'un tel poids que celle de Frédéric II paraissait être de paille auprès d'elles. O manteau écrasant pour l'éternité! Que la Libye ne vante plus ses sables, car si elle produit des chélydres, des pharès, des cancres et des amphisbéens, jamais elle n'a étalé, avec toute l'Ethiopie et tous les bords de la mer Rouge, autant et de si redoutables fléaux. A travers cette cruelle et affreuse multitude de serpents couraient des âmes nues épouvantées, désespérant de rencontrer un abri. Elles avaient les mains liées derrière le dos avec des serpents qui passaient autour de leurs reins leur tête et leur queue, et qui se renouaient par devant. Et voici qu'un serpent s'élança sur un pécheur qui se trouvait près de nous, et le mordit à l'endroit où le cou s'attache aux épaules. En moins de temps qu'il n'en faut pour écrire un *o* ou un *i*, le damné s'enflamma, brûla, tomba réduit en cendres; puis, quand il fut tombé à terre, entièrement consumé, la cendre se rapprocha d'elle-même et forma de nouveau un corps comme le premier. »

Lorsque Raphaël quitta Urbin, ce fut pour aller se fixer à Florence. Il emportait avec lui une lettre de recommandation pour le gonfalonier Pierre de Soderini : « Le porteur de la présente est Raphaël d'Urbin; le talent dont il est doué l'a décidé à s'établir à Florence pour quelque temps, afin de s'y perfectionner dans son art. Son père me fut cher à cause de ses excellentes qualités. Je n'ai pas moins d'affection pour le fils qui est un jeune homme modeste et aimable, et je souhaite qu'il fasse autant de progrès que possible. C'est pourquoi je le recommande avec une insistance particulière à Votre Seigneurie, la priant de le seconder et de le favoriser en toute circonstance, dans la limite de ses forces. Les services que Votre Seigneurie lui rendra, je les considérerai comme rendus à moi-même et je vous en aurai les plus grandes obligations. »

A Florence, la cité des fleurs, Raphaël allait trouver des ressources considérables pour s'instruire, d'autant plus qu'il était très bien préparé pour profiter des exemples qui allaient s'offrir en foule à lui. Car, s'il y avait eu à Florence des luttes terribles entre les Guelfes et les Gibelins, si des secousses terribles avaient bouleversé la ville jusqu'au supplice de Savonarole brûlé tout récemment, les arts n'en avaient pas moins continué de prospérer et de briller d'un vif éclat dans cette ville; — même pendant l'exil des Médicis qui dura de 1502 à 1512. Aussi la ville était couverte de monuments, et pleine d'œuvres d'art. La collection des Médicis à elle seule l'emportait sur toutes celles de l'Italie réunies; malheureusement, la dernière guerre l'avait mutilée et en avait dispersé les plus beaux échantillons; toutefois, Raphaël put admirer encore plusieurs beaux morceaux. D'ailleurs, il avait à sa disposition les peintures de Giotto, mais il trouvait mieux son compte aux œuvres de Brunellesca, Donatello et Ghiberti. Celui qui lui fit le plus d'impression fut Masaccio, dont on a pu dire qu'il était le trait d'union entre Giotto et Raphaël; enfin, à ce moment, une lutte était engagée à Florence entre deux grands artistes, Michel-Ange et Léonard de Vinci, — lutte qui passionnait alors la ville entière : tous deux avaient exposé un carton, et l'on sait que ce fut Michel-Ange qui l'emporta. Raphaël, cependant, ne fut pas du côté du public, et prit ouvertement parti pour Léonard. Il aimait beaucoup le *faire* de ce peintre; aussi lui emprunta-t-il plusieurs têtes prises au carton de la bataille d'Aughiari, et il les dessina à la pointe d'argent; il imita également la *Joconde*. Outre Léonard, un homme qui fit encore une très grande impression sur l'esprit de Raphaël, fut Fra Bartolommeo, peintre et défenseur ardent de Savonarole. Mais lorsque ce dernier eut été brûlé, il quitta les pinceaux pour prendre l'habit religieux et entra dans l'ordre de Saint-Dominique. Raphaël l'allait souvent visiter, et plus d'une fois la conversation s'engagea sur celui que Bartolommeo regardait comme un Saint; et il semble bien que Raphaël se soit également enthousiasmé pour Savonarole car, lorsqu'il peignit à Rome la *Dispute du Saint-Sacrement*, il mit dans son tableau la tête du moine, qui se trouva ainsi en plein Vatican, parmi les docteurs et les pères de l'Eglise, lui que le pape avait contribué à faire brûler. C'était hardi. Au reste, Vasari, dans son histoire que nous avons déjà citée, résume assez bien les avantages que Florence offrait à un artiste désireux de pousser plus avant dans la connaissance de son art; nous citerons donc ce passage :

« A Florence, les hommes deviennent parfaits dans tous les arts et spécialement dans la peinture, parce qu'ils sont aiguillonnés par trois choses : la première est une critique sévère et incessante, car l'air du pays fait des esprits libres par nature, qui ne peuvent se contenter des ouvrages simplement médiocres, et qui ont égard à la valeur de l'œuvre plutôt qu'au nom de l'auteur; la deuxième est le besoin de travailler pour vivre, ce qui veut dire qu'il y faut faire incessamment œuvre d'invention et de jugement, être avisé et prompt dans sa besogne; bref, savoir gagner sa vie, parce que le pays n'étant ni riche ni abondant, ne peut, comme d'autres, nourrir le monde à peu de frais; la troisième, qui n'est pas inférieure aux deux précédentes, est une certaine soif de gloire et d'honneur que l'air du pays développe chez les hommes de toute profession et qui les révolte contre la pensée d'être les égaux, pour ne pas dire les inférieurs, de ceux qu'ils reconnaissent pour maîtres, mais dans lesquels ils voient des hommes comme eux. »

Malgré ces stimulants de chaque jour et presque de chaque heure, Raphaël ne trouva que des commandes médiocres. Il continua à peindre des madones; et, en somme, ce séjour à Florence ne fut pas pour lui d'un bien grand profit. C'est de cette époque que date le tableau de la Vierge, dite *la Belle Jardinière*, qui se trouve aujourd'hui au musée du Louvre. En 1505, on retrouve Raphaël à Urbin, où il fait le portrait de Bembo; l'année suivante, il est à Bologne où il se lie d'amitié avec le peintre orfèvre Francesco Francia; puis il va de nouveau à Florence, repasse par Urbin et demeure jusqu'au jour où il part pour Rome, grâce à son parent Bramante, qui occupait une position très élevée dans cette ville. Raphaël venait d'être appelé par le pape; décidément la fortune lui souriait; il allait commencer à peindre ces tableaux qui ont fait la réputation de son nom. Cette date est donc importante : ce fut en l'an 1508 que Raphaël partit pour Rome; il avait alors 25 ans.

Le souverain pontife était Jules II, homme assurément fort extraordinaire, à la fois pape et guerrier, très actif, très entreprenant, en même temps qu'ami des arts et du calme qu'ils procurent. Sa fortune datait de l'avènement de son oncle, Sixte IV. Dès son avènement, il avait déclaré nettement qu'il voulait protéger les arts en appelant auprès de lui le Pinturicchio et le Pérugin, le propre maître de Raphaël. Puis vint Bembo, que Raphaël avait connu à la cour d'Urbin, ami de Jules II, secrétaire de Léon X, cardinal enfin sous Paul III. Ce Pietro Bembo était un collectionneur acharné, mais qui apportait dans ses achats beaucoup de goût et de discernement. Il savait comprendre les beautés de l'antiquité, sans préjudice pour les innovations introduites par la Renaissance; et, c'est ainsi que, dans le catalogue de sa collection, on trouvait, à côté des manuscrits de Térence, de Virgile, et de marbres antiques, des tableaux de Memling, de Mantegna et de Raphaël. A la mort de ce dernier, il composa pour lui une épitaphe en latin. Une autre connaissance que Raphaël retrouva à son arrivée à Rome fut Bibbiena, dont nous avons déjà cité le nom. Secrétaire de Laurent le Magnifique, par conséquent jeté à terre du coup qui renversa les Médicis, il s'enfuit à Urbin avec Julien de Médicis, et c'est là qu'il composa *la Calandra*. Nommé cardinal par Léon X, il perdit ensuite la faveur du pape, comme suspect d'un trop grand attachement pour François Ier. Une autre figure non moins curieuse, qui se voit encore aujourd'hui au palais Pitti, peinte par Raphaël, est celle d'Inghirami, remarquable érudit, qui parlait le latin aussi couramment que sa langue maternelle. Un jour même, au théâtre, pendant une suspension de la représentation causée par la réparation de quelque machine, il monta sur la scène, et pour faire prendre patience aux spectateurs, il improvisa une pièce de vers fort bien tournée paraît-il. Puis, c'est l'auteur du *Courtisan*, Balthazar Castiglione, dont Raphaël fit également le portrait qui se trouve aujourd'hui au Louvre; l'Arioste, qui vint à la cour pontificale tandis que Raphaël y était, et qui composa aussi une épitaphe pour le peintre; Erasme et Luther purent être également connus par Raphaël. On voit par la seule énumération de ces noms, illustres ou célèbres, l'attrait que Rome exerçait alors sur les esprits; c'était vraiment la première ville du monde pour les arts, ce fut là que la Renaissance brilla de son plus vif éclat.

Raphaël, avons-nous dit, y fut appelé par son parent Bramante, homme universel, peintre, graveur, poète, architecte, menant tout de front avec la même activité, la même verdeur d'esprit, malgré son grand âge. Il travaillait alors à la reconstruction de Saint-Pierre. Longtemps malheureux, il avait su cependant conserver toujours la même gaieté, qui fit sourire plus d'une fois le pape Jules II. Ayant à graver sur la façade du Belvédère le nom de ce pape en latin JULIO II. PONT. (pontifico) MAXIMO, il fit le portrait de Jules, puis un pont avec deux arches et un obélisque imité de celui du Circo massimo (*maximo* en latin). Le pape trouva cette idée très ingénieuse, trop ingénieuse même, car il fit effacer la gravure. Bramante ne ménagea à son neveu Raphaël ni les encouragements, ni les conseils, ni même son aide; et lorsque celui-ci fit l'*Ecole d'Athènes*, il traça pour lui le plan du Portique qui encadre la scène. A sa mort, il le désigna au pape comme le seul digne de lui succéder dans les fonctions d'architecte en chef de Saint-Pierre, et comme le seul capable de mener à bonne fin cette audacieuse entreprise. On verra que Raphaël, de ce côté, ne fit pas grand'chose; bornons-nous seulement, pour l'instant, à constater que Raphaël vivait à Rome au milieu d'une société d'élite, et que ses commencements furent singulièrement facilités par son oncle.

Raphaël fut chargé, dès son arrivée à Rome, de se mettre à l'œuvre. Il allait avoir affaire à de redoutables concurrents, car le palais pontifical resplendissait déjà des fresques de Pinturicchio, de Fra-Angelico, du Pérugin, de Sadoma; mais dès que

Jules II l'eût vu à l'œuvre et qu'il pût faire la comparaison, il fut enthousiasmé au point qu'il lui ordonna de détruire sans pitié les œuvres de ses devanciers pour mettre les siennes à la place. Raphaël voulut résister, éprouvant une certaine répugnance à effacer d'un revers de main des œuvres qui avaient coûté des efforts considérables à leurs auteurs, et dont plusieurs lui semblaient dignes d'êtres conservées. Mais Jules II n'admettait pas d'observations, et ce ne fut qu'à force de subterfuges que Raphaël parvint à sauver quelques morceaux qui subsistent encore.

Quant à lui, il peignit les *Stanze*. *Stanze* est un mot italien qui veut dire tout simplement *chambre*. Ce sont quatre chambres, que Raphaël fut chargé de décorer, chambres qui, toutes, portaient un nom spécial : salle *de Constantin, de la Signature, d'Héliodore,* et enfin salle de l'*Incendie du Bourg*; en général mal éclairées et point du tout favorables à la peinture décorative. Néanmoins, Raphaël parvint à triompher de cette difficulté. Il commença par la salle *de la Signature*, ainsi appelée parce que c'était là que le pape avait coutume de signer les actes. C'est dans cette salle que se trouvent les deux célèbres compositions : la *Dispute du Saint-Sacrement* et *l'Ecole d'Athènes*. (1) Raphaël fit, pour ces deux peintures, de nombreuses études préparatoires, demandant des renseignements à l'Arioste, à Bramante et à quelques-uns de ces érudits que nous avons vus à la cour pontificale. Dans l'*Ecole d'Athènes*, il a placé son portrait, ceux de Bramante, et du Pérugin. Au bout de trois ans, cette première chambre fut achevée, en 1511.

Puis il se mit à la salle *d'Héliodore*, ainsi appelée à cause de la fresque principale qui représente Héliodore chassé du temple. Un autre tableau, également fort célèbre, se trouve dans cette salle : c'est la *Rencontre de Saint Léon et d'Attila*.

Outre ce travail énorme, Raphaël exécutait encore, en même temps, beaucoup d'autres peintures, des madones et des saintes,

(1) Nous donnons, à la fin du chapitre, la description de cette dernière composition.

entre autres la *Vierge au diadème*, que nous possédons au musée du Louvre. Quant aux portraits, il en fit également un certain nombre, notamment celui du pape Jules II, en 1513, l'année même de la mort de ce souverain pontife

Le cardinal Jean de Médicis, qui succéda à Jules II sous le nom de Léon X, était fils de Laurent le Magnifique, disciple de Politien, de Pic de la Mirandole, de Marsile Ficin. Il avait été créé cardinal à 15 ans, et se trouvait être en tout l'opposé de son prédécesseur, aussi bien par le caractère que par le genre de vie. Ceux même qui avaient blâmé l'attitude belliqueuse et les allures guerrières de Jules II se mirent à critiquer la nonchalance, le laisser aller, les goûts un peu mondains de Léon X. Mais aujourd'hui, nous passons aisément sur ces légers défauts, pour voir surtout en lui le protecteur éclairé et décidé des arts, qui personnifie presque en sa personne la Renaissance.

C'est dire que, avec le nouveau pape, Raphaël ne perdit rien de son prestige ni de la brillante situation qu'il occupait à Rome. Il se montra d'ailleurs toujours très conciliant et très simple, la note dominante de son caractère étant la douceur. Toutefois, il sut montrer de la fermeté quand il le fallait, témoin cette anecdote rapportée par Vasari : Deux cardinaux reprochaient à Raphaël d'avoir fait dans un tableau le visage de saint Paul et de saint Pierre trop rouge : « Messeigneurs, répondit-il, je les ai peints tels qu'ils sont au ciel; cette rougeur leur vient de la honte qu'ils ont de voir l'Eglise si mal gouvernée. » A Michel-Ange qui lui disait du ton sarcastique, qui lui était ordinaire : « Vous marchez, entouré d'une suite comme un général. » Il répondit : « Et vous, seul, comme le bourreau. »

Cependant Raphaël, montrait un peu trop de douceur lorsqu'il acceptait sans mot dire tous les petits travaux que lui commandait Léon X, au détriment d'œuvres plus sérieuses. C'est ainsi que le pape ayant reçu du roi de Portugal un éléphant, animal encore peu connu en Europe, il lui commanda d'en faire un dessin minutieux. Néanmoins Raphaël acheva assez vite la décoration des deux autres salles du Vatican, puis les *Loges*, exécuta des tapisseries, fit des tableaux commandés par le riche banquier Augustin Chigi, dont le neveu sera pape plus tard, sous le nom d'Alexandre VII, et dirigea enfin des travaux de sculpture et d'architecture, le tout mené de front.

La troisième chambre, appelée l'*Incendie du Bourg*, tire son nom comme la seconde du sujet principal qui y est peint. C'est une fresque, la seule qui, dans cette salle, soit entièrement de la main de Raphaël; quant aux autres motifs, le dessin seul est de lui; et même, dans la quatrième salle, celle de *Constantin*, aucune des peintures n'est due à son pinceau.

Quant aux *Loges*, ce sont des galeries qui forment une des façades de l'ancien palais du Vatican. Commencées par Bramante, elles furent terminées par Raphaël; elles comprennent deux étages; le deuxième étage correspond avec les *Stanze*. Jusqu'au commencement de ce siècle, elles étaient à ciel ouvert, exposées à toutes les intempéries des saisons; aussi, les peintures sont-elles à peu près toutes gâtées aujourd'hui et presque méconnaissables. Elles ont été recouvertes récemment d'un vitrage, mais il n'était plus guère temps.

On ne sait exactement à quelle époque ce travail a été commencé, ni même quelle part Raphaël y prit. On s'accorde généralement à dire que Jules Romain et Caravage seraient les principaux auteurs des fresques qui restent. Les sujets sont choisis pour la plupart dans l'ancien Testament; Raphaël n'aurait fait que les dessins, surveillant l'exécution générale, et reliant le tout par quelques corrections. Voici quelques-uns des sujets traités : *Construction de l'Arche, le Déluge*, l'*Apparition des anges à Abraham*, et surtout le morceau si connu, et de si belle envergure : *Dieu séparant la lumière des ténèbres*.

« L'ornementation des *Loges*, dit M. Müntz, passe à juste titre pour le plus éclatant triomphe de la peinture décorative. L'harmonie de l'ensemble n'est égalée que par l'infinie variété des détails. Tantôt on admire une netteté absolument classique, tantôt la fantaisie domine; d'un coup de baguette, l'ordonnateur de ces merveilles sait vous transporter dans un monde enchanté. Les arts, l'industrie, la nature ont été également mis à contribution; les grotesques alternent avec les paysages; les fleurs avec les poissons et les oiseaux; les armes avec les instruments de musique; les tableaux de genre avec les scènes mythologiques. On chercherait en vain dans le vaste domaine des impressions plastiques une note qui ne résonne pas dans cette symphonie sans rivale. Pour en renforcer encore l'effet, le maître a appelé la sculpture au secours de la peinture : d'innombrables bas-reliefs se développent sur les pilastres, dans les embrasures, sur les voûtes, mariant le ton mat du stuc aux couleurs éclatantes prodiguées de tous côtés. »

Raphaël fit encore des fresques pour la chapelle de la Magliana, dont une : *le Père éternel bénissant le monde,* se trouve au Louvre depuis 1873, époque à laquelle elle fut acquise pour la somme de 207,500 francs.

En outre, Raphaël exécuta, avons-nous dit, des cartons de tapisseries pour Léon X, destinés à la chapelle Sixtine; il prit pour sujets les actes des Apôtres. Ces tapisseries furent tissées, non pas à Rome, ni même à Arras, — où la tapisserie de haute-lice cessa d'être fabriquée après la prise de cette ville par Louis XI, — mais à Bruxelles. Ces tapisseries, que Léon X aimait tant, qu'il en commanda d'autres à Raphaël, eurent un bien malheureux sort. Lors de la prise et du sac de Rome, en 1527, par les troupes de Bourbon, les soldats se les partagèrent, et pour pouvoir les emporter plus aisément, ils les coupèrent par morceaux. Mais ces tapisseries furent copiées à l'huile par ordre de Louis XII, copies aujourd'hui conservées dans la cathédrale de Meaux, et qui servirent elles-mêmes de cartons, lorsqu'on exécuta aux Gobelins la série des tapisseries qui se trouvent encore au garde-meuble national.

Après le pape, le personnage qui fit le plus de commandes à Raphaël fut le banquier Augustin Chigi, homme d'une richesse considérable, qui aimait à recevoir beaucoup d'illustres prélats à sa table pour leur faire don, lorsqu'ils avaient fini de dîner, des couverts d'argent dans lesquels ils avaient mangé. Ce banquier avait ouvertement pris parti pour Raphaël dans la lutte engagée entre ce dernier et Michel-Ange, lutte qu'on a beaucoup exagérée, et sur laquelle nous aurons l'occasion de revenir. Raphaël fit pour lui la *Galatée*, fresque célèbre, qui se trouvait dans la villa du Transtévère, l'une des propriétés du banquier.

A côté de ces travaux importants, Raphaël en exécuta une foule d'autres : tableaux de chevalet, portraits, Saintes-Familles, en nombre si considérable qu'il est impossible d'en citer les noms, sous peine de tomber dans une nomenclature aride et ennuyeuse. Citons seulement la petite *Sainte-Famille* du Louvre, puis une autre *Sainte-Famille*, dite de *François Ier*, également au Louvre. Une seule chose est à remarquer dans toutes ces toiles : c'est la pureté de l'expression, la sincérité de l'émotion de l'artiste; enfin, et surtout, la manière idéale dont il a conçu ses Vierges. Un passage de M. Charles Blanc nous semble assez caractéristique sur ce point pour être rapporté :

« Nous sommes dans l'atelier du maître. On y a fait venir une fille du peuple, une jeune femme du Transtévère pour servir de modèle à Raphaël qui médite en ce moment la Sainte-Famille devenue si fameuse, que nous possédons au Louvre, *la Vierge de François Ier*. Habillée d'une simple tunique et négligemment coiffée de ses cheveux, la jeune femme, le genou ployé, la jambe nue, se penche en avant comme pour soulever un enfant qui n'existe encore que dans l'imagination du peintre. En cette attitude, elle pose sous les yeux de Raphaël qui, voulant la vérité et la beauté, arrête le mouvement de la figure, s'assure des proportions, saisit le jeu des muscles, et vérifie la grâce de la pensée. Mais il n'est encore qu'au milieu du chemin. La même jeune femme posera de nouveau, vêtue et drapée cette fois, à l'exception du bras gauche, qui restera nu et qui sera ensuite dessiné à part revêtu d'une manche. Que de précautions! Que de scrupules! et quel religieux amour de l'art! Parvenu à l'âge de 35 ans, et à l'apogée de son génie, Raphaël consent à étudier deux fois une figure de vierge, à dessiner d'abord le nu que doit envelopper la draperie, et ensuite la draperie qui doit envelopper le nu. Et pourtant, il les savait par cœur ces Vierges, avec leurs enfants Jésus, qui se dessinaient elles-mêmes sous sa plume légère, ébauchant un sourire, et laissant deviner dès les premiers contours leur grâce future. Mais il a fallu que le peintre les vît d'abord sur la terre, lorsqu'elles étaient de simples filles du peuple qui n'avaient pas encore été visitées par l'archange et divinisées par le style. Aussi, quand ce modèle transfiguré sera une Vierge, lorsque l'enfant s'élancera dans les bras de sa mère, et que des séraphins viendront jeter des fleurs sur son berceau, la peinture de Raphaël conservera quelque chose de naturel, et de secrètement familier qui la rendra plus touchante parce que, avant d'être le tableau d'une famille divine, elle aura été l'image d'une famille humaine. »

Raphaël prit, après la mort de Bramante, la direction des travaux de Saint-Pierre, désigné, ainsi que nous l'avons vu, par Bramante lui-même, pour lui succéder dans cet emploi. C'était un fardeau bien lourd pour lui qui était déjà surchargé par une foule d'autres travaux. Il le sentait bien; il laisse même percer quelque peu son inquiétude dans cette lettre qu'il écrivait alors à Castiglione :

« Notre Seigneur m'a, en voulant m'honorer, chargé d'un grand fardeau. Je veux parler de la direction des travaux de Saint-Pierre. J'espère bien ne pas succomber, d'autant plus que mon modèle plaît à Sa Sainteté, et obtient l'approbation de beaucoup de juges distingués; mais je vise plus haut. Je voudrais trouver les belles formes des édifices antiques. Peut-être mon vol ressemblera-t-il à celui d'Icare. Vitruve me donne beaucoup de lumières sans cependant me suffire. »

Comme on le voit, d'après cette lettre, Raphaël visait toujours plus haut, et c'est par une étude minutieuse et attentive de chaque objet qu'il atteignit une telle habileté, une telle perfection, et aussi une telle science dans les différents arts plastiques. Comme Poussin, il répondit un jour qu'on lui demandait comment il avait fait pour atteindre le haut point de perfection auquel il était parvenu : « En ne négligeant rien. »

Il se mit donc au travail avec beaucoup de courage, et n'aborda cette construction qu'après de mûres études sur l'architecture des anciens; il prétendait même faire mieux, et peut-être aurait-il réussi, mais toute sa bonne volonté, toute son ardeur furent réduites à néant par les occupations inutiles dont il fut surchargé. Bramante, pour aller plus vite dans la construction de cet édifice, avait employé des matériaux de mauvaise qualité, et avait travaillé un peu vite; aussi, peu de temps après sa mort, le monument menaçait de s'écrouler. On chargea Raphaël de chercher à consolider les fondations, à réparer ce qui avait déjà été fait; bref, il perdit un temps précieux à une foule de travaux préliminaires ingrats, si bien qu'il mourut sans y avoir presque mis la main.

Comme sculpteur, Raphaël a laissé une statue de *Jonas*, et un enfant en marbre qui serait aujourd'hui à Saint-Pétersbourg.

Pendant les derniers jours de sa vie, il songeait à la restitution de la Rome antique, idée qui a été reprise depuis bien des fois, mais sans avoir encore été réalisée. Ce projet avec son tableau de *la Transfiguration*, destiné par Jules de Médicis à la ville de Narbonne, furent les dernières préoccupations de sa vie. Il avait fait un peu avant de mourir un voyage à Florence, mais d'une manière générale, il voyagea peu. Il se trouvait trop bien à Rome pour changer de résidence; il y avait d'ailleurs plus de commandes qu'il n'en pouvait satisfaire. Il avait obtenu la charge de camérier pontifical et était chevalier de l'Eperon d'or. Il mourut en 1521 de ses excès de travail, le jour anniversaire de sa naissance, à l'âge de 37 ans seulement. On dressa le lit funéraire dans son atelier, et on mit au chevet son tableau de *la Transfiguration*, resté inachevé.

A propos de Raphaël, on agite souvent la question de savoir quel fut le genre de ses rapports avec Michel-Ange, et d'ordinaire on raconte que ces deux grands artistes furent l'un pour l'autre de violents ennemis, acharnés à se combattre auprès du public. A coup sûr, il y eut rivalité entre eux, ce qui n'a rien d'étonnant, lorsqu'on songe que Michel-Ange avait un caractère emporté, et était d'une humeur sombre qui lui faisait voir partout des ennemis; mais, cette rivalité n'eut rien de la férocité qu'on lui prête parfois. Il suffit, en effet, de raconter simplement les faits:

Lorsque Raphaël vint à Rome, Michel-Ange y était depuis plusieurs mois déjà, travaillant à la chapelle Sixtine; comme Raphaël était chargé des travaux des Stanze, et que chacun d'eux avait ainsi une tâche bien délimitée, on ne voit pas ce qui pouvait amener une rivalité entre eux deux. Mais si Raphaël était venu à Rome, c'était, avons-nous dit, surtout grâce à l'influence de Bramante, lequel était, lui, sérieusement hostile à Michel-Ange, qui l'avait blessé par ses saillies mordantes et par son esprit caustique. En outre, Bramante essaya d'enlever à Michel-Ange le travail dont il était chargé, c'est-à-dire la décoration du plafond de la chapelle Sixtine, au profit de Raphaël; d'où mécontentement de Michel-Ange contre Raphaël qui s'était prêté à cette manœuvre. Puis, vint bientôt s'ajouter un nouveau grief du Florentin contre le jeune peintre. Celui-ci, en effet, qui admirait beaucoup le talent de Michel-Ange, imita quelques-unes des têtes qu'il avait peintes et les reproduisit dans ses propres peintures. Aussitôt Michel-Ange cria au plagiat; son esprit toujours porté à voir les choses par le côté sombre, s'aigrit davantage; la folie de la persécution le prit même et il s'enfuit à Florence, d'où il ne revint qu'à la prière du pape, qui dut même l'aller chercher. Pourtant ce n'était encore qu'un commencement. La lutte s'envenima en 1518; mais, grâce à un autre peintre du nom de Sébastien de Piombo. Celui-ci, jaloux de Raphaël, comme tout homme médiocre l'est d'un grand homme, excitait sans cesse Michel-Ange contre lui, lui racontant mille propos soi-disant tenus par Raphaël. C'est ce qui explique que Michel-Ange en soit arrivé, dans un moment de colère, à s'écrier : « Tout ce que Raphaël sait en matière d'art, il le tient de moi. » Mais quand Michel-Ange était de sang-froid et qu'il n'avait plus à ses côtés le haineux vénitien pour l'exciter contre son rival, il savait pleinement lui rendre justice. C'est ainsi que Raphaël ayant une contestation au sujet du prix de ses têtes de *Sibylles,* exécutées dans l'église de la Pace, on prit Michel-Ange pour expert. On savait qu'il était le rival de Raphaël et l'on croyait qu'il allait rabaisser le prix demandé par celui-ci. Mais on le jugeait bien mal, car après avoir examiné de près les peintures en question, il déclara que chaque tête de Sibylle, à elle seule, valait la somme que l'on offrait pour toutes. C'est là, à ce qu'il nous semble, la preuve la plus manifeste que s'il y eut opposition et même antipathie de caractère entre ces deux hommes, ils savaient s'apprécier comme artistes.

La légende devait s'attacher au nom de Raphaël, et voici une histoire, vraie ou fausse, au sujet d'un de ses tableaux. « Une pauvre fruitière de Paris n'ayant pas le moyen de payer deux ou trois termes de son loyer, l'hôtelier, impitoyable, lui fit vendre ses meubles. Le peu d'effets qu'elle possédait ne suffisait qu'à peine pour acquitter ses dettes et satisfaire aux frais de la justice; en sorte qu'elle se voyait réduite à la mendicité, et fondait en larmes. Son désespoir augmenta quand elle vit qu'on allait vendre un petit Saint-Jérôme, tout enfumé, d'un pied et demi de hauteur, qu'elle avait au chevet de son lit et devant lequel elle priait Dieu tous les jours. Un peintre, après l'avoir examiné, le mit à un écu. Certain curieux, présent à la vente, enchérit aussitôt du double; le peintre crut que pour étonner cet homme et lui faire prendre l'envie d'avoir ce tableau, il n'avait qu'à le pousser un peu haut tout d'un coup. *A un louis,* dit-il. *A cinquante livres,* reprend l'amateur. *A cent livres,* reprend le peintre. Cependant le cœur de la bonne femme palpitait de joie; son loyer et les frais étaient déjà plus que payés par le petit Saint-Jérôme. Sa joie redoubla lorsqu'elle vit que d'enchère en enchère l'amateur le porta jusqu'à *six cents livres*. Le peintre, obligé de céder, dit en pleurant à l'amateur : « Vous êtes heureux, Monsieur, d'être plus riche que moi, car vous l'auriez payé deux cents pistoles, ou je l'aurais eu. » C'était un tableau original de Raphaël.

L'histoire ne laisse pas d'être touchante, pour merveilleuse qu'elle soit. Ajoutons, pour terminer, un passage de M. Taine, et quelques lignes de Vasari; nous ne saurions mieux résumer cette vie :

« Ce goût naturel de la mesure, ces instincts affectueux qui le (Raphaël) portent, comme Mozart, à peindre la bonté native, cette délicatesse d'âme et d'organe, qui lui fait rechercher partout les êtres nobles et doux, tout ce qui est heureux, généreux, et digne de tendresse, cette fortune singulière d'avoir rencontré l'art sur la cime extrême qui sépare l'achèvement de la préparation et de la décadence, ce bonheur unique d'une éducation double qui, après lui avoir montré l'innocence de la pureté chrétienne, lui a fait sentir la force et la joie païenne, il a fallu tous ces dons et toutes ces circonstances pour le porter au faîte. »

Et Vasari : « Si l'on veut voir clairement combien parfois le ciel peut se montrer libéral et large en accumulant sur une seule personne les infinies richesses de ces trésors, et toutes ces grâces et dons particulièrement qu'en un long espace de temps il dispense entre beaucoup d'individus, il faut contempler Raphaël Sanzio d'Urbin. »

LA FRESQUE DE L'ÉCOLE D'ATHÈNES

Voici une description très exacte et fort bien faite de l'*Ecole d'Athènes*, l'admirable peinture à fresque exécutée par Raphaël, en 1512 :

Le lieu de la scène est un gymnase superbement décoré, et dont le plan a beaucoup de ressemblance avec celui que Bramante

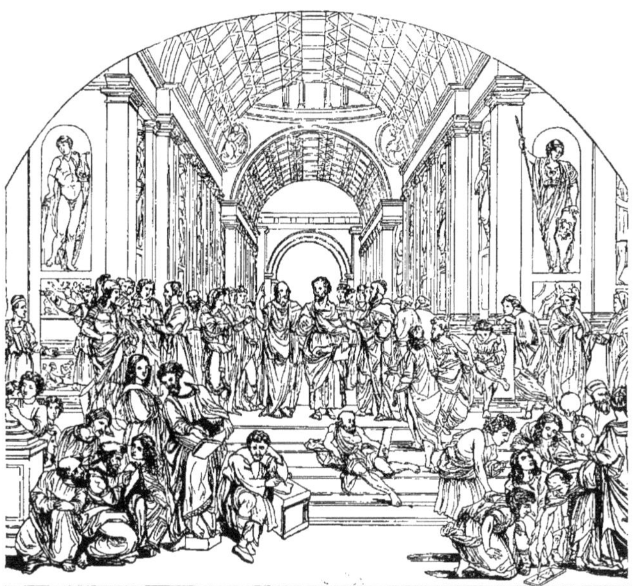

L'École d'Athènes. — Peinture à fresque de RAPHAEL, exécutée en 1512.

Le carton original de cette belle peinture, qui ne compte pas moins de cinquante personnages, se trouve dans la bibliothèque Ambrogine, à Milan. — Sous les traits du duc d'Urbin, de Bramante, du duc de Mantoue, de Pérugin, de Raphaël, etc., sont représentés quelques-uns des hommes les plus illustres de l'ancienne Grèce.

et Buonarotti avaient d'abord proposé pour l'ordonnance intérieure de Saint-Pierre de Rome. Les statues d'Apollon et de Minerve occupent deux niches : celles des Muses sont indiquées en perspective entre les pilastres.

A gauche du spectateur, du côté de la statue d'Apollon, au-dessus des gradins, on reconnaît Socrate à son profil et à son front chauve : il instruit Alcibiade qui porte un casque.

Au centre du tableau, et à droite de Socrate, on voit Platon et Aristote, ses deux élèves les plus illustres, conversant ensemble au milieu d'une foule qui écoute avec respect ces deux grands génies de la philosophie grecque.

Sur les gradins, au milieu, Diogène le cynique, presque nu, à demi couché, lit une tablette. Il est isolé, sans disciples.

Au premier plan, sur la base d'une colonne, Epicure enseigne sa doctrine.

A sa droite, au-dessous du groupe de Socrate, Pythagore (le plus ancien de ces philosophes) écrit au milieu de ses disciples. On croit que celui qui est devant lui et qui appuie sur le sol une tablette, est le portrait de Francesco Maria della Rovere, duc d'Urbin, neveu de Jules II.

Les trois personnages que l'on voit debout entre ce groupe et les gradins sont Empédocle, Epicarène et Archytas.

De l'autre côté, et de même au premier plan, Archimède trace, avec un compas, un exagone sur une tablette : c'est le portrait de Bramante. Le jeune homme qui a un genou en terre est le portrait du duc de Mantoue, Frédéric II ; les deux autres, à gauche de Ptolémée et de Zoroastre, roi des Bactriens, qui tiennent des globes, sont les portraits de Pierre Pérugin et de Raphaël.

Le nombre des figures est de plus de cinquante.

Le carton original de cette peinture se trouve dans la bibliothèque Ambrogine, à Milan.

Outre toutes les qualités supérieures de composition et de dessin réunis dans ce chef-d'œuvre, on ne saurait assez admirer le caractère profond de puissance intellectuelle imprimé sur les figures principales. Raphaël a donné à chaque maître l'expression propre qui personnifie sa doctrine. Il fallait qu'il les eût étudiés ou devinés, pour écrire ainsi matériellement sur leur front, sur tous les traits de leur physionomie, l'essence même de leurs pensées. Ce tableau est inspiré, à la fois, par l'art et par la science; il proclame dans son auteur le plus grand artiste philosophe qui ait jamais existé.

Avant l'*Ecole d'Athènes*, dit M. Quatremère de Quincy, « la connaissance de l'antiquité n'était pas plus entrée dans les conceptions de la peinture, que le goût ou la science de l'antiquité (chose assez différente) n'avait influé sur le dessin des peintres, en exceptant sous ce dernier point Michel-Ange. Les plus belles scènes de l'antiquité, soit religieuse, soit profane, n'étaient généralement reproduites que sous le travestissement routinier des costumes de chaque pays. On cherche et l'on a de la peine à citer, dans les deux siècles précédents, quelques sujets qui aient appartenu à ce que l'on appelle l'histoire profane. Si, toutefois, il s'en présentait à l'imitation de l'art, nul artiste ne soupçonnait que les Grecs ou les anciens Romains eussent eu des costumes particuliers, et qu'un guerrier, par exemple, un philosophe, un consul, aient été vêtus autrement qu'un chevalier, un moine ou un podestat. — Raphaël n'eut donc aucune espèce de modèle pour le genre, le style et l'invention de sa peinture de l'*Ecole d'Athènes*. Nul, parmi ses prédécesseurs, n'avait pu lui en inspirer la moindre idée; et, chose remarquable, nul, depuis lui, ne s'est encore élevé à son niveau, dans ce qu'on peut appeler l'idéal d'un pareil sujet. »

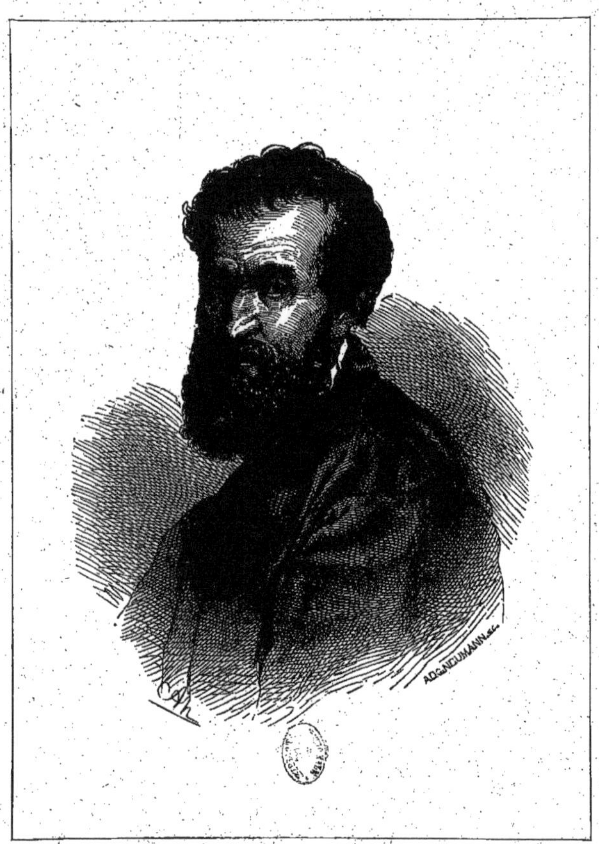

Portrait de Michel-Ange.

II

MICHEL-ANGE

1475-1568

Michel-Ange Buonarotti, — dont Florence célébrait, en 1875, le quatre centième anniversaire par des fêtes brillantes, — appartenait à l'ancienne et illustre famille des Comtes de Canossa : il naquit à Arrezzo, au château de Caprese, en Toscane, le 6 mars 1475, et mourut à Rome, à l'âge de quatre-vingt-treize ans, le 17 février 1568. Comme Léonard de Vinci, Michel-Ange appartient à cette école florentine qui se vante d'être la mère de toutes les écoles d'Italie, et qu'ont créée ou bien d'où sont sortis encore des peintres tels que *Giovanni Cimabué* (1240-1300), *Le Giotto* (1276-1336) *Fra-Bartolomeo de la Porta*, plus connu sous le nom de *il Frate* (1469-1517), *Andrea del Sarto* (1488-1530), etc., etc... Ces peintres illustres ont la gloire d'avoir, les premiers, ouvert la voie à l'art moderne.

Génie pour ainsi dire universel, Michel-Ange excella à la fois, dans la peinture, la sculpture, l'architecture et même la poésie, comme on le verra tout à l'heure, c'est-à-dire dans presque tous les arts libéraux. Il partage, avec Raphaël, le titre glorieux de prince des arts.

Mis en nourrice par son père Ludovico Buonarotti, podestat de Chiusi et de Caprese, dans une famille dont le chef était sculpteur, Michel-Ange se familiarisa dès son jeune âge avec la vue du maillet et du ciseau. Cette circonstance eut peut-être quelque influence sur ses goûts futurs. Quoiqu'il en soit, Ludovico Buonarotti, qui voyait s'accroître chaque année le nombre de ses enfants sans jouir de la moindre augmentation de fortune, n'était nullement disposé à laisser suivre à son fils la carrière artistique, fort peu rémunératrice à cette époque. Il le destinait au commerce et l'envoya étudier la grammaire chez Francesco d'Urbin. Mais le génie naturel du jeune enfant ne tarda pas à triompher de la volonté paternelle.

En effet, Michel-Ange, poussé par un goût inné, consacrait à dessiner en cachette tout le temps qu'il pouvait dérober à ses études ordinaires. Tout lui était bon pour cela : un jour, il dessina au charbon, sur la muraille, un petit satyre qui attira sur lui l'attention de ses camarades et de ses maîtres. Un ami, qui était de l'atelier de Domenico Ghirlandajo, lui fournit alors des modèles, entre autres une *Tentation de Saint-Antoine* que Michel-Ange copia d'abord à la plume ; puis il la reproduisit sur une plus grande échelle et, enfin, la peignit sur bois. Son père vit bien alors que rien ne pourrait vaincre une vocation aussi impérieuse. Il lui permit donc de la suivre et le fit entrer dans l'atelier des frères Ghirlandajo, qui jouissaient alors d'une grande renommée en Italie. Michel-Ange avait quatorze ans.

L'enfant, dit M. F. Valentin, « donna bientôt de telles preuves de son talent, que non seulement il surpassa ses jeunes rivaux, mais encore qu'il égala souvent son maître. (Une fois que celui-ci lui avait donné une tête à copier, il lui fit l'espièglerie de lui rendre la copie à la place du modèle, et le maître ne s'aperçut pas de la substitution). Les succès merveilleux, obtenus par ce précoce génie, le mirent en grande réputation. Laurent de Médicis, surnommé le *Magnifique*, venait d'établir dans son palais et ses jardins de la place San-Marco, à Florence, une école de peinture et de sculpture (l'*Ecole des Arts*), en rassemblant les plus précieux antiques, qu'il faisait venir de Grèce à grands frais. Il pria Ghirlandajo de choisir, parmi ses élèves, ceux qui annonçaient les plus heureuses dispositions, et de les envoyer travailler dans ses jardins. Michel-Ange fut du nombre de ceux qui partagèrent cet honneur. A la vue des chefs-d'œuvre des anciens, son génie s'éveilla promptement, il n'était que depuis peu de temps à l'école des Arts, lorsqu'il copia en marbre une tête de vieux Faune, dont le nez et la bouche étaient rongés par le temps. Quoiqu'il n'eût encore jamais touché le ciseau, il fut assez hardi pour suppléer, par son imagination, à ce qui manquait à l'original; il ouvrit la bouche du Faune de façon que l'on apercevait la langue et toutes les dents. A la vue de cet ouvrage, Laurent, après un moment de surprise et d'admiration, lui dit en plaisantant :

» — Tu devrais savoir, jeune homme, qu'il manque toujours quelques dents aux vieillards.

» Michel-Ange ne répondit rien; mais, sentant sa faute, il la répara en cassant une dent à son Faune, et en imitant, dans la gencive, jusqu'au vide qu'elle devait laisser. Laurent, lorsqu'il revint, rit beaucoup de la docilité et de l'ingénuité du jeune élève; il le prit dès lors sous sa protection, le traita comme son propre fils, lui donna une chambre dans son palais, et l'admit même à sa table, à côté des plus grands seigneurs de l'Italie et des premiers hommes du siècle.

» Mais la mort priva bientôt l'artiste de son digne protecteur. Pierre de Médicis n'hérita ni des qualités de son père ni de son estime pour les arts et pour Michel-Ange. Le prieur de l'église du Saint-Esprit chercha à le distraire de son chagrin, en lui commandant un crucifix en bois, et en lui donnant un logement dans le couvent, où il lui procura des cadavres humains pour étudier l'anatomie. Michel-Ange s'y livra avec ardeur comme à tout ce qu'il entreprenait, et acquit, par la dissection, une connaissance parfaite de la myologie, qui le rendit le plus savant et le plus profond de tous les dessinateurs. Il quitta Florence lors de la révolution populaire qui, en 1494, chassa Pierre de Médicis du territoire de la république; mais il y retourna dès que le calme fut rétabli. Quelque temps après, le cardinal de Saint-

Georges l'attira à Rome et le logea dans son palais. Bien que Michel-Ange n'eût guère à se louer de ce nouveau protecteur, il mit à profit son premier séjour dans la capitale du monde chrétien en produisant de nouveaux chefs-d'œuvre, entre autres la statue de *Bacchus*, qui fut, depuis, transportée à Florence. »

MICHEL-ANGE SCULPTEUR

Michel-Ange avait vingt-six ans quand il acheva son fameux groupe *la Pieta*, le seul ouvrage qui porte sa signature. Il est curieux d'en connaître le motif. « Quelques personnes, étant venues voir ce chef-d'œuvre, en causaient devant lui. L'une d'elles demanda de qui il était. Quelqu'un répondit : « *D'un « certain bossu de Milan!* » Michel-Ange, indigné, ne dit rien; mais il revint la nuit avec une lanterne et un ciseau et grava sur la ceinture de la Vierge : *Michel-Angelo Fioren.* »

Trente ans plus tard, en 1531, Michel-Ange, dans toute la force de son génie et déjà comblé de gloire, ciselait cet admirable tombeau de Médicis dont la statue de Laurent fut désignée par lui sous le nom de : *il Pensierosa le Penseur*. Celle-ci est, on le sait, entourée de quatre statues allégoriques : l'*Aurore*, le *Crépuscule*, le *Jour* et la *Nuit*. Cette dernière fit une si vive et si universelle impression, qu'une foule de poètes s'empressèrent de la célébrer.

Strozzi, dans un admirable quatrain, disait :

« Cette nuit que tu vois dormir dans un si doux abandon fut » sculptée par un ange. Elle est vivante puisqu'elle dort; éveille- « la si tu en doutes, elle te parlera. »

Michel-Ange répondit au quatrain de Strozzi par le suivant :

« Il m'est doux de dormir, et encore plus être de marbre. Tant » que durent le malheur et la honte, c'est un bonheur pour moi » de ne pas voir et de ne rien sentir; ne m'éveille donc pas, » hélas! et parle bas! »

Une autre œuvre de la maturité de Michel-Ange est un admirable bas-relief représentant le supplice d'Ugolin (1) et de ses enfants. Voici ce qu'en dit M. J.-J. Ampère, l'illustre membre de l'Institut, dans son ouvrage sur *La Grèce, Rome et Dante :*

« Pise rappelle Ugolin..... L'histoire du supplice infligé au chef pisan reste un des morceaux les plus étonnants de l'étonnant poème de Dante, un de ceux qu'il est impossible d'oublier..... On pense, en général, que la faim porta le malheureux père à se nourrir de la chair de ses enfants. Sans qu'on se rende bien compte de ce qui, dans le récit de Dante, peut justifier une pareille idée, elle est reçue, elle fait partie de l'horreur qu'on s'est accoutumé à ressentir, et il en coûterait à plus d'un lecteur d'y renoncer. Cependant rien n'est moins certain qu'une telle supposition.....

» Une traduction admirable et peu connue de ce récit terrible est un bas-relief de Michel-Ange, que j'ai vu à Florence, au palais della Gherardesca. La Faim, sous les traits d'une horrible vieille, plane au-dessus des personnages, et montre à Ugolin ses trois fils mourants. Le père, debout, s'appuie sur une main; de l'autre, il presse ses entrailles et regarde en face sa terrible ennemie. L'attitude d'un des jeunes gens, qui contemple son frère étendu à ses pieds, est animée d'une expression touchante. Au-dessous, l'Arno est représenté, dans cette poétique composition, détournant les yeux de tant d'horreurs. C'est encore un souvenir de Dante. Celui-ci, dans son indignation contre Pise, s'adresse à l'Arno, et lui demande de noyer le peuple qui a laissé consommer une telle barbarie. »

(1) Ugolin de la Gherardesca, chef des Gibelins et premier magistrat de la république à Pise, voulut fonder une principauté pour sa famille, à l'exemple des Della Scala de Vérone et des Visconti de Milan. Mis en prison, en 1274, il s'échappa, et rentra dans sa patrie avec l'appui des habitants de Lucques et de Florence (1276). Il se fit nommer capitaine-général après avoir trahi ses compatriotes à la bataille de la Méloria contre les Génois, en 1284, exila ou fit périr ses ennemis, et établit son pouvoir par la terreur. Mais l'archevêque de Pise, Roger del Ubaldini, ranima le peuple en 1288, se saisit d'Ugolin, et l'enferma dans une tour, avec trois de ses fils et l'un de ses petits-fils. Ugolin mourut de faim, après avoir essayé de manger ses enfants. Cette histoire tragique a été immortalisée par les vers de Dante, dans son poème de l'*Enfer*. (*Dezobry et Bachelet*).

MICHEL-ANGE PEINTRE

Comme peintre, Michel-Ange ne fut pas moins remarquable que comme sculpteur, dit un biographe à qui nous empruntons la plupart des détails et des appréciations qui suivent. Il eut l'honneur de concourir, avec le grand Léonard de Vinci, à l'exécution des peintures historiques pour l'embellissement de la salle du Conseil, à Florence. C'est à cette occasion qu'il conçut ce fameux carton, dont malheureusement il ne reste que quelques parties, représentant une scène de la guerre de Pise, l'une des créations de Michel-Ange les plus estimées des connaisseurs. Cependant, il fut appelé à Rome par le pape Jules II, qui le chargea de l'exécution d'un mausolée pour lui. Ce travail fut interrompu deux fois : d'abord par suite de circonstances où la fierté de l'artiste se trouva blessée, ensuite par la jalousie de ses rivaux, Bramante et Julien de Sangallo. Ces derniers persuadèrent au pape de charger Michel-Ange des peintures à fresque qu'il voulait faire exécuter sur la voûte de la chapelle Sixtine, espérant l'embarrasser par un genre de travail dans lequel il ne s'était pas encore essayé, et lui faire perdre la faveur du prince. Michel-Ange, après s'en être vainement défendu, exécuta, en vingt mois, un travail qui fit l'admiration de tous les vrais connaisseurs, malgré le court espace de temps laissé à l'artiste pour l'accomplissement de son œuvre, et dans lequel la grandeur de ce génie original se montre dans toute sa force, plus que dans aucune autre de ses productions.

Au moment où Michel-Ange se disposait à reprendre le travail de son mausolée, le pape Jules II vint à mourir, et, sur l'ordre de son successeur, le pape Léon X, qui mourut bientôt après, il se rendit à Florence pour entreprendre la construction de la façade de la bibliothèque Saint-Laurent. Sous Adrien VI, il fit les fameuses statues de *Moïse* et du *Christ* pour le tombeau du pape Jules II. Cette dernière fut placée, plus tard, dans l'église de la Minerve, à Rome.

Clément VII rappela Michel-Ange à Rome, et le chargea de l'achèvement de la nouvelle sacristie et de la bibliothèque Saint-Laurent, à Florence. Après les événements orageux qui survinrent, il fut également chargé d'ajouter aux peintures, qu'il avait exécutées dans la chapelle Sixtine, celle du *Jugement dernier*. Agé de soixante ans, il n'entreprit qu'à contre cœur ce dernier travail, qui pouvait nuire à sa réputation. Doué par la nature d'une grande profondeur de pensée, il s'était inspiré à la lecture des admirables descriptions du Dante ; et, par l'étude non interrompue de l'anatomie, il avait acquis une connaissance intime des plus secrets mouvements des muscles. Il chercha à se frayer une route nouvelle par son travail et s'efforça de surpasser ses prédécesseurs, au nombre desquels se trouve en première ligne Lucas Signoretti, par la force des contours, la hardiesse des mouvements et l'horrible de l'expression.

Michel-Ange acheva, en 1541, un tableau dont la composition laisse beaucoup à désirer, mais où se révèle partout une grande expérience de l'art, ce qui le rend plus utile à l'étude des artistes qu'agréable au goût et au sentiment des amateurs. Il reproduit avec un rare talent, dans ce tableau, les différentes positions du corps, les diverses perceptions de l'âme et les emportements de la passion, — ce qui fait de cet ouvrage un trésor inépuisable d'étude et de méditation. Les deux derniers tableaux remarquables de Michel-Ange sont, la *Chute de Saint-Paul* et le *Crucifiement de Saint-Pierre* dans la chapelle Saint-Paul.

En sculpture, il fit une *Descente de Croix*, — quatre figures ciselées dans un seul bloc de marbre. On dit de son *Cupidon* en marbre qu'il est une imitation perfectionnée d'un autre Cupidon qu'il avait fait auparavant, et qu'il avait enterré après lui avoir cassé un bras, dans l'espérance de le faire passer pour un morceau d'antiquité, comme nous le verrons un peu plus loin : ce Cupidon, perfectionné, est de grandeur naturelle. Sa statue de *Bacchus* est comparée, par Raphaël, aux chefs-d'œuvre de Phidias et de Praxitèle.

Michel-Ange entreprit encore, en 1546, l'achèvement de l'église Saint-Pierre. Il en corrigea le plan, choisit la forme d'une croix grecque, élargit la tribune et les bas-côtés, appuya la coupole sur un mur solide, et fit construire une des faces d'après le modèle du portique du Panthéon. Il ne survécut pas à l'exécution de son plan auquel on fit quelques changements après sa mort. Il entreprit, en outre, différentes constructions, telles que celles du Capitole, du palais Farnèse et autres. Ses monuments d'architecture se distinguent aussi par la grandeur et la hardiesse, mais on reconnaît son imagination vagabonde et déréglée dans les ornements et les détails, souvent trop surchargés, qu'il préférait aux ornements simples.

Ses poésies, qu'il considérait seulement comme un passe-temps et un jeu de son imagination, renferment des preuves incontestables d'un grand talent. Elles ont été publiées ensemble et séparément. On a également de Michel-Ange divers ouvrages en prose (*Lectures*, *Discours* et *Lettres*.)

MICHEL-ANGE POÈTE

Michel-Ange poète a été très bien apprécié, il y a une cinquantaine d'années, par l'un des rédacteurs du *Magasin pittoresque*. Jamais, chez aucun peuple, écrivait-il, un homme a-t-il réuni autant de qualités éminentes d'artiste que Michel-Ange? Il est permis d'en douter. Ce n'était pas assez qu'il fût grand architecte, peintre sublime, statuaire sans égal, il était encore poète, et sa poésie était aussi une expression de sa foi. Sa lecture favorite était les poèmes du Dante, dont Vasari nous apprend qu'il avait enrichi tout l'*Enfer* de dessins de sa main, admirables chefs-d'œuvre sans doute, depuis longtemps perdus et à jamais regrettables. Raphaël a reproduit dans ses peintures l'idéale pureté de Pétrarque; Michel-Ange semble avoir adopté dans ses compositions la sombre profondeur, la force incomparable et parfois la bizarrerie du grand Alighieri (1). On a dit, avec raison, que sa fresque du *Jugement dernier* était un véritable chant du Dante. Aussi professa-t-il toute sa vie l'admiration la plus profonde, la plus exaltée, pour la mémoire de l'illustre banni de Florence. Voici un beau sonnet de Michel-Ange, lui-même, qui, à défaut d'autres preuves, suffirait à en faire foi :

SONNET

« Il (Dante) pénétra vivant dans les abîmes ténébreux ; vivant, » il passa de l'un à l'autre enfer, et, de là, remontant vers Dieu, » son génie fit luire dans notre nuit un pur rayon de vérité.

» Etoile unique, son éblouissante lumière éclaira dans ses » profondeurs les mystères redoutables de l'Eternité, et il en » reçut la récompense que la Terre coupable ne prodigue que » trop souvent aux plus divins d'entre les mortels.

» Oui, ces travaux sublimes du Dante, ils furent méconnus » comme son immortelle audace, de ce peuple ingrat qui semble » ne pouvoir faire grâce aux justes.

» Qu'importe, et que ne suis-je tel ! Né pour un sort pareil, le » plus grand bonheur de la terre, je le donnerais pour cet âpre » exil rehaussé de tant de vertus. »

Le même caractère de force et de grandeur, qui distingue les statues et les peintures de Buonarotti entre tous les chefs-d'œuvre, frappe et étonne dans ses vers ; mais, composés la plupart vers la fin de sa vie, alors que son âme, comme il nous l'apprend lui-même, se tournait tout entière à Dieu, ils sont peut-être à la fois l'expression la plus douce et la plus haute de cette âme prodigieuse. On en jugera par cet autre sonnet de lui, d'un sentiment aussi élevé et d'un accent plus mâle et plus ferme que les plus beaux de Pétrarque :

(1) Nom de famille du Dante. Après avoir été pendant deux ans membre du Conseil suprême de Florence, sa patrie, Dante fut exilé, en 1302, à la suite de querelle de partis et mena dès lors une existence errante et malheureuse à travers l'Italie. Il mourut en 1321.

SONNET

« Ils charment toujours le goût pur et sain de l'artiste pieux, » ces chefs-d'œuvre antiques dont il sait retrouver les traits et » l'attitude jusque dans leurs débris, et qu'il force la cire, la » terre, le marbre, de reproduire vivants.

» Si, plus tard, le temps injurieux les frappe de nouveau, les » mutile ou les détruit, leur beauté première n'en subsiste pas » moins sacrée, et la pensée qui en fut une fois frappée la conserve religieusement.

» Ainsi ta beauté, adorable monument des types célestes, nous révèle ici-bas l'artiste éternel.

» Qu'elle s'altère ou disparaisse avec les ans, elle vivra d'au- » tant plus souveraine en mon âme, en élevant à cette beauté » suprême que ne changent ni printemps, ni hiver. »

On sourit d'attendrissement à ce magnifique et naïf symbole de Dieu, de l'art et de Michel-Ange lui-même. On se souvient de son culte pour l'antiquité, de son audace à lutter contre elle et à la surpasser, parfois, des grandes résolutions qu'il prenait dans sa vieillesse de ne plus penser qu'à son salut, et de ce qu'il appelait ses rechutes continuelles dans la pratique de son art. Dieu est pour lui l'*artiste éternel;* il a beau faire, dans presque tous ses vers il ne peut exprimer ses pensées et ses sentiments qu'à l'aide d'images et de comparaisons tirées de la sculpture, cet art qu'il aimait par-dessus tous les autres, et auquel il doit sa plus grande gloire. On sait qu'ayant eu pour nourrice la femme d'un sculpteur, il avait joué enfant au milieu des statues. A seize ans, il faisait des ouvrages qu'on comparait à ceux des grands maîtres; homme, il disait que *le marbre tremblait devant lui.* Il ne connut jamais le repos. « Je vis, » — dit Vigenères, écrivain du XVIe siècle, — « je vis Michel-Ange, bien qu'âgé de soixante ans, et encore non des plus robustes, abattre plus d'écailles d'un marbre très dur en moins d'un quart d'heure que

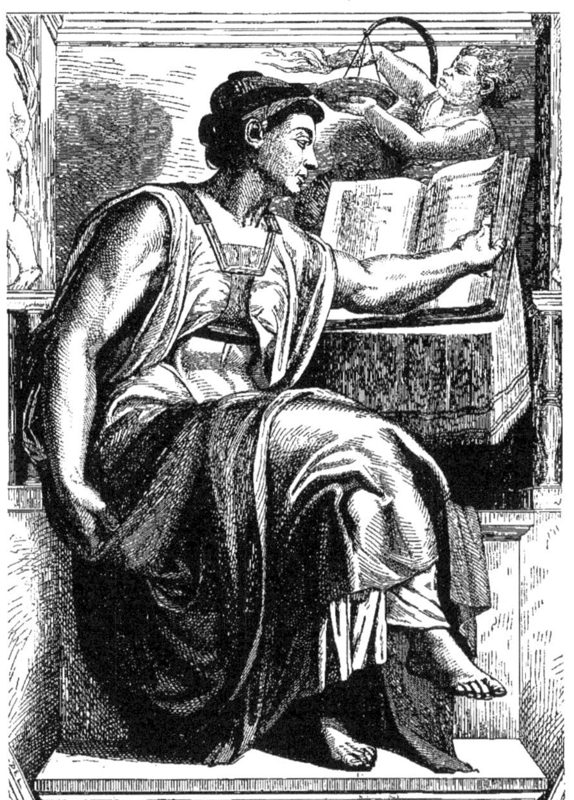

La Sibylle d'Erythrée. — Peinture à fresque de MICHEL-ANGE.

trois jeunes tailleurs de pierre n'eussent pu faire en trois ou quatre heures; chose presque incroyable à qui ne la verrait! Et il allait d'une telle impétuosité et furie, que je pensais que tout l'ouvrage dût aller tout en pièces; abattant par terre, d'un seul coup, de gros morceaux de trois ou quatre doigts d'épaisseur, si ric-à-ric de sa marque, que s'il eût passé outre de tant soit peu plus qu'il ne fallait, il y avait danger de perdre tout, parce que cela ne se peut réparer. »

On rapporte que, dans les dernières années de sa vie, infirme à la fin et aveugle, il allait à tâtons dans son atelier, pour toucher du moins ces antiques marbres qu'il ne pouvait plus voir.

Michel-Ange semble n'avoir pas fait grand cas de ses poésies; il écrivait de Rome à Vasari, en lui envoyant le sonnet suivant : « On dit que je tombe en enfance; en voici une preuve; je fais » des vers. »

SONNET

« Il touche à son terme le cours de ma vie; à travers cette » mer orageuse, j'arrive dans ma frêle barque au port universel, » où chacun doit rendre compte du bien et du mal qu'il a fait.

» Je le vois maintenant combien elle était vaine et mensongère cette fantaisie passionnée qui fit de l'art mon idole et le » monarque de mon âme; combien les désirs de l'homme s'égarent ici-bas.

» Vains prestiges de mes douces erreurs, qu'êtes-vous à cette » heure où je me sens approcher deux morts; l'une est certaine, » l'autre me menace.

» Sculpture ni pinceau ne peuvent désormais satisfaire mon » âme; elle se tourne tout entière vers l'amour de Dieu, de ce » Dieu qui, pour nous recevoir, étendit ses bras en croix. »

Et pourtant, au soin avec lequel il retoucha depuis ce sonnet, dont le texte imprimé dans ses *œuvres* diffère sensiblement de ce qu'il est dans la lettre à Vasari, on reconnaît toujours

Michel-Ange ; c'est le même culte de la forme, le même infatigable amour de la perfection.

LE GÉNIE DE MICHEL-ANGE

C'est cet amour persistant de la perfection et de la vérité qui, au début de sa carrière, alors qu'après la mort de Laurent de Médicis il avait été recueilli par le prieur de l'église du Saint-Esprit, l'avait poussé à étudier passionément l'anatomie au moyen des cadavres humains que lui procurait le bon prieur. Comme nous l'avons vu plus haut, Michel-Ange étudiait avec soin la structure humaine, disséquait avec ardeur, afin de se rendre scrupuleusement compte du jeu des muscles. La science profonde qu'il acquit de la sorte contribua puissamment à lui donner une incontestable supériorité sur la plupart des peintres et des sculpteurs.

Les œuvres de l'antiquité étaient également pour lui un continuel sujet de travail. Jusque dans sa vieillesse, il ne cessa d'étudier l'antique. Devenu aveugle, il se faisait conduire auprès des chefs-d'œuvre de la Grèce existant encore en Italie, et, les palpant avec les mains, les voyait pour ainsi dire par le toucher. L'antiquité artistique lui était tellement familière que — nous l'avons déjà vu, — il s'amusa un jour à faire lui-même de l'*antique*, et son œuvre était si parfaite que les connaisseurs eux-mêmes s'y trompèrent. Voici d'ailleurs ce que raconte un contemporain à ce sujet :

Michel-Ange, persuadé que l'ancienneté de quelques ouvrages jugés antiques est souvent douteuse, voulut s'en assurer davantage et prouver aux savants l'incertitude de leurs connaissances. Il fit à Florence la statue d'un *Cupidon*, et, lorsqu'il fut à Rome, il l'enterra dans un endroit de la campagne où l'on devait fouiller, — après, toutefois, lui avoir préalablement cassé un bras qu'il garda avec soin. Cette statue fut trouvée en effet. Les connaisseurs la déclarèrent antique et vantèrent beaucoup le travail de l'artiste grec auquel il leur plut de l'attribuer. Le cardinal de Saint-Georges l'acheta comme un des plus beaux ouvrages de l'ancienne Grèce et crut être fort heureux de se la procurer, même en la payant très cher. Quelle dut être la honte des prétendus connaisseurs du goût antique quand Michel-Ange vint réclamer son ouvrage et montrer le bras qu'il avait conservé ! Le cardinal n'eut pas le plus beau rôle. Dès qu'il sut que la statue était de Michel-Ange, elle n'eut plus de mérite à ses yeux. Il se hâta de la rendre et se fit rembourser son argent.

Ce fut à près de quarante ans, nous dit M. F. Valentin, que Michel-Ange « s'adonna pour la première fois à l'architecture, sans néanmoins négliger ses travaux de peinture et de sculpture; car, en même temps qu'il construisait le portail de San-Lorenzo, il fit ses fameuses statues de Moïse et du Christ pour le tombeau de Jules II, qu'il espérait toujours terminer. A cette époque de troubles et de désastres pour l'Italie, il devint ingénieur, fut nommé commissaire général des fortifications de Florence, et défendit cette ville, pendant un an, contre les Espagnols. Pendant ce siège, long et meurtrier, les Florentins furent réduits à de telles privations, que Buonarotti fut obligé, pour subvenir à ses besoins, de vendre, à vil prix, son superbe cheval bai avec tout son harnachement. Lorsque, malgré ses efforts, il eut vu sa ville natale forcée d'ouvrir ses portes à l'armée de la ligue de Cambrai, qui s'empressa de rétablir l'influence des Médicis, Michel-Ange, craignant pour ses jours, se retira dans des villages ignorés. Dans cette occasion, Alexandre de Médicis, substitué au gonfalonier Pier Soderini, se conduisit comme un grand souverain. Michel-Ange, ayant été découvert, fut amené devant le prince. Chacun croyait sa perte certaine; mais quelle fut la surprise de l'assemblée lorsqu'on vit le duc prendre l'artiste par la main, et le plaçant sur le trône : « Je punis le rebelle, » s'écria-t-il, « mais je récompense le « talent ! » Et jamais il n'eut souvenir des maux que lui avait causés l'habileté de Michel-Ange ingénieur...

« Michel-Ange consacra exclusivement ses dernières années à l'architecture, et joignit d'autres travaux à ceux de la basilique de Saint-Pierre. C'est ainsi qu'il continua le palais Farnèse, qui fut terminé plus tard, sur ses dessins, par Vignole. Mais ce fut son dernier ouvrage; après avoir fourni une carrière presque séculaire, il mourut à Rome le 17 février 1563. Son corps, enlevé secrètement, d'après les ordes du duc Cosme de Médicis, de l'église des Saints-Apôtres, fut transporté à Florence, où il fut reçu avec les plus grands honneurs. On lui éleva, dans l'église de Saint-Laurent, un pompeux catafalque, à la décoration duquel contribuèrent tous les arts qu'avait cultivés l'illustre défunt. Bientôt après, un monument plus durable remplaça cette fragile représentation. Le grand duc donna tous les marbres nécessaires à l'exécution d'un mausolée que construisit Vasari et où il plaça le buste de son maître.

» Plus heureux que beaucoup d'autres artistes, Michel-Ange fut dignement apprécié pendant sa vie. Les papes Jules II, Léon X, Clément VII, Paul III, Jules III, Paul IV et Pie V voulurent toujours l'avoir près d'eux. François Ier, Charles-Quint, le sultan Soliman, la seigneurie de Venise, reconnurent l'immensité de son génie et lui offrirent des pensions considérables pour l'attirer dans leurs Etats.

» Ce peintre vécut toujours en homme de bien et en chrétien. Parvenu à l'âge de quatre-vingt-neuf ans, et sentant sa fin prochaine, il fit venir son neveu Leonardo Buonarotti, et lui dicta son testament en ce peu de mots : « Je laisse mon âme à » Dieu, mon corps à la terre, mes biens à mes plus proches « parents. »

» Quoique riche, il vivait comme s'il eût été pauvre, n'admettait que rarement quelques amis à sa table, mais aussi ne voulait jamais accepter de présents, qu'il regardait comme autant de liens incommodes et difficiles à rompre. Sa vie sobre le rendait très actif; il se livrait peu au sommeil, et se levait souvent la nuit pour travailler : pendant ces veilles fécondes, il avait l'habitude de porter une petite lampe sur sa tête, afin d'avoir les mains libres et d'agir en toute liberté. »

DEUX ANECDOTES SUR MICHEL-ANGE

Voici, pour terminer, deux anecdotes concernant Michel-Ange. Par la première, on verra que si Buonarotti était doué d'un incomparable génie artistique, il possédait aussi un cœur aimant et affectueux pour tous ceux qui l'entouraient, en un mot, qu'il était un homme de cœur. La suivante montrera que ce grand esprit n'était pas exempt de malignité ; mais sa malignité était douce, et, en somme, fort peu malfaisante, car elle n'allait jamais jusqu'à la méchanceté.

En 1556, Michel-Ange perdit Urbino, son fidèle serviteur, qu'il avait pris à son service après le siège de Florence, en 1530, lorsque Antonio Mini, son élève, passa en France. Urbino resta vingt-six ans avec lui. Un jour Michel-Ange lui dit :

— Si je venais à mourir, que ferais-tu ?

— Je serais obligé de servir un autre maître, répondit-il.

— Oh ! mon pauvre Urbino, je veux t'empêcher d'être malheureux, reprit Michel-Ange.

Et il lui remit à l'instant deux mille écus.

Lorsque Vasari eut appris la mort d'Urbino, il écrivit à Michel-Ange, son ami, pour le consoler de cette perte, et il en reçut la réponse suivante :

« Messer Giorgio, mon cher ami, j'écrirai mal, cependant il » faut que je vous dise quelque chose en réponse à votre lettre. » Vous savez comment Urbino est mort ; ç'a été pour moi une » très grande faveur de Dieu, parce qu'Urbino, après avoir été » le soutien de ma vie, m'a appris non seulement à mourir sans » regret, mais même à désirer la mort. Je l'ai gardé vingt-six » ans avec moi, et je l'ai toujours trouvé parfait et fidèle. Je » l'avais enrichi, je le regardais comme le bâton et l'appui de ma » vieillesse, et il m'échappe en ne me laissant que l'espérance

» de le revoir dans le paradis. J'ai un gage de son bonheur dans » la manière dont il est mort. Il ne regrettait pas la vie, il » s'affligeait seulement en pensant qu'il me laissait accablé de » maux au milieu de ce monde trompeur et méchant. Il est vrai » que la majeure partie de moi-même l'a déjà suivi, et tout ce » qui me reste n'est plus que misère et que peines. Je me recom- » mande à vous. »

Un des plus distingués parmi nos peintres modernes, M. Robert Fleury, a traduit dans un beau tableau (qui a figuré au Salon de peinture de 1841), les sentiments de cette lettre empreinte d'une si religieuse tristesse. Le tableau en question était désigné en *Livret*, sous le titre de « Michel-Ange, soignant son domestique malade. »

La deuxième anecdote est relative à l'époque où Michel-Ange peignait sa sublime fresque du *Jugement dernier*. Pendant qu'il se livrait à ce travail, avec son ardeur habituelle, dans l'intérieur de la chapelle Sixtine, le pape, Paul III, vint un jour le visiter. La suite du pontife était nombreuse; beaucoup de ceux qui la composaient ne comprenaient point l'œuvre de génie de l'artiste, et parmi eux se trouvait le maître de cérémonies du pape, Blaise de Césène. Paul III demanda à celui-ci ce qu'il pensait de cette peinture; et comme un maître de cérémonies n'est pas de droit homme de goût et bon juge en matière d'art, messer de Césène n'hésita pas à répondre que cette fresque était propre à décorer une taverne ou un cabaret, mais non une église.

Les artistes aiment peu la critique, et ne dédaignent pas toujours la vengeance. Celle de Michel-Ange ne se fit pas attendre; elle eut d'ailleurs le mérite d'être spirituelle : sous son pinceau le maître de cérémonies prit place, dans le tableau, au milieu des damnés; un serpent l'étreint et le dévore; sa tête est ornée d'une paire d'oreilles d'âne, sans doute en mémoire de son beau jugement.

Blaise de Césène était fort ressemblant; la malice du peintre lui fut bientôt connue. Il supplia vainement Michel-Ange de le retirer du lieu de tourments où il l'avait plongé sans égard pour sa réputation. L'artiste fut inexorable.

Le pauvre maître de cérémonies eut recours au pape pour obtenir justice. Paul III, à son tour, se tira d'embarras avec esprit :

— « J'ai, dit-il à messer Blaise, tout pouvoir sur la terre et dans le ciel ; s'il vous avait mis dans le purgatoire, j'y pourrais encore quelque chose ; mais vous êtes en enfer, il n'y a pas de rémission. »

LE CACHET DE MICHEL-ANGE

Enfin, donnons encore une courte mais curieuse notice sur une fameuse cornaline gravée qui, au siècle dernier, faisait partie du cabinet du roi de France. On désigne habituellement cette pierre gravée, sous le nom de *Cachet de Michel-Ange*, parce que l'on croit qu'elle servait de cachet à ce grand artiste.

Quoiqu'il en soit, cette cornaline est transparente, gravée en creux, et contient, dans un espace de quelques millimètres, treize ou quatorze figures humaines, sans compter celles des arbres, de quelques animaux et un exergue où l'on voit seulement un pêcheur. Les antiquaires français n'ont pas encore eu, croyons-nous, le plaisir de deviner le sujet de cette pierre gravée. Au siècle dernier, M. Moreau de Mantour y découvrait un sacrifice en l'honneur de Bacchus, et en mémoire de sa naissance ; et M. Baudelot, de son côté, y reconnaissait la fête que les Athéniens nommaient *Puanepties*.

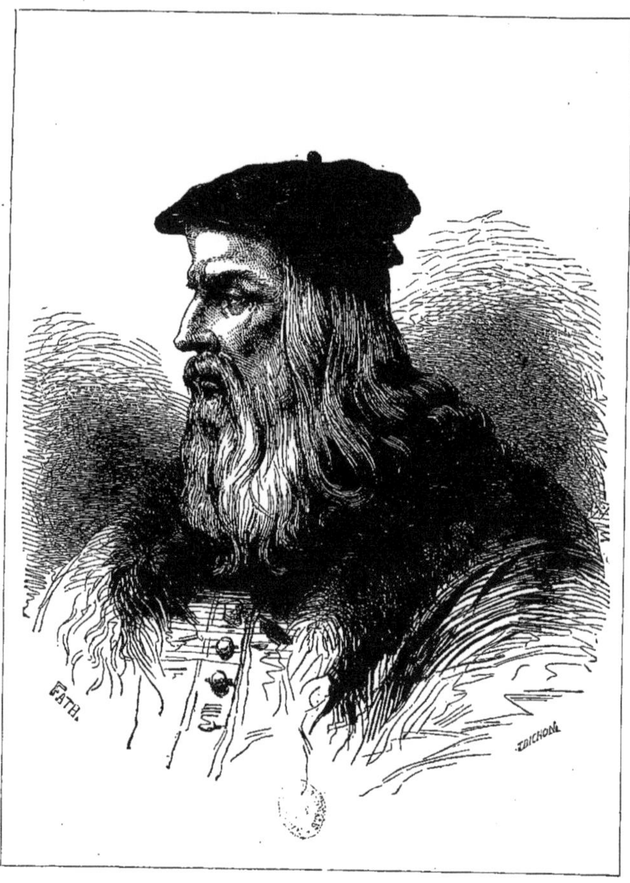

Portrait de Léonard de Vinci.

III

LEONARD DE VINCI

1452-1519

Lionardo da Vinci, ou, suivant la traduction française, Léonard de Vinci, naquit au château de Vinci, près d'Empoli, non loin de Florence, en 1452, et mourut dans un autre château, dans celui de Clou, près d'Amboise, en 1519.

Son père était notaire de la république de Florence, et, voyant en son fils une intelligence vive et curieuse, il lui fit faire de bonnes études. Léonard montra une égale aptitude à tous les arts : poésie, mathématiques, musique, dessin, passant, sans effort, de l'un à l'autre, sans qu'on puisse dire qu'il se soit jamais, dans tout le cours de sa vie, particulièrement attaché à aucun. Cependant, aujourd'hui, c'est surtout comme peintre qu'il est célèbre. Son père ayant montré quelques-uns de ses dessins à un compatriote, nommé Verocchio, celui-ci en fut tellement frappé qu'il voulut l'avoir pour élève. Ce Verocchio avait, lui aussi, une intelligence très ouverte et très entreprenante ; il aimait avec passion la musique et les chevaux ; s'adonnait aux mathématiques, et fut un des premiers à employer le plâtre pour modeler sur nature. Il avait commencé par être orfèvre, puis était passé à la sculpture, et enfin terminait par la peinture. Encore dut-il y renoncer, par la faute de son élève, qui était trop habile, ce qui le découragea. C'est du moins ce que Vasari raconte en ces termes :

« Andrea del Verocchio le chargea un jour de peindre un ange dans un *Baptême du Christ*. La figure du jeune élève se trouvait tellement supérieure à celle du maître, qu'Andrea, désespéré de se voir vaincu par un enfant, renonça pour toujours à la peinture. »

Ce qu'il y a de certain, c'est que Léonard était vraiment très précoce. A dix-sept ans, il fait une première peinture qui décida peut-être de sa destinée. « Le père de Léonard avait reçu, d'un de ses fermiers, une planche de figuier avec prière d'y faire peindre un tableau. Comme ce fermier s'était toujours montré fort habile dans la chasse au piège et au lacet, et que le père de Léonard devait à son adresse plus d'un excellent morceau qui faisait honneur à sa table, Piero (le père de Léonard), invita son fils à dessiner sur la planche une figure. Léonard, qui avait profité dignement des leçons de Verocchio et qui même, au bout de quelques mois, avait trouvé moyen de le surpasser, se rendit de bonne grâce au désir de son père. Il réunit dans sa chambre un certain nombre d'animaux affreux : crapauds, vipères, lézards étranges ; il les groupa de façon à composer un monstre sans nom, et, dans l'ardeur qui le possédait, il oublia jusqu'au soin de sa santé. Les éléments de composition, frappés de mort par la captivité qui empêchait l'air de se renouveler, tombaient en putréfaction et Léonard ne s'en apercevait pas. Tout entier à l'étude de son modèle, il ne s'inquiétait pas de l'air empesté qu'il respirait. Au bout de quelques semaines, il avait achevé son œuvre, et priait son père de la juger. Au moment où Piero frappait à la porte, Léonard ferma les fenêtres de sa chambre de manière à ne laisser pénétrer qu'un jour ménagé avec avarice et discrétion. Piero, si nous en croyons Vasari, fut tellement frappé de la vérité de l'imitation, qu'il se crut en présence d'un monstre vivant et recula d'horreur. Léonard, enchanté du succès de son œuvre, battit des mains, en voyant l'étonnement et l'effroi de son père : « J'ai donc atteint, dit-il avec orgueil, le » but que je m'étais proposé. Je voulais épouvanter tous ceux

» qui regarderaient mon œuvre, et vous tremblez. Je ne pouvais » rien souhaiter de plus glorieux ; mes études et ma persévé- » rance ne sont pas perdues. Emportez cette rondache ; j'espère » que celui qui vous l'a commandée n'en sera pas mécontent. » Piero, plein de joie, emporta la rondache; mais, chemin faisant, il comprit que le fermier, malgré son adresse à la chasse, malgré les services qu'il lui avait rendus, ne méritait pas une telle aubaine; et, comme sans doute l'amour du profit tenait dans son cœur plus de place que l'amour de l'art, au lieu de garder avec un soin jaloux cette précieuse rondache, il la vendit pour 300 ducats à des marchands florentins qui la revendirent 800 au duc de Milan, Ludovic Sforza. »

Léonard sortit sans doute de l'atelier de Verocchio, vers l'âge de vingt ans. C'était alors un homme du monde accompli. Robuste de corps et d'esprit, il « jouait de plusieurs instruments, avait la voix très belle, et s'accompagnait avec une lyre d'argent qu'il avait lui-même fabriquée et à laquelle il donna la forme d'une tête de cheval, afin que les diverses concavités en rendissent les sons plus agréables. » C'est Vasari qui nous fournit tous ces détails. Il proposa, à cette époque, de canaliser l'Arno de Pise à Florence, mais ses projets furent alors jugés impraticables.

A la fin de ce premier séjour à Florence, il peignit beaucoup, mais nous ne savons pas au juste quelles peintures il faut assigner à cette époque. Peut-être la *Vierge aux Rochers* qui se trouve à Londres et que l'on attribue à ses premières années, n'est-elle pas de lui.

Entre les années 1472 et 1480, il alla en Egypte; il fut employé comme ingénieur au Caire; puis on le retrouve en Italie, en 1483. C'est alors qu'il adresse, au duc de Milan, cette fameuse lettre où il lui offre ses services pour toute espèce de travaux. La lettre est trop curieuse et trop instructive pour ne pas être citée, au moins en partie :

« J'ai un moyen de faire des pontons très légers, faciles à

transporter, avec lesquels on peut poursuivre ou éviter l'ennemi. Je peux en construire aussi qui soient incombustibles, faciles à jeter et à lever. Je sais de quelle manière, pendant le siège d'une place, on peut tarir l'eau des fossés, et faire une grande quantité de ponts volants à échelons, ainsi que d'autres instruments nécessaires pour faire réussir une pareille opération. Item, si par la hauteur des bords et par la conformation naturelle du lieu on ne pouvait faire usage de bombardes, je saurai détruire toute place forte si elle n'est pas bâtie sur roc. Je possède encore le secret de faire des bombardes faciles à transporter avec lesquelles on peut lancer en détail la tempête et dont la fumée, en frappant les ennemis d'épouvante, les jette dans la confusion. Item, au moyen de chemins creux, étroits et tracés en zigzags, j'ai le moyen de faire parvenir des troupes sans bruit, jusqu'à un certain point.

« Item, je fais des chariots couverts qu'on ne saurait détruire, avec lesquels on pénètre dans les rangs ennemis et on détruit l'artillerie. Là où les bombardes ne pourraient produire aucun effet, je composerai des catapultes, balistes ou autres instruments dont l'effet est admirable et tout à fait inconnu.

» Dans le cas où il faudrait combattre sur mer, je puis employer beaucoup de moyens offensifs et défensifs, entre autres construire des vaisseaux à l'épreuve des bombardes, puis composer des poudres et des fumées. En temps de paix, je crois bien pouvoir remplir, et sans crainte de comparaison avec personne, l'office d'architecte, soit pour les édifices publics et privés, soit pour ceux qui servent à la conduite et à la distribution des eaux.

» Item, je puis conduire et mener à fin toute espèce de travaux de sculpture en terre, en marbre, bronze.

» Item, en peinture, je puis faire ce que l'on désirera tout aussi bien que qui que ce soit. »

En un mot, Léonard était un homme universel, d'un savoir encyclopédique, également propre à tout. Et ce n'était par forfanterie, ni fausse vanité. Aujourd'hui, on sourirait à entendre quelqu'un énumérer ses talents, et on ne croirait guère à une telle universalité de connaissances. Cependant, Ludovic Sforza ne s'étonna pas trop, et l'invita à le venir trouver. La première entrevue, entre le duc et Léonard, fut même assez curieuse : « Léonard, précédé de sa grande réputation, vint à Milan et fut présenté au duc Ludovic Sforza, successeur de Jean Galéas. Le duc aimait beaucoup à entendre pincer de la lyre ; aussi Léonard arriva-t-il avec un instrument qu'il avait fabriqué lui-même. » C'était cette lyre, dont nous avons parlé plus haut, en forme de tête de cheval, pour qu'elle rendît des sons plus agréables. « En cette occasion, Léonard surpassa tous les musiciens qui avaient été appelés pour se faire entendre, et, de plus, il fut jugé le plus habile des poètes improvisateurs de son temps. Le duc, après l'avoir entendu, fut tellement ravi de ses talents qu'il le combla d'éloges et de caresses. Il lui demanda aussitôt un tableau d'autel, la *Nativité de Notre Seigneur*, que ce prince offrit à l'empereur quand il fut terminé. »

Le duc reçut si bien Léonard, que celui-ci resta seize ou dix-huit ans à Milan. Il groupa un certain nombre de peintres dans cette ville, fonda l'*Académie de Milan*, et, sans doute, il y professa. Peut-être même est-ce le résultat de ses cours qu'il aurait consigné dans ses fameux manuscrits où il expose ses idées un peu sur toute chose, mais principalement sur la peinture et sur la sculpture. Poussin, pendant son séjour à Rome, fit précisément pour un de ces traités un certain nombre de figures. Les manuscrits de Léonard, disons-le tout de suite, sont d'ailleurs loin d'être tous publiés; car, outre qu'ils ne sont pas toujours aisés à comprendre, ils sont écrits de gauche à droite, ce qui les rend presque impossibles à lire. On a essayé de donner plusieurs explications de cette bizarrerie de Léonard, mais elles sont toutes plus merveilleuses les unes que les autres, et peut-être ne faudrait-il voir là simplement qu'une habitude d'écrire de la main gauche, car Léonard était gaucher. Il travailla beaucoup pendant ce séjour à Milan, étudiant de très près la nature et repassant ensuite dans son cerveau ce qu'il avait retenu. C'est ainsi qu'il disait à ses élèves : « J'ai expérimenté que ce n'est pas une chose de peu d'importance, étant au lit dans l'obscurité, d'aller repassant en son imagination tous les contours des figures qu'on a déjà étudiées et dessinées, ou d'autres choses notables et d'une subtile spéculation, car, par ce moyen, on conserve et on fortifie davantage les idées des choses qu'on a recueillies dans sa mémoire. » Quant à la nature, il l'étudiait de très près, et très consciencieusement, si l'on en juge par ce trait rapporté par Vasari :

Il se proposa un jour de peindre une assemblée de paysans dont l'innocente gaieté et les mouvements naïfs se communiquassent aux spectateurs. Pour parvenir à ce qu'il avait en vue, il rassembla quelques personnes de bonne humeur qu'il invita à dîner; et lorsque le repas les eut tous disposés à la joie, il les entretint de contes plaisants qui les égayèrent encore davantage. Cependant, il étudiait leurs gestes, examinait avec attention les mouvements de leurs visages; et dès qu'il fut libre, il se retira dans son cabinet, où il dessina si parfaitement, de mémoire, cette scène comique, qu'il était impossible, en la voyant, de s'empêcher de rire.

Léonard dessina beaucoup; on a de lui, au Louvre, plus de deux cents dessins, représentant toute sorte de sujets; nous possédons même jusqu'à un alphabet illustré par lui, pour le jeune duc de Milan. Il aimait beaucoup à dessiner des caricatures; et quelques-unes d'entre elles sont restées célèbres; il les faisait pendant ses voyages sur un album, qu'il portait toujours avec lui, pour amuser ses compagnons de route. Il avait d'ailleurs le goût du bizarre; l'histoire de sa rondache le prouve; bien d'autres viennent le confirmer. C'est ainsi que, pendant son séjour à Milan, lorsque Louis XII entra dans cette ville, « cet homme ingénieux fit, entre autres choses remarquables, la figure d'un lion rempli de ressorts étonnants. Cette figure marcha quelques temps devant le roi, lorsqu'il entra dans la salle du palais; puis, s'arrêtant tout à coup et se tournant du côté du prince, elle ouvrit son estomac dans lequel on apercevait les armes de France. »

Une autre fois, Léonard s'amusait à cacher dans une de ses chambres plusieurs vessies dégonflées; puis, lorsqu'il avait réuni un certain nombre de personnes, comme pour s'entretenir avec elles, il faisait gonfler ses vessies, qui finissaient par remplir toute la salle et mettre dehors les assistants qui se sauvaient en éclatant de rire.

A Milan, Léonard trouvait amplement de quoi s'occuper; à côté des travaux d'hydraulique qu'il entreprit, il avait à servir le duc dans les fêtes qu'il donnait, et auxquelles chaque artiste concourait de toutes ses forces. Il faut voir ce qu'étaient ces fêtes à ce moment-là, et quelle influence énorme elles eurent sur le développement de l'art en Italie :

« Des mains, des yeux et du cœur, le moindre artisan y prenait part. Le sentiment des belles formes, des grandes ordonnances, des ornements pittoresques était populaire. Un charpentier, le soir, en parlait à sa femme; on en discutait au cabaret, devant l'établi; chacun prétendait que la décoration à laquelle il avait travaillé était la plus belle; chacun avait ses préférences, ses jugements, son artiste. Il arrivait de là que le peintre et le statuaire parlait non seulement à quelques critiques, mais à tout le monde.

» Reconnaissons qu'il y eut alors un concours de circonstances unique : on n'a jamais revu ce mélange de rudesse et de culture, ces façons d'hommes d'épée, et ces goûts d'antiquaires, ces mœurs de bandits et ces conversations de lettrés. L'homme est alors dans un état passager et sort du Moyen-Age pour entrer dans l'âge moderne; ou plutôt les deux âges sont à leur confluent et pénètrent l'un dans l'autre de la façon la plus étrangère et avec les contrastes les plus surprenants. Comme le gouvernement central et la fidélité monarchique n'ont pu s'établir en Italie, le Moyen-Age s'y prolonge plus longtemps qu'ailleurs par les violences privées et l'appel à la force. Comme en Italie la race est précoce, et que la croûte de l'invasion germanique ne l'a recouverte qu'à demi, l'âge moderne s'y développe plus tôt qu'ailleurs par l'acquisition de la richesse, la fécondité de l'invention et la liberté de l'esprit. Ils sont à la fois plus avancés et plus arriérés que les autres peuples : plus arriérés dans le sentiment du juste, plus avancés dans le sentiment du beau, et leur goût est conforme à leur état. »

Ludovic Sforza avait fait venir Léonard à Milan, surtout pour qu'il fît la statue équestre de François Sforza, le fondateur de la dynastie. Cette statue devait être gigantesque; il faudrait, disait Léonard, plus de cent mille tonnes de bronze. Il fit l'étude de l'anatomie du cheval d'une manière approfondie, et exposa en 1493 le modèle en plâtre, sous un arc de triomphe, sur la place du château de Milan, lors des cérémonies célébrées à l'occasion du mariage de Bianca Maria Sforza avec Maximilien. Ce modèle ne fut jamais coulé en bronze; il resta sur la place et servit plus tard de cible aux arbalétriers de Louis XII. Les innombrables dessins que Léonard avait composés pour cette œuvre ont également disparu, et ceux qui restent sont loin d'être bien authentiques.

En même temps que cette œuvre gigantesque, Léonard en menait une autre de front, non moins importante; c'est la fameuse *Cène* du couvent de Sainte-Maria-des-Grâces. Souvent il quittait en plein midi la statue de François Sforza et allait s'enfermer au couvent pour travailler à ce tableau. Il y apporta tous ses soins; encore le prieur ne fut-il pas content, trouvant que Léonard mettait beaucoup trop de temps et l'accusant de ne pas vouloir tenir sa promesse. Ce bon prieur aurait voulu sans doute que Léonard travaillât à la journée comme le jardinier qu'il employait à bêcher le jardin du couvent. Il réitéra si bien ses plaintes que Léonard finit par perdre patience : il amena le duc Ludovic Sforza avec lui pour se justifier devant le prieur : « L'œuvre est considérable, disait-il; elle m'a déjà donné beau-

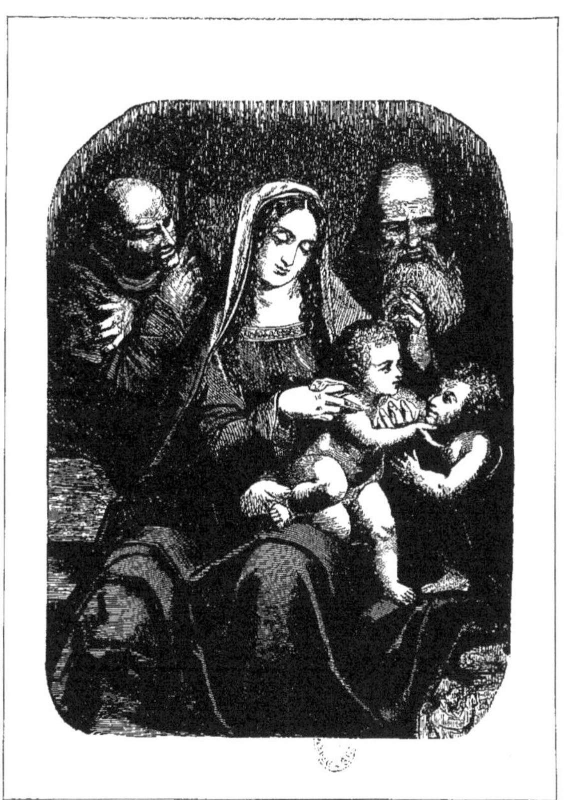

Une sainte famille. — Tableau de Léonard de Vinci.

coup de peine, et je n'ai plus que deux têtes à terminer; celle de Notre Seigneur et celle de Judas. Pour la première, je crois que j'ai à peu près trouvé les traits qui rendront la majesté de cette divine figure; quant à la seconde, je suis encore très embarrassé, et je dois déclarer net que si le prieur me presse tant, je serai obligé de le prier de venir poser pour que je puisse faire la tête de ce scélérat. » Le prieur n'en voulut pas entendre davantage, ajoute l'histoire, et, désormais, il laissa Léonard travailler à son aise.

Cette deuxième œuvre importante de Léonard eut le même sort que la première. Cette fois ce fut un peu la faute de Léonard, encore qu'il aimât cette peinture avec passion. Les procédés qu'il employa pour confectionner ses couleurs rendirent la peinture méconnaissable cinquante ans après qu'elle eut été terminée.

En 1726, un certain Bellotti, sorte de charlatan, qui passait par Milan, prétendit avoir le secret de faire reparaître les couleurs dans toute leur fraîcheur; même sa poudre merveilleuse devait ajouter encore à leur éclat. Le malheureux s'installa à demeure chez les Dominicains qui le nourrissaient bien et le laissaient s'enfermer seul avec l'œuvre de Léonard. On peut dire que celui-ci passa, avec son médecin posthume, plus d'un mauvais quart d'heure, car lorsque les Dominicains demandèrent à voir la restauration de la fameuse peinture, il ne restait plus que le ciel à terminer; ils s'empressèrent d'arrêter Bellotti et de le mettre à la porte, lui et son secret.

Puis c'est un nouveau malheur qui arrive, quelques années plus tard, à ce tableau. Les Dominicains avaient besoin de percer une porte, juste à la place où la peinture se trouvait placée. Ils hésitèrent quelque temps, mais, comme cette porte était d'une nécessité pressante, ils eurent le courage de la découper dans le tableau; du coup ils enlevèrent les jambes du Christ, et de deux ou trois apôtres. Plus tard encore, pendant les guerres d'Italie, le réfectoire fut converti en magasin à fourrages et en écurie, malgré les ordres formels de Napoléon qui avait commandé qu'on repectât cette salle. On juge comment le fumier et les fourrages accommodèrent le tableau.

De nos jours, il a été restauré; mais ce n'est plus du tout la peinture de Léonard. Heureusement que nous avons conservé les dessins qu'il fit pour l'étude de ce tableau; et comme une foule de copies, datant de l'époque même de Léonard, en ont été faites assez exactement, nous pouvons nous représenter à peu près ce qu'était la peinture primitive. Les plus célèbres copies sont celles qui se trouvent à Londres et au Louvre, à Paris; elles paraissent toutes deux être de la main de Marco d'Ozzione, et furent faites approximativement vers l'année 1510. Celle du Louvre fut commandée par le connétable de Montmorency, pour le château d'Ecouen.

Le sujet choisi par Léonard avait été rarement traité avant lui; Giotto et Ghirlandajo étaient à peu près les seuls qui l'eussent abordé; encore ne lui avaient-ils pas donné toute l'ampleur que Léonard lui donna. En effet, son tableau avait 8^m^60 de large sur 4^m^50 de haut; les apôtres étaient groupés trois par trois.

Quant aux tableaux de chevalet de Léonard, on ne sait pas exactement ceux qu'il faut lui attribuer; une chose certaine, c'est qu'il n'en a terminé que très peu. Il y a même quelques critiques qui n'en reconnaissent que trois pour authentiques : la *Joconde*, *Saint-Jean-Baptiste*, *Lucrezia-Givelli*. Si on n'est pas sûr du nombre de ses tableaux, encore moins sait-on à quelle époque ils furent faits; c'est à peine si nous avons quelques indications pour nous renseigner sur les circonstances qui leur donnèrent naissances. C'est ainsi que l'on sait que le type de la Joconde, comme celui de la plupart de ses autres femmes, lui a été fourni par la femme de Francesco del Giocondo, Mona Lisa Gherardini, de son nom de famille. Ce tableau, sur lequel on a tant écrit, et dépensé tant d'esprit, a un peu noirci, mais n'a pas été retouché, au dire des connaisseurs.

Pour avoir quelques détails sur cette toile, il faut lire Vasari : « Pour faire ressortir plus fortement sa peinture, Léonard employait les oppositions les plus fortes de la lumière et de l'ombre. Il aurait voulu obtenir et il cherchait pour ses fonds quelques tons plus sombres encore que le noir, afin de ménager plus d'éclat aux parties éclairées. Mais il lui arrivait qu'en prenant ainsi pour point de départ la teinte la plus vigoureuse et s'efforçant de finir et de modeler le plus possible ses ouvrages, il les amenait à une tonalité sourde et privée de lumière qui semblait rendre plutôt les effets de la nuit que ceux du jour. »

Léonard quitta Milan pour Florence. Ce fut vers l'an 1500, après que le More eut été pris par Louis XII; il arriva dans la cité florentine à l'époque où Savonarole venait d'y être brûlé. Il y fut très bien reçu ; c'est là qu'il fit les trois belles œuvres qui sont au Louvre : la *Joconde, la Belle Ferronnière,* la *Vierge sur les genoux de Sainte-Anne.* Il reçut une pension annuelle qui l'attachait à la république. Il rédigea alors plusieurs projets pour rendre l'Arno navigable; mais il ne réussit guère dans ces travaux.

En 1504, il fut chargé de décorer l'une des parois de la salle du Palais-Vieux. Il avait cette fois un rude concurrent dans la personne de Michel-Ange. Ce fut une lutte à laquelle s'intéressa tout Florence. Il choisit pour sujet la bataille d'Aughiari, combat de cavalerie. Lui qui avait jadis étudié à fond le cheval à Milan, au point de pouvoir écrire tout un traité sur l'anatomie du cheval, il se croyait certain de vaincre; et, cependant, lorsque les deux cartons eurent été exposés dans une même salle, l'un en face de l'autre, les Florentins se déclarèrent pour Michel-Ange, dont la force les avait davantage enthousiasmés. On sait que Raphaël copia plusieurs têtes de ce fameux carton de Vinci, qui a aujourd'hui complètement disparu ; ajoutons d'ailleurs, pour être complet, que Léonard, désespéré de voir que son rival l'avait emporté sur lui, n'acheva jamais son carton.

Il retourna, pour se consoler, à Milan, auprès de Charles d'Amboise, maréchal de Chaumont, nommé gouverneur de la Lombardie par Louis XII. Le gouverneur français appréciait vivement le talent de Léonard; il demanda même à la république de Florence de prolonger de quelques jours le congé qu'elle avait accordé à son pensionnaire. Mais il fut répondu à Charles d'Amboise en ces termes :

« Votre seigneurie voudra bien nous excuser de ne pas accorder le délai que vous demandez pour Léonard de Vinci, qui ne s'est point comporté comme il le devait envers cette république, car il a accepté une bonne somme d'argent, et donné un petit commencement à un grand ouvrage qu'il s'était engagé à faire, et, par amour pour Votre Seigneurie, il s'est emporté comme un délateur. Nous désirons n'être pas sollicités davantage parce que son travail doit satisfaire tout le monde, et que nous ne pouvons pas, sans en souffrir, le suspendre plus longtemps. »

C'était une lettre assez rude, et qui ne souffrait pas de réplique. Néanmoins Charles d'Amboise donna une lettre à Léonard au moment de son départ pour essayer de fléchir la colère du terrible gonfalonier de Florence :

« Les œuvres éminentes que votre concitoyen Léonard a faites en Italie et surtout en cette ville ont porté tous ceux qui les ont vues à l'aimer singulièrement, encore qu'ils ne le connussent pas. Et nous confessons, pour notre part, être du nombre de ceux-là, l'ayant aimé avant de l'avoir connu personnellement. Mais depuis que nous avons vécu avec lui, et que nous avons éprouvé par expérience ses diverses qualités, nous voyons, en vérité, que son nom célèbre à cause de sa peinture est obscur en comparaison des éloges qu'il mériterait dans les autres branches où il est si distingué, et nous confessons que dans les différentes choses que nous lui avons demandées, et qui concernent notre profession, tels que dessins, et projets d'architecture, il nous a non seulement satisfaits, mais qu'il a excité notre admiration. C'est pourquoi, puisque vous avez bien voulu nous le laisser ces jours passés, nous nous montrerions ingrats si nous ne saisissions pas l'occasion de son retour dans sa patrie pour vous exprimer notre gratitude. Et s'il était besoin de recommander aux siens un homme de ce mérite, nous vous le recommanderions de tout notre pouvoir, et nous vous certifions que vous ne pouvez rien faire pour augmenter ses biens, ses agréments et ses honneurs sans, qu'avec lui, nous nous en réjouissions singulièrement. »

La lettre était bien tournée, très flatteuse pour Léonard et pour les Florentins. Mais ceux-ci, dans la personne de leur gonfalonier, ne voulaient rien entendre sur ce chapitre. Ils avaient déboursé de fortes sommes pour que Léonard leur fît un carton, et celui-ci n'était même pas commencé; ils se considéraient donc tout simplement comme volés. Le gonfalonier adressa de très durs reproches à Léonard, et, dans la chaleur de la discussion, il s'emporta jusqu'à lui dire que, puisqu'il n'avait pas tenu ses engagements, il devait restituer à la République l'argent qu'il avait reçu d'elle. Nous verrons, plus loin, que pareille aventure arriva au Titien. Léonard, blessé au vif, se rendit aussitôt chez quelques-uns de ses amis, et, grâce à leur concours, rapporta l'argent au gonfalonier qui se repentait d'être allé aussi loin. Un peu honteux de sa maladresse, il refusa la restitution ajouta même quelque mots pleins de douceur pour essayer d'effacer la mauvaise impression faite par ses premières paroles, mais le coup n'en était pas moins porté; Léonard avait été piqué au cœur; il ne pardonna jamais aux Florentins, et se hâta de quitter la ville de Florence, où rien ne le retenait plus, pour aller à Milan, où tout, au contraire, l'appelait. On a vu que Charles d'Amboise était son protecteur déclaré. Léonard reçut le titre de peintre du roi en 1507. L'année suivante, il publiait un travail sur la canalisation de la Martesana; il fit en outre le portrait du gouverneur, mais s'occupa surtout de sciences, et principalement de la mécanique, disant que c'est le paradis des sciences mathématiques. Malheureusement, Léonard ne put pas vivre longtemps dans cette molle insouciance; Louis XII fut chassé de l'Italie en 1514, et Maximilien entra dans la Lombardie. Léonard essaya bien de le gagner, en lui faisant ses offres de service, comme jadis il avait fait pour le duc Ludovic Sforza, mais Maximilien fut inflexible et Léonard prit le parti d'abandonner cette région de l'Italie.

Il partit alors avec Julien de Médicis pour aller à Rome assister au sacre de Léon X. C'est pendant ce voyage que, pour tromper les longueurs de la route, il s'amusait à faire des caricatures qui excitaient l'hilarité de tous ses compagnons. Il imaginait aussi de petites figures en cire, à l'intérieur desquelles il adaptait de petits ressorts qui leur faisaient faire divers mouvements et semblaient leur communiquer la vie. D'autres fois, il prenait des vessies qu'il cousait ensemble, en leur donnant la forme d'animaux bizarres et fantastiques; il les gonflait, puis les lâchait en l'air. Il conserva d'ailleurs toute sa vie ce goût du bizarre et du merveilleux, poussé jusqu'au grotesque que nous avons déjà signalé. « Un vigneron du Belvédère avait trouvé un jour un lézard fort curieux. Léonard s'en empara aussitôt et fabriqua, avec des écailles arrachées à d'autres lézards, des ailes qu'il lui mit sur le dos, et qui frémissaient à chaque mouvement de l'animal à cause du vif argent qu'elles contenaient. Il lui ajusta, en outre, de gros yeux, des cornes et de la barbe, et l'ayant apprivoisé, il le portait dans une toile d'où il le sortait pour effrayer ses amis. »

Cette bizarrerie, d'un grand esprit, nous fait sourire aujourd'hui; mais à y regarder de plus près, on s'aperçoit que c'étaient là simplement des expériences que faisait Léonard.

Arrivé à Rome, il ne fut pas bien accueilli, ni par les artistes, ni par l'aristocratie romaine. Mais il était venu avec Julien de Médicis qui était le neveu du pape; il pouvait donc espérer avoir des commandes sérieuses. Ce fut bien en effet ce qui arriva; toutefois, Léonard, suivant son habitude, ne se pressa guère. Il se mit à distiller des huiles et des plantes, à composer une sorte de recette qui devait donner plus de brillant à sa couleur;

après quoi, il prépara le vernis qu'il devait passer sur le tableau une fois fini. En apprenant cette dernière nouvelle, Léon X se prit à sourire et dit : « Celui-là ne fera jamais rien de bon puisqu'il pense à la fin de l'ouvrage avant de l'avoir commencé. »

Le trait fut-il rapporté à Léonard? On ne sait; mais il s'aperçut bien vite qu'il déplaisait à trop de monde à Rome et qu'il n'y réussirait jamais. Il songea donc à se tourner d'un autre côté. Or, François Ier se trouvait précisément en ce moment en Lombardie. C'était un roi jeune, parfait chevalier, ami des arts et des artistes; Léonard n'hésita pas un instant à se tourner vers le nouveau soleil. Comme il avait élevé des arcs de triomphe à Ludovic le More, il en éleva à François Ier, et il reprit encore une fois l'invention du lion qui s'était présenté à Louis XII; mais cette fois il avait remplacé les armes de France par les fleurs de lys. Il amusa François Ier en lui faisant la caricature des principaux personnages de la cour pontificale; bref, il flatta la vanité du vainqueur de Marignan et l'amusa; le roi l'emmena en France, en 1516, et lui fit une pension de 700 écus. Léonard n'y vécut que trois ans, s'occupant d'un canal qui devait traverser la Sologne en passant par Romorantin.

Il mourut en 1520, non pas comme le veut une tradition, bien touchante il est vrai, mais complètement fausse, dans les bras de François Ier, qui se trouvait alors à Saint-Germain, plus occupé encore de la prochaine élection d'un prince à l'empire que de la mort de Léonard. Vasari a voulu faire du grand peintre un impie; mais cette assertion n'est pas exacte, car, dans son testament, Léonard recommande son âme « à Dieu et à la glorieuse Vierge Marie, à tous les saints et à toutes les saintes du paradis, et à monseigneur Saint-Michel. » Il demande encore que dans chacune des trois églises d'Amboise, on dise pour lui trente messes basses outre les trois grands'messes.

Il disposa d'une partie de sa fortune en faveur des pauvres; le reste devait être partagé entre ses frères. Quant à ses manuscrits et à ses dessins, il les légua, pour la plupart, à son élève et ami, François Melzi, qui l'avait suivi en France.

« Vers la fin de ses jours, dit Vasari, Léonard ne fut plus le même; après s'être piqué pendant sa jeunesse d'être un aimable cavalier et d'avoir le plus grand soin de sa personne, il laissa croître ses cheveux et sa barbe, en sorte qu'il ressemblait à quelque druide ou bien à un solitaire de la Thébaïde. »

Il est vrai que Vasari n'aimait guère Léonard; on le voit à ce dernier trait. Cependant, c'est encore grâce à lui que nous avons quelques renseignements sur la vie et sur les habitudes de Léonard. Voici, par exemple, deux passages que nous prenons dans son livre intitulé : *Vies des peintres illustres italiens*; l'un nous fait voir dans Léonard l'homme, l'autre, l'artiste :

« Ne possédant presque rien et peu assidu au travail, il eut toujours des domestiques, des chevaux, qu'il aimait par-dessus tout, et une ménagerie d'animaux de toute espèce qui faisaient ses délices, et qu'il soignait avec une patience et un amour infinis. Souvent, en passant par les lieux où on vendait des oiseaux, il en payait le prix demandé, les tirait lui-même de la cage et leur rendait la liberté. »

Voici maintenant pour l'artiste :

« Il dessinait beaucoup d'après nature, et modelait en terre des figures qu'il drapait ensuite avec des chiffons mouillés et enduits de terre; puis, sur certaines toiles de linon ou de batiste, il dessinait avec soin à la pointe de sa brosse, avec un peu de blanc et de noir, ces études qu'il rendait admirablement. »

M. Taine nous semble avoir bien résumé ce qu'il faut penser de cet artiste; il l'a fait dans sa langue imagée sans cesser d'être précise; aussi nous lui empruntons ce passage pour terminer :

« Cet homme est le plus profond et le plus pensif des peintres : un penseur raffiné, qui a des curiosités, des caprices, des délicatesses, des exigences, des sublimités, des tristesses au-delà de tous ses contemporains. Il a été universel : peintre, sculpteur, achitecte, machiniste, ingénieur; il a deviné les sciences modernes, pratiqué et marqué leur méthode avant Bacon, inventé en toutes choses jusqu'à paraître bizarre aux hommes de son siècle, percé et poussé en avant à travers les siècles et les idées futures sans jamais se contenter de ce qu'il savait et pouvait; au contraire, dégoûté à l'instant même de ce qui aurait suffi à l'amour-propre du plus ambitieux génie, toujours préoccupé de se dépasser lui-même, de renchérir sur ses découvertes comme un navigateur qui, négligeant le succès, oubliant le possible, s'enfonce irrésistiblement dans l'inconnu et l'infini. »

Léonard poussait chacune de ses études jusqu'à la recherche la plus minutieuse; c'est lui qui, le premier, enseigna à mettre de l'effet dans la peinture, et il est arrivé à une suavité dont il n'y avait pas d'exemple avant lui. Il observait aussi, avec une scrupuleuse attention, le caractère de toutes les figures vivantes. Souvent, comme le docteur Gall l'a fait de nos jours dans le même but, Vinci — nous l'avons déjà vu plus haut, — réunissait chez lui des paysans et des hommes du peuple, s'attablait avec eux, leur faisait les contes les plus bouffons, jusqu'à ce que son vin et ses fables les eussent amenés à la gaieté la plus folle; alors il étudiait le jeu de leurs physionomies, et se retirait de temps à autre pour dessiner celles qui l'avaient le plus frappé. Il suivait ordinairement les condamnés jusqu'au lieu du supplice, étudiant sur leur face toutes les angoisses de leur rapide agonie.

La vie de Léonard de Vinci, a-t-on déjà dit, fut consacrée tout entière à des études d'art et de science si profondes et si variées, que pour apprécier dignement la grandeur de son génie, il faudrait un homme aussi universel qu'il l'a été lui-même.

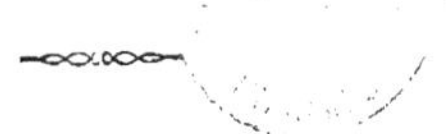

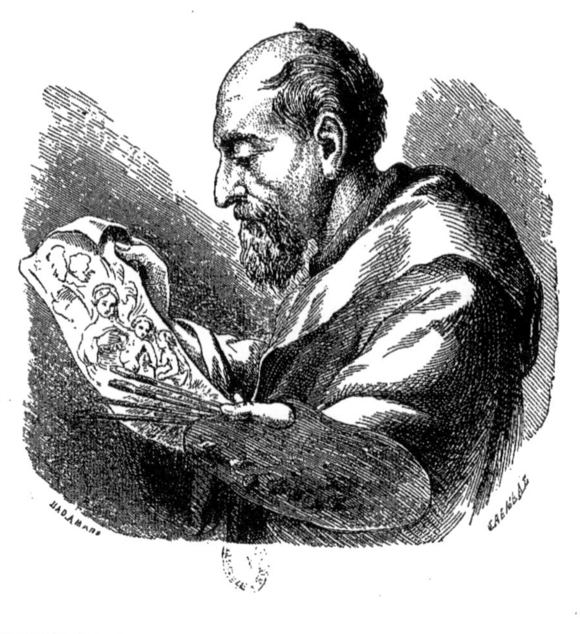

Portrait d'Antonio Allegri, dit le Corrège.

IV

LE CORRÈGE

1494-1534

On rencontre, à certaines époques de l'histoire de l'art — lisons-nous dans l'excellente biographie du Corrège qu'a écrite M. Paul Rochery, — « des hommes dont le génie s'est élevé à de telles hauteurs, qu'ils semblent avoir atteint les dernières limites de la perfection. Ils ont trouvé pour l'idéal de l'âme humaine, à un moment donné, une expression si sublime, une forme si achevée, que leur nom devient, pour ainsi dire, le symbole de l'art lui-même. Quand ces grands acteurs s'avancent sur la scène du monde, tout se tait à leur aspect, le passé tombe dans l'oubli, leur gloire éclipse tout ce qui vient après eux. Si d'autres artistes, d'autres poètes les ont précédés dans la carrière, s'ils ont créé des œuvres admirables, prodigieuses pour le temps qui les vit naître, ils n'ont rien fait qu'une préface : leurs efforts n'ont servi qu'à préparer l'avènement de ces maîtres de l'art. Après leur mort, pendant une longue suite de siècles, l'humanité puise la vie dans leur pensée immortelle. On les étudie, on les commente, on les imite. L'œuvre de leurs devanciers était une promesse, celle de leurs successeurs n'est plus qu'un souvenir. — La peinture, en Italie, compte trois hommes de cette espèce : Raphaël, Titien et Corrège. »

Antonio Allegri, surnommé *le Corrège,* parce qu'il était né à Correggio, bourgade obscure des environs de Modène, fut en effet l'un des plus grands génies de la peinture moderne. Et ce qu'il y a de vraiment extraordinaire pour un homme qui a laissé un aussi grand nombre de chefs-d'œuvre, c'est que l'on ne sait presque rien de bien certain sur sa famille, son existence, son genre de vie. Les détails précis manquent absolument sur son compte. En revanche, de nombreuses légendes se sont établies à son sujet.

On croit savoir qu'Antonio Allegri naquit vers 1494. Son père se nommait Pellegrino Allegri, et sa mère Bernardina Piazzoli degli Aromani. Mais les uns croient que ses parents étaient de simples paysans, grossiers et indigents, et que, par conséquent, il naquit dans la plus extrême pauvreté; les autres, au contraire, « l'ont comblé de tous les biens de ce monde : naissance, richesse, honneurs, rien ne lui a manqué, » d'après eux. La vérité est sans doute entre ces deux versions; toutefois, il est actuellement fort difficile de la connaître exactement.

D'après certains biographes, entre autres V. Lanzi et Pungileoni, « le père de Corrège semble avoir été un commerçant économe et laborieux. En 1516, on le voit étendre ses affaires. Il s'associe avec un certain Vincenzo Mariani pour prendre à ferme deux métairies. Ils s'engagent à payer 150 écus d'or la première année. En 1519, il marie sa fille à ce même Vincenzo et lui constitue en dot cent ducats d'or. Cette même année, Francesco Aromani, oncle maternel d'Antonio, lui lègue une partie de ses biens. Lorsque Antonio se marie, il est fait mention de terres, droits, actions que sa femme lui apporte par contrat. En 1530, il achète de la signora Lucrezia Pusterla, de Mantoue, une métairie pour le prix de cent quatre-vingt-quinze scudi d'or. Il est certain qu'il laissa quelque bien à son fils Pomponio; car, à l'époque où celui-ci quitta Correggio, étant déjà mal dans ses affaires, il trouva encore sept cents écus d'or du reste de ses propriétés. Tous ces faits établissent surabondamment que la tradition a fort empiré la pénurie du Corrège. »

Nous nous rangeons d'autant plus volontiers à cette opinion

que la plupart des sujets choisis par le peintre, ainsi que la composition de ses tableaux, indiquent de sa part, comme on le verra un peu plus loin, un esprit cultivé et instruit, même dès ses débuts, ce qui rend assez inadmissible la légende qui en fait un enfant sans éducation ni instruction. Une autre présomption, non moins forte, contre la plupart des allégations de la légende, nous est fournie par M. Raphaël Mengs dans la consciencieuse étude qu'il a consacrée à la vie et aux ouvrages du Corrège. Les auteurs, dit-il, « qui ont écrit la vie du Corrège, l'ont comparé aux peintres célèbres qui vivaient alors à la cour des grands princes ou dans des villes opulentes, telles que Rome, Venise et Florence, et ont, par conséquent, eu raison de plaindre son sort; mais cela ne prouve pas qu'il fut absolument réduit à un état misérable et précaire... Ce qui est hors de doute, c'est qu'on ne voit point dans ses ouvrages ces signes d'économie et d'avarice qu'on aperçoit dans ceux de quelques pauvres artistes qui ont cherché à s'enrichir : tous ses tableaux, au contraire, sont peints sur de bons panneaux, sur des toiles très fines et même sur cuivre, et tous sont finis avec étude et avec soin. Les couleurs dont il se servait sont les meilleures et les plus difficiles à employer. Il faisait entrer avec profusion l'outre-mer dans les draperies, dans les chairs et dans les sites, et partout fortement empâté, ce qu'on ne voit dans les ouvrages d'aucun autre peintre. Il employait les laques les plus fines, ce qui fait que la couleur s'en est bien conservée jusqu'à nos jours, et ses verts sont si beaux, qu'on ne peut rien voir de plus parfait. »

Quoi qu'il en soit, que le Corrège ait vécu dans l'opulence ou qu'il se soit débattu toute sa vie contre la misère, il est un fait bien certain, c'est qu'il doit être considéré comme le régénérateur de la peinture en Lombardie. « Sans être jamais sorti de sa patrie, sans avoir dirigé ses études (de peinture) vers les beautés sublimes de l'antique et les chefs-d'œuvre des modernes, cet homme extraordinaire enfanta des merveilles. » On se demande à quel degré de perfection il serait arrivé s'il avait pu faire le voyage de Rome et étudier les merveilles artistiques de la capitale de la chrétienté.

ED ANCH' IO, SON PITTORE

Antonio Allegri avait dix-sept ans lorsque, se trouvant en présence du tableau de *la Victoire* d'André Mantegna (1430-1505) le fondateur de l'Ecole de Padoue, il s'écria enthousiasmé :

— *Ed anch' io, son pittore.* (Et moi aussi, je suis peintre).

A partir de cette époque, le jeune homme travailla avec acharnement et bientôt, sous son magique pinceau, naquirent des œuvres qui purent faire présager à quelle hauteur l'élèverait bientôt son génie.

L'une des plus admirées, encore aujourd'hui, de ces œuvres de jeunesse, est *la Chasse de Diane*, magnifique peinture que l'on admire dans une chambre de l'ancien couvent de Saint-Paul, à Parme.

Cette chambre, raconte un écrivain qui a visité cet ancien couvent, il y a une trentaine d'années et à qui nous empruntons les détails qui suivent, — cette chambre était le parloir particulier de l'abbesse; elle est de forme carrée; au milieu d'une des faces est une grande cheminée.

Des bénédictines habitaient le couvent. Au commencement du XVIe siècle, elles n'étaient pas encore astreintes à la clôture. En 1518, leur abbesse, Joanna Placentia, personne de naissance illustre, d'un esprit très cultivé, et passionnée pour les arts, entendit louer, dans le palais des Fontanelli, le rare génie d'Antonio Allegri, qui n'avait alors que vingt-trois ans, et n'était guère sorti jusque-là de son village de Correggio. Elle voulut qu'il contribuât à la décoration de son couvent, où l'on voyait déjà quelques belles peintures dues à d'habiles maîtres contemporains. Cette année même, ou au plus tard en 1519, Antonio Allegri se mit en mesure de satisfaire à un désir qui s'accordait si bien avec son ardeur de travail et sa juste ambition de s'illustrer.

Trois croissants que l'on voyait sur les armes de l'abbesse lui inspirèrent le motif de sa composition.

Sur la cheminée, il peignit une figure de Diane, de grandeur naturelle, assise, au milieu des nuages, dans un char richement ciselé et traîné par deux biches. Elle vient de la chasse et remonte vers l'Olympe; un croissant brille sur son front; ses cheveux blonds flottent sur son arc et son carquois. D'une main elle retient un voile bleu que soulève le vent, de l'autre elle guide les coursiers.

Quatre mots latins sont écrits sur la cheminée : *Ignem gladio ne fodias*. En voici la traduction : *N'attisez pas le feu avec une épée*.

Au sommet de la voûte, sur la clef, sont figurés les chiffres, l'écusson et la crosse de l'abbesse; un cercle d'or les entoure.

Toute la voûte est d'azur, couvert par un vaste et épais treillage, percé de seize ovales formant des médaillons, entourés de guirlandes de fruits, et au milieu desquels se jouent de petits génies, cortège gracieux de Diane au fond des forêts. Au-dessous du treillage, à la naissance de la voûte, seize lunettes ou demi-cercles renferment des figures de dieux et de déesses peintes en camaïeu.

« C'est le premier essai, dit Millin, que le Corrège ait fait de remédier à l'obscurité des coupoles par la grandeur des masses, grandeur qui laisse apercevoir les détails. Ces enfants ont une taille presque gigantesque, et qui surpasserait en hauteur le plus grand diamètre des ovales, s'ils étaient debout; mais, par une distribution savante, par des raccourcis dessinés et peints avec un art admirable, l'artiste est parvenu à en montrer plusieurs en entier. Il a parfaitement exprimé la mollesse et la douceur qui caractérisent l'enfance. Le nombre des génies diffère : un ovale en contient quatre, d'autres trois; mais, en général, il n'y en a que deux dans chaque ovale; les sujets sont agréablement variés : l'un aide son camarade à prendre son essor pour revoler vers l'Olympe; d'autres, occupés de ce qui plaît à leur déesse, tiennent sa lance, son arc et son carquois, caressent ses chiens qui sont pleins d'ardeur. Quelques-uns de ces génies sonnent du cor, tandis que d'autres paraissent attentifs au bruit qui les appelle, ou élèvent comme en trophée un bois de cerf.

» Les peintures des lunettes sont en grisaille et dénuées des charmes du coloris, mais elles ne le cèdent en rien pour la beauté à celles des ovales. Les figures n'ont qu'un pied de haut; elles représentent différentes divinités : la Fortune, Minerve, les Grâces, Adonis, Endymion, Bonus-Eventus, la Terre, Junon suspendue dans l'espace avec une enclume à ses pieds, une prêtresse offrant un sacrifice, un vieillard assis (peut-être le Destin), Jupiter dans son temple, les Parques, Bacchus et Leucothoé, Lucine, Cérès, un Satyre, Vénus, une Nymphe. »

Millin nous paraît insister ensuite avec trop de complaisance sur le contraste de ces figures païennes avec le caractère religieux de la salle. A la renaissance, lorsque, en Italie, tomba le voile qui, pendant le moyen-âge, avait couvert les beautés de la poésie et de l'art antique, il y eut comme un éblouissement subit dans les classes intelligentes. On fut charmé, et on s'entoura à l'envi des images inventées par le génie de la Grèce et de Rome. On n'avait nullement l'idée qu'il y eût là aucune ombre d'impiété. Ajoutons que rien, dans les peintures du parloir de San-Paolo, ne pouvait offenser la délicatesse du goût le plus pur.

Joanna Placentia mourut peu de temps après que le Corrège eut achevé son œuvre. Un mois avant sa fin, l'ordre vint de soumettre le monastère à la clôture. Il ne fut donc plus guère permis de voir la fresque du Corrège; mais, heureusement, elle fut toujours respectée par les bénédictines. Lorsque le couvent cessa d'être habité, le duc de Parme y alla voir la peinture du Corrège. Il était accompagné du Père Affo, qui publia, en 1794, une description remarquable de ce chef-d'œuvre. M. Gustave Planche, qui avait séjourné quelque temps à Parme et qui était un juge sévère, a parlé, lui aussi, avec grand éloge de cette voûte :

« Antonio Allegri n'avait, dit-il, que vingt-quatre ans lorsqu'il peignit la *Chasse de Diane,* dans le réfectoire (le parloir, suivant une opinion plus vraisemblable) de Saint-Paul, et pourtant il y a dans cette composition une élégance, une sévérité, qui révèlent un savoir consommé. Pour concevoir, pour exécuter une te . scène, il faut évidemment quelque chose de plus que la pratique matérielle du métier; il faut avoir cultivé son esprit d'une manière générale, et s'être préparé à l'accomplissement de cette tâche délicate par des études littéraires. Les têtes d'enfants et de jeunes filles, imaginées par Antonio, étonnent et ravissent tous les yeux par l'éclat de la couleur et la vivacité du regard. Il est impossible de rêver des physionomies plus riantes, des lèvres plus fraîches, des joues plus vermeilles : c'est la vie même prise sur le fait et reproduite avec un rare bonheur. Au-dessus de ces figures charmantes, dont le souvenir ne s'efface pas, et qui sont nues à mi-corps, le Corrège a placé des scènes païennes, qui rappellent à tous les esprits éclairés le style des pierres gravées que la Grèce et l'Italie antiques ont léguées à notre admiration. Quoi qu'il n'eût pas visité Rome, il est évident qu'il s'était nourri avec empressement des plus belles œuvres du génie païen. Ce qui caractérise particulièrement les fresques de Saint-Paul, c'est leur extrême simplicité, et c'est par là surtout qu'elles se rattachent au génie d'Athènes. Le Corrège a prouvé maintes fois la puissance et la variété de son imagination. Je ne crois pas qu'il ait jamais concilié d'une manière plus heureuse l'élégance et l'érudition, car il ne faut pas hésiter à le ranger parmi les peintres érudits. L'étude attentive du réfectoire de Saint-Paul suffirait à démontrer les immenses avantages de l'éducation littéraire pour la pratique de la peinture. »

LES ŒUVRES DU CORRÈGE

En 1520, dit M. Paul Rochery, « Antonio avait vingt-six ans. Il épousa Girolama Merlini, qui en avait quinze. Il semble que cette jeune femme fut douée d'un caractère mélancolique, d'une âme tendre et profonde qui dut séduire le cœur aimant de Corrège. A peine entrée dans la vie, elle nourrissait déjà des pensées de mort et voulut faire son testament en faveur de ses oncles paternels. L'amour que lui inspira le Corrège la détourna de ces tristes préoccupations. Leur tendresse mutuelle est attestée par la vie retirée d'Antonio Allegri. Il vécut toujours près d'elle. Quand ses travaux l'obligeaient à quitter leur ville natale pour aller à Parme, il l'emmenait avec lui. Elle lui donna quatre enfants, un fils et trois filles. Ce fils fut appelé Pomponio. Il fut peintre comme son père, mais ne s'éleva jamais au-dessus de la médiocrité, ainsi qu'on en peut juger par quelques fresques de sa main qui existent encore à Parme. La sœur d'Antonio s'était mariée l'année précédente. Elle s'appelait Catherine. Peut-être est-ce à cette occasion que Corrège peignit le *Mariage de Sainte-Catherine*, qui se voit au Louvre.....

« Le génie créateur et hardi de Corrège ne se serait point révélé tout entier, s'il avait dû se borner à peindre des tableaux de chevalet. (Nous citerons tout à l'heure quelques-unes de ses œuvres en ce genre.) C'est dans la peinture à fresque, qui demande une imagination vaste, une exécution sûre et puissante, qu'il devait prendre place à côté des plus grands maîtres de l'art. » En effet, il peignit successivement les coupoles de deux églises de Parme, celle de Saint-Jean et celle du dôme de la cathédrale. Cette dernière représente l'*Assomption de la Vierge*; nous y reviendrons dans un instant. L'*Ascension de Jésus-Christ* est le sujet de la première, — splendide composition de seulement douze figures placées au-dessous d'un dôme mal éclairé par quatre fenêtres latérales, ce qui en rendait l'exécution particulièrement difficile. « Il n'est composé que de douze figures prodigieuses, » — s'écriait de Brosses (*Lettres sur l'Italie*) en voyant ce dôme, — « dessinées d'une hardiesse inouïe et qui plafonnent d'une manière si vraie, si perspective qu'assurément il ne s'est jamais rien fait d'égal en ce genre. Remarquez que,

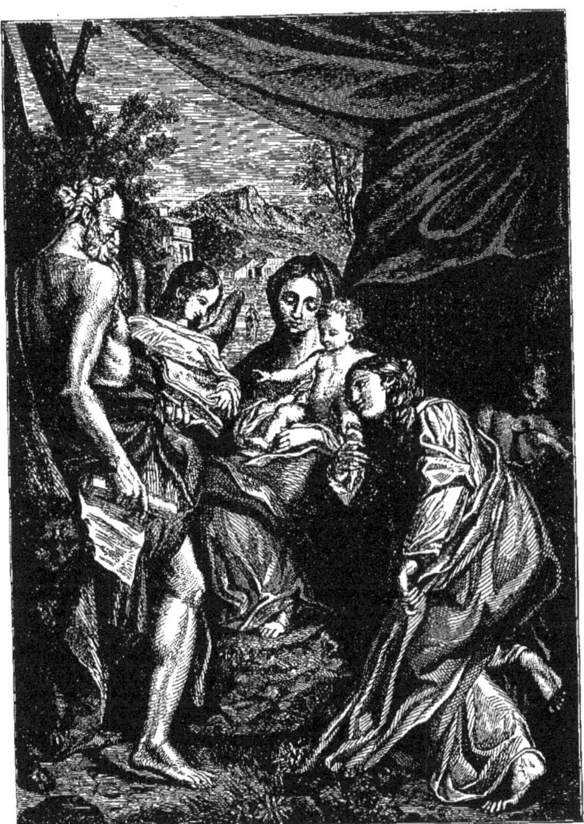

Saint Jérôme. — Tableau du CORRÈGE.

parmi ces figures gigantesques, il y en a qui n'ont pas deux pieds effectifs de hauteur ; cela est vu de fond en comble depuis la plante des pieds jusqu'à la tête, et, pour le coup, je vous jure bien qu'elles sont en l'air. » Cette coupole de Saint-Jean, déclare de son côté M. Paul Rochery, « mérite plus, qu'aucune autre peinture, le nom d'œuvre de génie. Au temps où Corrège exécuta cet ouvrage, l'art de composer ces grandes machines, de produire ces merveilleux effets de bas en haut, était en enfance : il est le créateur de ce genre où les Reni, les Guerchin, les Lanfranc n'ont fait que marcher sur ses traces. »

Entre temps, le Corrège se livrait à divers autres travaux de peinture. Mentionnons tout d'abord sa fameuse *Nuit* (désignée également sous le nom de *la Nativité du Christ*), qui, avec la *Vierge* de Raphaël, est le plus bel ornement de la galerie de Dresde : la fin du présent chapitre sera consacrée à la description de ce magnifique chef-d'œuvre. Ses autres tableaux les plus célèbres sont : *Jupiter et Io*, *Léda*, *Antiope endormie*, *Saint-Jérôme*, la *Madeleine* que tout le monde connaît par les reproductions de la gravure, et une *Sainte-Famille*, « où l'on remarque les qualités dominantes du peintre, une riche ordonnance dans la composition, des draperies larges, un coloris frais et vigoureux, des airs de tête où la finesse de l'expression s'unit à un ensemble ravissant. »

Revenons maintenant à l'*Assomption de la Vierge*, l'immense fresque qui décore le dôme de la cathédrale de Parme et la dernière œuvre du Corrège. « Comme Raphaël, » — remarque M. Paul Rochery à propos de ce chef-d'œuvre ; — « Comme Raphaël, à chaque production nouvelle de son génie, Corrège paraissait plus grand, plus inimitable. La coupole de la cathédrale de Parme, la plus grandiose de ses œuvres, est aussi la dernière. Il y représente l'*Assomption de la Vierge*. Si, dans l'église de Saint-Jean, les personnages sont en petit nombre, ici c'est une foule immense de vieillards, d'enfants, de femmes, suspendus au milieu des nuages dans les attitudes les plus variées..... Cette fresque immense qui, développée sur une surface plane, serait plus vaste que le *Jugement dernier* de la chapelle Sixtine, fut commencée en 1525. Le prix convenu avait été de douze cents scudi : Corrège n'en reçut que mille. En 1530, le maître, qui devait mourir quatre ans après, abandonna son œuvre encore inachevée. Il paraît que le grand artiste, outragé par la grossière ignorance des fabriciens qui lui payaient son travail, ne voulut pas mettre la dernière main à son chef-d'œuvre. L'un d'eux s'avisa de lui dire, en regardant le groupe de la Vierge et des bienheureux : *Vous avez fait là un plat de grenouilles*. Quelque temps après, ces mêmes fabriciens voulaient faire couvrir de plâtre toute la coupole, et peut-être auraient-ils accompli cette profanation sans le Titien, qui se trouvait à Parme, à cette époque, et qui leur dit en colère qu'alors même qu'ils la couvriraient d'or, ils ne pourraient pas la payer.....

« A dater de 1530, nous voyons Allegri partager son temps entre Parme et Correggio; peu à peu, toutefois, il paraît ne plus quitter sa ville natale, et l'on serait tenté de croire que sa santé s'altère déjà et que les forces commencent à lui manquer. On ne trouve plus, dès lors, dans sa vie la trace d'aucun travail important; ou si, en ces années incertaines, les documents nous apprennent quelque chose, c'est que, chargé par le juriste Alberto Panciroli de Reggio de peindre un retable pour l'autel de Saint-Augustin, Corrège, malade et abattu, ne tint pas son engagement. Mauvais présage si l'on songe à ce qu'était le vaillant artiste!.. Et, en effet, le grand maître s'éteignait à Correggio, le 5 mars 1534, et le lendemain il était enterré dans l'église des Franciscains. Il avait à peine quarante ans.....

« Plein d'audace, parce qu'il était plein de science, Allegri s'est servi du clair-obscur, dans ses vastes compositions, pour produire des contrastes surprenants de grandeur, de mystère et de mouvement. Il a porté cette partie de l'art à une telle perfection que les autres peintres ne peuvent lui être comparés. Non seulement il a imité la nature dans les effets variés de la lumière sur les corps avec une vérité prodigieuse, mais, après avoir étudié ses phénomènes dans leur réalité la plus sincère, il a fait davantage, car il les a exprimés dans leur singularité émouvante et presque dans leur magie. »

Le Corrège, quand il excelle, disait Diderot, *est un peintre digne d'Athènes; Apelles l'aurait appelé son fils.*

LE CORRÈGE D'APRÈS LA LÉGENDE

Maintenant que nous avons fait connaître à nos lecteurs le Corrège tel qu'il apparaît d'après les rares documents à peu près certains qui existent sur son compte, nous devons aussi leur indiquer rapidement qu'elle aurait été l'existence malheureuse de cet homme de génie si la légende qui s'est établie sur son compte était exacte. Nous aurons, pour cela, recours à M. F. Valentin, qui s'est inspiré de Vasari.

Le Corrège, dit-il, était d'un caractère timide et mélancolique, et, pour soutenir sa nombreuse famille, il exerçait son art, aux dépens de sa santé, au milieu de fatigues continuelles. Aucune difficulté ne put l'arrêter, comme le prouvent les nombreuses figures qu'il acheva dans la grande tribune de la cathédrale de Parme. Pour prix de ces magnifiques travaux, il recevait des moines qui l'occupaient un peu d'argent, quelques sacs de blé et quelques charges de bois... La nature, qui s'était plu à créer un talent si extraordinaire, vint bientôt en arrêter les progrès. Antonio, recevant pour son gigantesque travail de la coupole de Parme le prix qu'on accordait à Raphaël pour une seule figure de ses loges du Vatican, donnant son tableau du *Christ au jardin des Oliviers* en paiement d'une dette de quatre écus, et consacrant d'ailleurs la plus grande partie de son salaire à son art, voyait chaque jour sa misère augmenter. On raconte qu'ayant reçu à Parme, en monnaie de cuivre, une somme de soixante écus pour prix d'une fresque où ressortait toute la grandeur de son génie, il voulut porter cet argent en toute hâte

8

à sa pauvre famille, qui l'attendait depuis longtemps, et partit à pied avec cette charge, par un soleil brûlant. A son arrivée, harassé de fatigue et de chaleur, il but de l'eau fraîche et se mit au lit avec une fièvre violente qui termina ses jours.

Tel est, en effet, d'après la légende, le résumé assez exact de la vie du Corrége : mais, nous le répétons, rien n'est moins certain que la profonde misère de ce grand artiste; tout, dans l'examen attentif de ses œuvres, semble prouver au contraire que son existence a du être, sinon somptueuse et luxueuse, du moins exempte de la gêne et de l'indigence. On lira d'ailleurs un peu plus loin quelques autres observations assez probantes que Raphaël Mengs a faites à ce sujet.

CHEF-D'ŒUVRE DU CORRÈGE

La *Nuit* du Corrège, écrivait Mme Staël, « est, après la *Vierge* de Raphaël (la *Vierge du Saint-Sixte*), le plus beau chef-d'œuvre de la galerie de Dresde. On a représenté bien souvent l'Adoration des bergers; mais comme la nouveauté du sujet n'est presque pour rien dans le plaisir que cause la peinture, il suffit de la manière dont le tableau du Corrège est conçu pour l'admirer. C'est au milieu de la nuit que l'enfant, sur les genoux de sa mère, reçoit les hommages des pâtres étonnés. La lumière, qui part de la Sainte auréole, dont sa tête est entourée, a quelque chose de sublime; les personnages placés dans le fond du tableau, et loin de l'Enfant divin, sont encore dans les ténèbres, et l'on dirait que cette obscurité est l'emblême de la vie humaine, avant que la révélation l'eût éclairée. »

De son côté, Raphaël Mengs apprécie en ces termes le même tableau : « C'est un de ces ouvrages qui remuent l'âme de tous ceux qui le voient, mais principalement des vrais connaisseurs. La composition en est simple, mais cache un art singulier, en faisant apercevoir, dans un petit espace, un fort grand site avec un paysage où l'aurore commence à poindre. Dans le lointain, il y a quelques bergers que l'on distingue à peine, et entre eux et la Vierge est placé Saint-Joseph occupé à faire avancer l'âne qui sert à agrandir le site en faisant voir la distance qu'il y a d'un côté à la Vierge, et de l'autre jusqu'aux bergers. Le Corrège a donné une position inclinée à la tête de la Vierge pour éviter que la lumière qui vient d'en haut ne produisît de l'ombre sur la partie supérieure, ce qui aurait nui à la beauté de la physionomie. Il n'a montré qu'à demi le visage d'un vieux berger placé sur le premier plan, en mettant devant lui un autre berger plus jeune et d'une physionomie agréable, lequel, avec un mouvement plein d'allégresse, semble parler à l'autre de l'évènement qui fait le sujet du tableau. Une bergère qui tient une corbeille où il y a deux pigeons, exprime l'admiration que lui inspire l'Enfant divin qu'elle ne peut quitter, tandis que d'une main elle se couvre le visage pour se garantir de la splendeur qui rayonne de la tête du Christ. Dans la partie supérieure du tableau, du côté opposé à la Vierge, il y a une gloire avec des anges également éclairés par l'Enfant; c'est là que le Corrège a mis la seconde lumière; les ombres y sont suaves, comme si c'étaient des reflets, ou comme si elles étaient enveloppées d'une masse de lumière, sans doute pour faire comprendre que ce sont des êtres spirituels. La beauté, la grâce et le fini de ce tableau sont admirables, et toutes les parties en sont exécutées d'une manières différente, selon qu'il convient à chaque chose. »

Ce tableau célèbre, commencé en 1522, — lisons-nous encore à ce propos, — ne fut terminé qu'en 1527. Le Corrège en avait fait plusieurs copies. A Reggio, il y en avait une que l'on ne montrait qu'à la lueur des flambeaux, afin, disait-on, qu'on y vît diverses parties qui ne pouvaient s'apercevoir à la lumière du jour.

On croit que le tableau de la *Nuit* fut exécuté pour un Modenais nommé Albert Pratonieri. Le chevalier Donzi, préfet de la galerie du duc de Modène, possédait un document dont voici la traduction :

« Par cette note écrite de ma main, moi, Albert Pratonieri, » j'atteste à chacun que je promets de donner à maître Antoine » Corrège, peintre, la somme de deux cent huit livres en vieille » monnaie de Reggio, et cela pour le paiement d'un tableau » qu'il promet de me faire en toute excellence, représentant la » Nativité de Notre Seigneur avec les figures attenantes, selon » les mesures et grandeurs conformes au dessin que m'a pré- » senté maître Antoine et fait de sa main.

» Reggio, 14 octobre 1522. »

« Et moi, Antoine Lieto de Correggio, je reconnais avoir reçu, » le jour et millésime ci-dessus, ce qui y est stipulé, en signe » de quoi j'ai écrit ceci de ma main. »

Deux cent huit livres de Reggio devaient valoir environ *cent soixante-huit livres* de France. Cette somme, a-t-on fort justement remarqué, est peu de chose pour une œuvre si considérable; mais il n'est point certain qu'elle n'ait pas été le prix d'une autre Nativité. A la vérité, les peintures du Corrège, si l'on s'en rapporte à la légende, ont presque toutes été faiblement rétribuées. Par exemple, tandis que Raphaël avait reçu pour chacune des *loges* douze cents écus d'or, le Corrège n'aurait reçu que cent soixante-dix écus d'or en monnaie de cuivre pour paiement des peintures de l'admirable coupole de la cathédrale, qu'il exécuta en 1530. Mengs suppose une erreur à ce sujet : il remarque d'ailleurs que le Corrège avait dû recevoir une bonne éducation, et pense, avec le père Orlandi, qu'il avait étudié la philosophie et les mathématiques, ainsi que l'architecture et la sculpture. Il était en relation avec les plus célèbres professeurs de son temps. On remarque, dans ses principaux ouvrages, un esprit cultivé et poétique. Il paraît incroyable, ajoute encore Mengs, « que le Corrège n'ait pas joui d'une certaine réputation dans sa patrie et dans les provinces voisines, tandis qu'il fut chargé des ouvrages les plus considérables de son temps, par exemple des coupoles de Saint-Jean et de la cathédrale à Parme. Ces grands ouvrages, dont l'exécution lui fut confiée, attestent qu'il était regardé comme le meilleur peintre de son pays. Il est à croire aussi que s'il ne s'était point acquis un grand honneur par le premier, on ne l'aurait point chargé de faire le second, pour lequel on aurait cherché un autre peintre; d'autant plus qu'il ne manquait point alors de bons artistes ni à Venise ni dans la Lombardie même. On doit rappeler aussi, d'après Vasari, que le duc Frédéric de Mantoue, voulant faire présent de deux tableaux à l'empereur Charles-Quint, pensa au Corrège pour les faire exécuter. Ce peintre devait donc être un artiste fort estimé, puisqu'un prince, amateur des arts, le préféra à Jules Romain qu'il avait à son service; tandis que, d'un autre côté, l'empereur pouvait disposer du talent du Titien. »

Ces observations de Mengs paraissent fondées. On aime d'ailleurs à croire que le Corrège ne fut ni méconnu ni réduit à l'indigence. Et cependant, on ne peut pas dire qu'il ait été réellement heureux. De son vivant, ses œuvres n'ont point été prisées à leur réelle valeur : il a sans doute été en grande partie méconnu de ses compatriotes et de ses contemporains. Témoin, les paroles touchantes de cette belle lettre qu'Annibal Carrache (le plus célèbre des trois Carrache, né à Bologne en 1560 et mort en 1609), écrivit de Parme à son cousin Louis Carrache (né également à Bologne en 1555, et mort en 1619) :

« Tout ce que je vois ici me confond. Quelle vérité! quel coloris! quelle carnation! Les beaux enfants! Ils vivent, ils respirent, ils rient avec tant de grâce et de vérité qu'il faut absolument rire et se réjouir avec eux. J'écris à mon frère pour l'engager à venir me trouver. Qu'il vienne, et qu'il ne me rompe plus la tête de ses beaux discours et de ses dissertations éternelles. Au lieu de perdre notre temps à disputer, ne songeons qu'à saisir la belle manière du Corrège..... Mon cœur se brise de douleur quand je pense au sort malheureux de ce pauvre Antonio (Le Corrège). Un si grand homme, si toutefois il ne mérite pas d'être appelé un ange, s'ensevelir dans un pays où jamais il ne fut connu, et y finir misérablement ses jours! Ah! lui et le Titien feront éternellement mes délices. Ne me vantez plus votre Parmesan. Qu'il y a loin de ce peintre au Corrège. Celui-ci a tout puisé dans sa tête : ses pensées, ses conceptions sont à lui; il n'a eu d'autre maître que la nature; tous les autres recourent tantôt au modèle, tantôt aux statues, tantôt aux dessins; ils nous présentent les choses comme elles peuvent être : le Corrège les offre telles qu'elles sont. Je ne sais pas m'expliquer, mais je m'entends. Augustin, mon frère, vous dira cela infiniment mieux que je ne pourrais faire. »

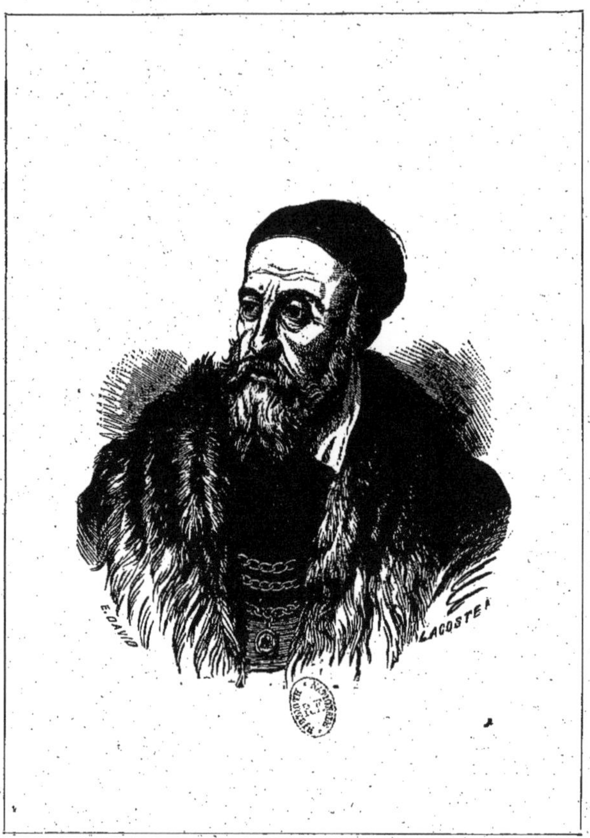

Portrait du Titien.

V

TITIEN

1477-1576

Tiziano Vecellio, ou, comme nous disons en français, Titien, naquit en 1477, et mourut, près d'un siècle après, en l'an 1576.

Il vint au monde dans le district de Cadore, qui appartenait à la province de Bellune, pays fortement ossaturé par sa charpente de montagnes, à la limite de l'Allemagne, et nourrissant une population robuste. Voici, au reste, la description de Pieve di Cadore, par l'auteur anonyme d'une vie de Titien :

« Pieve di Cadore est la place principale du territoire de Cadore, place très fidèle à la Sérénissime République de Venise, clef du passage dont se servaient les anciens Romains, lorsqu'ils voulaient transporter leurs armées dans la Germanie, ce dont nous donnent un témoignage certain les médailles antiques qu'on y trouve chaque jour. Sa forteresse est réputée imprenable, étant placée sur une haute colline où l'on ne peut monter que par un chemin étroit et malaisé, entre des précipices escarpés et des hauteurs inaccessibles. Ce n'est donc pas merveille que cette place, au temps des guerres turbulentes que l'empereur Maximilien souleva contre la Sérénissime République à cause de la situation, à cause de la facilité de ses habitants, se soit seule défendue et gardée contre la fureur des ennemis. Là résident les capitaines illustres, auxquels ladite république confie le gouvernement militaire de la place. Au pied du fort sont la ville et le palais vénérable où se tiennent les vicaires élus par le conseil de Cadore. L'endroit n'est pas de grande étendue, mais bien agréablement posé, et original. Il y a, dans le milieu de la place, une fontaine d'eau limpide et très froide, qui, de son doux murmure, séduit les yeux et charme les oreilles. Alentour, on voit de nobles palais parmi lesquels se remarque la maison où naquit Titien, en 1477, bâtie à l'endroit dit l'Arsenal. »

La famille des Vecelli était très ancienne et très noble dans le pays. Un d'eux avait été podestat de Cadore, au XIVe siècle, et l'on sait quelle puissance avait un podestat en Italie, au Moyen-Age ; le grand-père de Titien était un homme de loi, et son père fut à la fois magistrat et soldat. Comment se passèrent les premières années de celui qui devait être si célèbre un jour ? On ne sait au juste, il faut bien l'avouer, comme il arrive le plus souvent pour l'enfance des grands hommes. On peut supposer qu'il courut, avec les gamins de son âge, à travers les montagnes du pays, et qu'il y acquit cette santé robuste qui le mena presque sans maladie jusqu'à l'âge avancé de quatre-vingt-dix-neuf ans. Eut-il de bons maîtres de dessin ? Quelles premières peintures lui inspira son goût naturel pour les beaux-arts ? Ce sont toutes questions auxquelles nous ne pouvons pas répondre, et sur lesquelles M. Lafenestre, le dernier et le plus complet des biographes de Titien, garde également le silence. Une tradition seulement se rapporte à ces premières années ; à l'âge de sept ans, Titien aurait peint une douce figure de Vierge avec le suc des fleurs sauvages qu'il cueillait sur la montagne pendant ses escapades.

Cette légende, si gracieuse, nous prouve du moins une chose : c'est que Titien, comme tous les grands artistes, sentit s'éveiller en lui, bien jeune encore, l'instinct confus qui le poussait vers l'art. Ses parents encouragèrent ses goûts et on l'envoya, avec son frère Francesco, chez leur oncle, à Venise. Ce qu'était Venise à la fin du XVe siècle, nous pouvons en avoir une idée par le récit du noble sire de Commines, qui en fut transi d'admiration :

« Et fus bien émerveillé de voir l'assiette de cette cité et de voir tant de clochers et de monastères, et si grand maisonnement, et tout en l'eau, et le peuple n'avoir d'autre forme d'aller que en ces barques, dont, je crois, qu'il s'y en finerait trente mille. Environ la dite cité y a bien septante monastères à moins de deux lieues françaises, à la prendre en rondeur (qui tous sont en île, tant d'hommes que de femmes, fort beaux et riches, tant d'édifices que de parements, et ont fort beaux jardins), sans comprendre ceux qui sont dedans la ville, où sont les quatre ordres des mendiants, bien soixante et douze paroisses, et mainte confrérie. Et est chose bien étrange de voir si belles et si grandes églises fondées en la mer..... Là me mirent en d'autres bateaux, qu'ils appellent plats, et sont beaucoup plus grands que les autres. Et y en avait deux couverts de satin cramoisy, et de bas tapissé, et bien pour se mettre quarante personnes, et me menèrent au long de la grande rue qu'ils appellent le *Canal Grand*, et est bien large. Les voiliers y passent à travers, et y ai vu un navire de quatre cents tonneaux au plus près des maisons; et en la plus belle rue que je crois qui soit dans tout le monde, et la mieux maisonnée et va le long de la ville. Les maisons sont fort grandes et hautes, et de bonne pierre, et les anciennes toutes peintes. Les autres faites depuis deux cents ans, toutes ont le devant de marbre blanc qui leur vient d'Istrie, à cent milles de là, et encore mainte grande pièce de porphyre et de sarpentine sur le devant. Au dedans ont pour le moins pour la plupart deux chambres qui ont les planchers dorés, riches manteaux de cheminées et marbres taillés, les chalitz des lits dorés et les ortevents peints et dorés, et fort bien meublés dedans. C'est la plus triomphante cité que j'aie jamais vue et qui plus fait d'honneurs à des ambassadeurs et étrangers et qui plus sagement se gouverne. »

L'enthousiasme de Commines continue encore assez longtemps sur ce ton; il donne assez bien l'idée de ce qu'était cette brillante république aristocratique, la plus riche à cette époque de toutes les cités italiennes. A ce point de vue elle offrait de grandes ressources aux artistes, qui n'étaient pas obligés de vivre misérablement, comme en Allemagne. Albert Dürer, qui fit un voyage dans ce pays, fut, comme nous le verrons, véritablement enthousiasmé, lui aussi, et s'accommodait beaucoup mieux de cette ville que de la pauvre cité de Nuremberg, qui, cependant, était riche parmi les villes allemandes. Mais, par son site, par son ciel, par la finesse exquise de ses fonds, Venise offrait d'autres ressources non moins nécessaires à un peintre. Ici, nous laissons la parole à un maître dans le genre descriptif, à M. Taine :

« Point d'herbes, ni d'arbres ; tout est mer et sable ; à perte de vue des bancs émergent, bas et plats, quelques-uns demi lavés par le flot. Un vent léger ride les flaques luisantes, et les petites ondulations viennent mourir à chaque instant sur le sable uni. Le soleil couchant pose sur elles des teintes pourprées que le ronflement de l'onde tantôt assombrit, tantôt fait chatoyer. Dans ce mouvement continu, tous les tons se transforment et se fondent. Les fonds noirâtres ou couleur de brique sont bleuis ou verdis par la mer qui les couvre ; selon les aspects du ciel, l'eau change elle-même, et tout cela se mêle parmi des ruissellements de lumière, sous des semis d'or qui paillettent les flots, sous des tortillons d'argent qui frangent les crêtes de l'eau tournoyante, sous de larges lueurs et des éclairs subits que la paroi d'un cendroiement renvoie. Le domaine et les habitudes de l'œil sont transformés et renouvelés ; le sens de la vision rencontre un autre monde. Au lieu des teintes fortes, nettes, sèches des terrains solides, c'est un miroitement, un amollissement, un éclat incessant de teintes fondues qui font un second ciel aussi lumineux, mais plus divers, plus changeant, plus riche et plus intense que l'autre, formé de tons superposés dont l'alliance est une harmonie. »

Le peintre le plus illustre que possédait alors la république de Venise, était Gentile Bellini, qui avait été chargé de décorer le palais ducal. C'était lui que l'on avait envoyé à Mahomet II, lorsque celui-ci avait demandé à la république son peintre le plus habile. Cependant Titien ne resta pas longtemps chez lui, mais passa bien vite dans l'atelier du frère de Gentile, où il trouva de redoutables émules, entre autres Giorgio de Castelfranco, dit *le Giorgione*.

Il n'y eut d'ailleurs entre eux qu'une noble émulation, et jamais rivalité, comme il arriva entre Raphaël et Michel-Ange. Et comme, en janvier 1505, le Fondaco de Tedeschi — c'est-à-dire, l'entrepôt des Allemands — vint à brûler, il fut associé par le Giorgione aux travaux dont celui-ci avait été chargé pour orner le nouveau bâtiment. Ce Fondaco était une maison, ou plutôt un véritable palais, où les Allemands, venus en Italie, trouvaient un asile. C'était là que se centralisaient toutes les relations de Venise avec l'Allemagne, et l'on peut dire que ce bâtiment était nécessaire pour les relations entre les deux pays. Aussi, lorsqu'il eut été brûlé, on le reconstruisit sur un fort beau plan; un Allemand fut choisi pour architecte, et on laissa les Italiens décorer le monument. Parmi eux fut choisi le Giorgione, qui, on l'a vu, s'adjoignit Titien. Il ne nous reste plus rien des fresques qu'ils firent alors; le temps a tout emporté, mais ces premiers travaux furent importants pour Titien, car ils le firent connaître, et bientôt il eut quantité de portraits à peindre.

Sur ces entrefaites, en 1508, l'empereur Maximilien descendit en Italie, pour essayer de protéger le Milanais contre Louis XII; il était obligé de passer sur le territoire de Venise. Il en demanda la permission à la république, qui refusa; alors il voulut passer quand même par Pieve di Cadore, et se fit battre. Mais Venise n'eut pas lieu de se féliciter longtemps de sa victoire, car bientôt était conclue la ligue de Cambrai entre Louis XII, le pape et Ferdinand d'Aragon, laquelle ligue était dirigée contre la Sérénissime République. Alors s'engagèrent une série de luttes, pendant lesquelles fut blessé le père de Titien, et qui eurent pour principal effet d'interrompre pendant quelque temps la vie artistique à Venise. Titien fut même réduit à se réfugier dans son atelier, où il travailla à des sujets religieux. C'est de cette époque que datent ses *Vierges aux cerises*, *aux roses*, etc...

En 1509, il se rendit à Padoue, patrie de Mantegna, appelé par Alvice Cornaro, l'auteur du livre intitulé *La vie sobre*, qui lui fit décorer la façade de son palais. Mais ici, non plus qu'au Fondaco, les fresques de Titien n'ont subsisté, car le palais fut démoli et reconstruit sur un nouveau plan par Falconetto; puis on retrouve Titien à Vicence, où il peignit un *Jugement de Salomon*, qui fut également détruit, lorsque Palladio, architecte célèbre, élevé jusqu'aux nues par Gœthe, reconstruisit le palais.

Les quatre années qui suivirent, Titien les passa à Venise, où il pouvait, désormais, travailler sans crainte, car la république venait de signer un traité avec Miximilien, et la mort du Giorgione lui laissait le terrain libre. C'est à cette époque (1516) qu'il se marie. On ne sait rien de sa femme, si ce n'est qu'elle s'appelait Dona Cœcilia et qu'elle lui donna quatre enfants : deux garçons, Pomponio et Orazio, et deux filles.

Ce fut vers le même temps qu'il demanda, par lettre, au conseil des Dix, de terminer la décoration du palais ducal, et la charge de courtier des Allemands, dès qu'elle serait vacante. Cette double demande fut acceptée, mais nous verrons qu'elle attira plus d'un désagrément à Titien. Disons même tout de suite qu'il semble que la fatalité s'en soit mêlée : toutes les fois que Titien décora un palais ou une église, ses peintures furent perdues. Celles du palais ducal, comme celles du Fondaco, périrent dans un incendie.

Il était déjà célèbre, et les princes d'Italie commençaient à lui adresser des commandes. Un des premiers fut Alphonse de Ferrare, mari de Lucrèce Borgia. C'était un caractère bizarre que celui du duc, tour à tour forgeron, charpentier, armurier, ouvrier dans un atelier de céramique qu'il avait établi dans son palais, avant tout grand amateur de peinture. Son palais était décoré par Bellini, par Raphaël; il voulut que Titien fît son portrait. Le peintre vint donc le trouver à sa cour, mais il n'y fit qu'ébaucher le portrait en question, qu'il termina ensuite à Venise, suivant son habitude, comme aussi c'était celle de Rubens à Anvers. Encore n'était-ce point tout à fait du goût d'Alphonse, qui était sans cesse à harceler Titien, à le presser d'avancer son ouvrage, et à lui adresser commandes sur commandes — parfois même des plus futiles, par exemple un motif de décoration pour balustrade. Et Titien répond alors qu'il désire vivement satisfaire le prince, et qu'il aura bientôt terminé, mais il n'en continue pas moins à aller tout doucement, sans se presser, avec beaucoup de flegme. Ce fut d'ailleurs une maxime qu'il semble avoir suivie toute sa vie ; ne point se presser. Et, ma foi, il donne raison au fameux proverbe qui dit, comme on sait : « Qui va doucement, va longtemps. »

Si d'ailleurs Titien n'allait pas aussi vite que le duc de Ferrare l'aurait désiré, c'est qu'il était occupé à une grande toile : l'*Assomption,* destinée à une de ces nombreuses églises qui avaient fait l'admiration de Commines. Elle fut terminée, en 1518, non sans que les moines eussent maugréé contre Titien, qui, d'abord, n'allait pas vite, et qui ensuite — du moins c'était leur avis — ne peignait pas bien. Mais lorsque la toile eut été exposée et qu'elle eut excité l'admiration de tous, le ton des bons moines changea, et plus ne voulurent rendre la toile à Titien, comme ils l'en avaient menacé.

Cette belle peinture eut un succès si vif que le duc Alphonse, irrité de voir que Titien ne voulait pas lui envoyer un de ses chefs-d'œuvre, alla le trouver à Venise. Le peintre trouva le moyen de l'apaiser par les plus belles promesses du monde, promesses qu'il ne tint guère, hélas ! puisque, quelque temps après, le duc était obligé d'écrire à un chargé d'affaires qu'il entretenait à Venise, un certain Jacomo Tebaldi : « Voyez à parler à Titien. Dites-lui, de ma part, qu'à mon départ de Venise, il me fit bien des promesses. Jusqu'à présent, nous ne voyons pas qu'il en tienne aucune. Entre autres, il me promit de nous faire cette toile que nous attendons avant tout. Et comme nous ne croyons pas mériter qu'il nous manque en ce qu'il nous a promis, invitez-le à faire en sorte que nous n'ayons pas de raison pour nous fâcher avec lui, et qu'en particulier, il s'arrange pour que nous ayons vite ladite toile. » Cette fois Alphonse semblait sérieusement fâché. C'est qu'il avait appris que Titien travaillait de nouveau pour les moines et le négligeait. Il peignait un *Saint-Sébastien*, destiné à aller à Rome. Un instant, le duc de Ferrare conçut l'idée d'enlever le tableau; Titien s'était même arrangé avec lui à ce sujet; puis, effrayé, sans doute, par les conséquences de l'affaire qu'il allait ainsi se mettre sur les bras, il se ravisa et le *Saint-Sébastien* arriva à sa première destination. Le duc se consola en recevant, en 1521, et sa toile (c'était un *Bacchus*), et le peintre lui-même qui passa quelque temps à sa cour.

Après quoi Titien rentra à Venise, où il fit une fresque dans le palais ducal, un *Saint-Christophe*. En 1527 le sac de Rome amena plusieurs personnages célèbres à Venise, où ils cherchaient un refuge. Parmi eux l'Arétin, caractère misérable, mais redoutable à cette époque par son esprit, et qui devint bien vite l'ami de Titien. Pendant toute cette période, celui-ci fit encore de nombreux portraits que nous ne pouvons point énumérer. Citons seulement ceux de l'Arioste, le célèbre poète italien, et de Parma, médecin du Titien — et arrivons de suite à l'année 1530, année capitale dans la vie de l'illustre peintre.

L'église San Zanipoli avait mis au concours une grande toile dont le sujet était *Saint-Pierre martyr*. Les trois plus grands peintres de Venise allaient prendre part au concours : c'étaient Palma, Pordenone et Titien. Le premier mourut pendant l'exécution de sa toile : restaient Pordenone et Titien. Lorsqu'on eut exposé les deux toiles l'une à côté de l'autre, il n'y eut pas un seul moment d'hésitation; un seul cri s'éleva en faveur de la toile de Titien. Pordenone fut si jaloux et si furieux d'avoir été vaincu dans cette lutte, qu'il affecta de faire croire que Titien en voulait à ses jours, et il ne sortait plus qu'armé jusqu'aux dents. C'est cette toile que le conseil des Dix défendit plus tard de sortir de Venise sous peine de mort. Et cependant, elle fut brûlée dans un incendie qui éclata en 1867. La place en est encore occupée, aujourd'hui, par un Saint-Pierre, mais ce n'est plus qu'une copie du tableau de Titien. Voici ce que dit Vasari de cette remarquable peinture :

« Il y fit plus grand que nature le saint dans une forêt de très grands arbres, tombé à terre et brutalement assailli par un soldat qui l'a déjà frappé à la tête, en sorte qu'encore, à demi-vivant, on lui voit sur la face l'horreur de la mort, tandis que dans un autre père qui fuit par-devant, on devine l'effroi et la crainte. Il y a en l'air deux anges nus, arrivant dans un éclair du ciel qui illumine le paysage, lequel est très beau, et toute la scène ensemble. C'est l'œuvre la plus complète, la plus glorieuse, la plus grande, la mieux comprise, la mieux exécutée que jamais Titien ait encore faite dans toute sa vie. »

Cette même année, il fut présenté à l'empereur Charles-Quint, qui ne fit que passer en Italie, et à qui il ne put alors demander tout ce qu'il aurait voulu, mais l'occasion se présentera plus favorable pour lui, comme nous le verrons, deux ans plus tard. Dans l'intervalle, Titien a des commandes du duc de Mantoue, pour qui il peint plusieurs Vierges, une entre autres, connue sous le nom de la *Vierge au lapin*, qui se trouve au musée du Louvre.

Charles-Quint arriva à Bologne, en 1532, pour régler le sort du monde, puisqu'il prétendait trancher la question de la réforme, et, en particulier, le sort de l'Italie. Aussi une foule de petits princes accoururent pour se faire donner qui une ville, qui un titre, et d'autres simplement pour voir l'empereur. Titien était de ces derniers, bien qu'il espérât secrètement retirer quelque fruit de sa visite. Et il ne se trompait pas, comme on va voir. Charles-Quint posa plus d'une fois devant lui, faveur très recherchée, et qui n'était accordée qu'à bien peu. Témoin le sculpteur Alfonso Lombardi, qui, ne parvenant pas à approcher de l'empereur, pria un jour Titien de l'emmener en le faisant passer pour un de ses aides. Titien y consent; Lombardi, une fois que Charles-Quint a pris la pose, se met derrière Titien, tenant une petite cassolette, en forme de médaillon, dans le creux de sa main, et il fait de son côté le portrait de l'empereur. Celui-ci, qui s'était aperçu du manège, l'arrêta au moment où il se disposait à partir, et lui demanda de lui montrer ce qu'il avait fait pendant tout le temps que Titien peignait. Lorsqu'il eut vu le petit médaillon de Lombardi, il en fut si content qu'il posa dans la suite devant lui. Il ne fut pas moins satisfait du portrait à l'huile que Titien lui donna. Aussi il lui conféra l'ordre de l'Eperon d'or avec le titre de comte palatin et de conseiller aulique. Cette dernière charge lui donnait le « droit, la liberté, la faculté valable dans tout l'empire romain et le monde entier, d'instituer et de créer des notaires, chanceliers et juges ordinaires, de concéder et de conférer à toutes les personnes dignes de confiance, habiles et propres à ces fonctions, la charge du notariat, du tabellionat et de la judicature ordinaire, ainsi que celui de donner l'investiture par la plume et l'écritoire suivant l'usage. »

Le diplôme se termine par l'octroi de la noblesse fait à tous les enfants de Titien, qui eut alors le droit de porter, comme insignes de sa dignité, « l'épée militaire, le collier, les éperons, l'habit, le caparaçon d'or, accomplir tous les actes et exercices militaires de l'ordre, et jouir de tous les privilèges, droits, immunités, honneurs, coutumes, franchises, libertés, exemptions, dignités et indulgences dont jouissent, par tradition ou droit quelconque, les autres soldats ou chevaliers d'or créés par nous l'épée au poing. »

Parfois Titien usa de ses droits, et on l'appellera *Votre Noblesse, Votre Respectabilité;* mais accomplit-il également son devoir de se livrer aux exercices militaires imposés aux membres de l'ordre? Il est permis d'en douter. A cette époque, il fit égale-

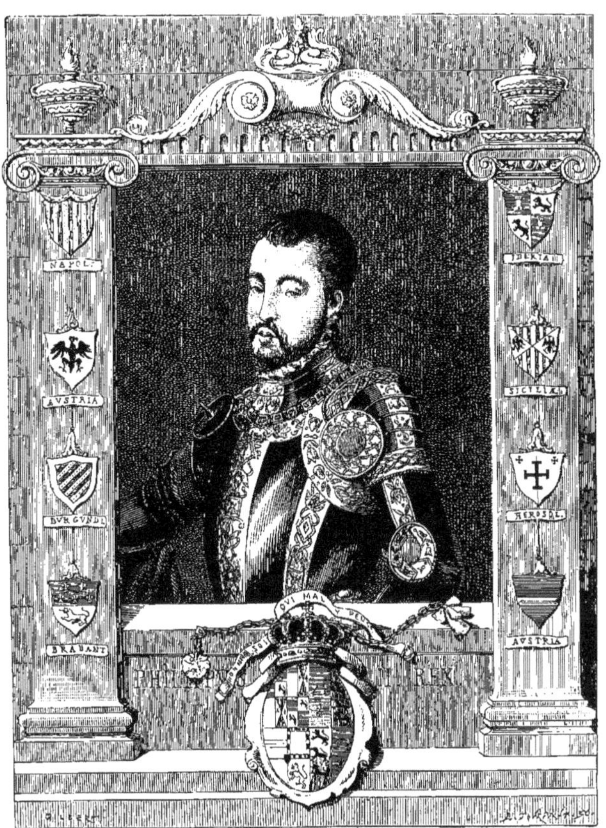

Portrait de Philippe II, roi d'Espagne. — Tableau du TITIEN.

ment le portrait de François Ier, qui se trouve au Louvre; il retraça les traits du vainqueur de Marignan, d'après de simples documents envoyés de France, sans qu'il fût nécessaire que le roi posât devant lui. Ne nous en étonnons pas trop; car il fit de même pour un certain nombre des portraits qu'il a peints. Charles-Quint aurait bien voulu l'emmener avec lui en Afrique, au moment où il partait guerroyer contre les corsaires d'Alger, mais Titien, ami de sa tranquillité, refusa énergiquement. Ce refus ne blessa point Charles, car, à son passage à Asti, où Titien vint le saluer, il lui accorda pour l'Arétin une faveur qu'il lui demandait : c'était une pension sur le produit des entrées des grains à Naples. Cet Arétin joue un rôle important dans la vie de Titien. On ne peut le passer sous silence, et pour donner une idée des rapports qui existaient entre ces deux hommes, il nous suffira de citer cette lettre de l'Arétin :

« Seigneur, mon cher compère. En dépit de mes habitudes, aujourd'hui j'ai dîné seul ou plutôt en compagnie des dégoûts de cette fièvre quarte qui ne me laisse sentir la saveur d'aucun mets; je me suis levé de table, rassasié de l'ennui désespéré avec lequel je m'y étais mis; puis, appuyant mon bras sur le plat de la corniche de la fenêtre, et laissant aller dessus ma poitrine et presque tout le reste de ma personne, je me suis mis à regarder l'admirable spectacle des barques innombrables qui, remplies d'étrangers et de Vénitiens, réjouissent non seulement les assistants, mais encore le Grand Canal... Tout d'un coup voici deux gondoles qui, montées par autant de bateliers fameux, joutent de vitesse et font au public un passe-temps. Je pris aussi beaucoup de plaisir à contempler la multitude qui, pour voir cet amusement, s'était arrêtée sur le pont du Rialto, au traghetto de Sainte-Sophie, à celui de Casa di Morto. Et pendant que des deux côtés la foule s'en allait chacun par son chemin avec des applaudissements joyeux, moi, en homme incommode à lui-même, qui ne sait que faire de son esprit et de ses pensées, je tourne mes yeux au ciel. Jamais, depuis que Dieu l'a fait, ce ciel n'a été embelli d'une si charmante peinture d'ombres et de lumière! L'air était tel que le voudraient faire ceux qui portent envie à Titien parce qu'ils ne peuvent être Titien..... Toute la droite était d'une couleur effacée, suspendue dans un gris brun noir. J'admirais les teintes variées que ces nuages étalaient aux yeux, les plus voisins tout éclatants des flammes du foyer solaire, les plus lointains rougis d'un vermillon moins ardent. Oh! les beaux coups de pinceau qui, de ce côté, coloraient l'air, et le faisaient reculer derrière les palais, comme le pratique Titien dans ses paysages! En certaines parties apparaissait un vert azuré, en d'autres un azur verdi, véritablement mélangés pour la capricieuse invention de la nature, maîtresse des maîtres. C'est elle ici, qui, avec des teintes claires ou obscures, noyait ou modelait des formes selon son idée. Et moi qui sais comme votre pinceau est l'âme de votre âme, je m'écriai trois ou quatre fois : Titien, où êtes-vous? »

Cette lettre est des plus louangeuses pour Titien; elle montre en même temps que le peintre avait sû se faire un petit cercle d'amis sincères. Outre l'Arétin, c'étaient Sansovino, Priscianese, et surtout ses frères qui se livraient également à la peinture. Titien avait perdu sa femme en 1632, mais sa sœur Orsola s'occupait de ses enfants et mettait l'ordre dans la maison, en sorte que Titien pouvait se livrer sans souci au travail, pour goûter ensuite toute la douceur de la vie de famille, entouré de ses enfants et de quelques amis. Priscianese nous a d'ailleurs laissé la description d'une soirée passée chez Titien; celle-ci nous fait pénétrer dans l'intérieur de l'illustre artiste. Elle est donc intéressante à citer :

« Je fus invité le jour des calendes d'août pour célébrer cette espèce de baccanale (qu'on appelle je ne sais pourquoi *Ferrare Agosto*, quoiqu'on en ait fort discuté le soir même) dans un délicieux jardin de messire Tiziano Vecellio, peintre excellent, comme chacun sait, et vraiment fait pour assaisonner par ses agréments tout honnête festin. S'étaient réunis, à messire Tiziano, quelques-uns des esprits les plus originaux qui se trouvent aujourd'hui dans cette ville, et notamment Pietro Aretino (l'Arétin), nouveau miracle de la nature, ensuite le grand imitateur de la nature par le ciseau, comme le maître du festin l'est par le pinceau, messire Jacopo Talti, dit le Sansovino, et messire Jacopo Nardi et moi, de sorte que je fus quatrième au milieu de tant d'esprits. Là, avant de se mettre à table, comme le soleil, bien que l'endroit fût ombragé, faisait encore sentir un peu sa force, on passa le temps à contempler les figures vives de ces excellentissismes peinture, dont la maison est remplie, et à parler de la beauté et des charmes de ce jardin, au grand plaisir et surprise de chacun. Ce jardin est situé à l'extrémité de Venise, sur la mer, là d'où l'on voit la jolie île de Murano et d'autres charmants endroits. Ce bras de mer, dès que le soleil fut couché, se remplit de mille gondolettes, retournant de toutes sortes de concerts vocaux, et instrumentaux qui, jusqu'à minuit, accompagnèrent notre souper joyeux. Pour en revenir au jardin, il était si bien ordonné, si beau, et par conséquent reçut tant d'éloges, que sa ressemblance avec les jardins admirables de San Agata, en me revenant à l'esprit, me rafraîchit de telle sorte votre souvenir et le désir de vous voir, mes très amis, que je ne saurais pas bien dire si la majeure partie de cette soirée j'étais à Rome ou à Venise..... »

En somme Titien menait une vie large, gaie, sans tracas. Aussi ne travaillait-il qu'à ses heures, et en attendant l'inspiration, ce qui ne contentait pas toujours ceux qui lui demandaient quelque peinture, comme on l'a vu pour le duc Alphonse de Ferrare, et comme Titien put s'en apercevoir lui-même lorsqu'en 1536, le conseil des Dix s'adressa à son rival Pordenone, pour décorer une nouvelle salle du palais ducal. On alla même plus loin, puisqu'en 1537, il fut révoqué, à cause de sa nonchalance, de sa charge de courtier au Fondaco, avec obligation de rembourser les émoluments qu'il avait touchés. Or, la somme se montait à dix-huit cents ducats, somme énorme. Titien eût été ruiné s'il avait été obligé de la payer. Mais on lui fit remise du remboursement, et même, par la suite, il fut rétabli dans ses fonctions de courtier.

Toutefois, il avait été piqué au vif par tous ces accidents survenus coup sur coup, qui le tirèrent de son laisser-aller; il se mit au travail avec une fougue sans pareille, et en très peu de temps il termina, au palais ducal, l'immense peinture, intitulée *Bataille de Cadore,* qui fut détruite par un incendie en 1577.

En 1542, le pape Paul III vint de Rome en Lombardie pour saluer l'empereur Charles-Quint; et comme Titien y vint aussi pour le même motif, il fut présenté au pape qui lui demanda de lui faire son portrait, — ce que Titien fit avec plaisir. Comme la toile était exposée à l'air pour la faire sécher plus vite, plusieurs personnes crurent voir le pape lui-même et se découvrirent. C'est assez dire que c'était un beau portrait. Les relations entre Titien et le pape ne cessèrent plus depuis lors : ce fut sur les prières du souverain pontife que Titien se décida à faire un voyage à Rome ; dans l'intervalle, il peignit une *Assomption* (qui fut rapportée d'Italie en France en 1797, qui fut reportée en Italie en 1815, et qui se trouve aujourd'hui au musée de Vienne), — et fit le portrait de son ami l'Arétin, portrait dont celui-ci ne fut pas très flatté, parce qu'il était trop ressemblant !

A Rome, Titien fut reçu avec enthousiasme. Paul III voulut qu'il logeât au Belvédère, et Vasari fut chargé de lui servir de cicerone, et de lui montrer les curiosités de Rome. Sebastiano del Piombo, ce rival haineux de Raphaël, s'offrit aussi à le guider dans Rome, en sa qualité de compatriote de Titien. Celui-ci accepta; et un jour qu'il regardait, en sa compagnie, des peintures de Raphaël retouchées par Sébastiano, il lui dit tout à coup : « Mais quel est donc le malheureux qui a osé porter la main sur ces peintures! » Le pauvre Sebastiano fut bien obligé d'avouer qu'il était ce malheureux. Raphaël était bien vengé. Titien ne resta pas longtemps à Rome, et cependant l'Arétin lui écrivait :

« Chaque heure me semble un mois à attendre que vous reveniez; ne fût-ce que pour entendre ce qu'il vous semble des antiques dans les marbres et en quoi le Buonarotti (Michel-Ange) vaut plus ou moins qu'eux et en quoi il n'en approche pas ou les dépasse. Je me réjouirai à raisonner avec vous de la construction de Bramante à Saint-Pierre et des œuvres des autres architectes et sculpteurs. Retenez bien le faire de chaque peintre fameux et notre Fra-Bastiano spécialement. Regardez bien chaque entaille de Bucino et n'oubliez pas de comparer en vous-même les figures de notre confrère messire Jacopo avec les statues de ceux qui rivalisent à tort avec lui, ce qui nous les fait blâmer avec raison. En somme, informez-vous aussi de la cour, aussi des mœurs des courtisans, comme des œuvres du pinceau et du ciseau, et surtout faites attention aux choses de Parni del Volga, car c'est une admirable intelligence. Cependant, souvenez-vous de ne pas vous perdre tellement dans la contemplation du *Jugement* de la chapelle que vous en oubliiez le départ, et que vous restiez absent tout l'hiver, loin de moi et de Sansovino. »

Titien ne resta à Rome que huit mois. A cette époque, il avait passé la quarantaine; c'est dire que ce voyage modifia peu sa manière; cependant, il disait au retour qu'il avait beaucoup appris. En tout cas, il avait beaucoup regardé, ce qui l'avait empêché de produire beaucoup. Il refit un nouveau portrait de Paul III entre le cardinal Alexandre et Ottavio Farnèse, et un *Ecce Homo*. Et ce fut tout.

De retour à Venise, il eut un nouvel accès de travail et produisit une quantité de tableaux dont nous ne citerons qu'un seul parce qu'il est au Louvre, sous le nom de *Repas d'Emmaüs*. Puis c'est un nouveau déplacement en 1548, une nouvelle visite à l'empereur Charles-Quint, alors à Augsbourg.

Lorsqu'il partit, une foule de citoyens illustres vinrent le voir; il emmenait avec lui son cousin Cesare Vecellio, qui était lui un aide précieux. Cette fois, il séjourna dix mois à la cour de l'empereur, faisant beaucoup de portraits, et arrangeant en même temps ses affaires personnelles.

Parmi les nombreux portraits qu'ils fit, il faut placer, en première ligne, celui de l'empereur qu'il représenta, cette fois, à cheval. Ce portrait est aujourd'hui à Madrid, un peu endommagé par l'incendie de 1608. C'était pour la troisième fois que Charles-Quint croyait ses traits fixés par le pinceau du peintre. Il se serait alors, dit-on, écrié : « J'ai reçu trois fois l'immortalité ! » Dans les promenades qu'il faisait, il affectait toujours de mettre Titien à sa droite, disant devant ses courtisans : « Je puis bien créer un duc, mais où trouverais-je un autre Titien. » C'est lui enfin qui, un jour, ramassa le pinceau que Titien venait de laisser tomber, en disant aux grands de la cour qui trouvaient la chose fort extraordinaire : « Titien mérite bien d'être servi par César. » Si le mot a été prononcé, c'est certainement un des plus heureux que Charles-Quint ait trouvés.

Parmi les autres personnages illustres dont Titien fit alors le portrait, il faut citer le roi Ferdinand, ses deux fils et ses cinq filles, le duc d'Albe, et enfin ce Maurice de Saxe, que Charles-Quint emmenait prisonnier, homme robuste, sanguin. Si l'on veut bien saisir le génie de Titien, il n'y a qu'à comparer le portrait fait par lui et le même fait par l'allemand Lucas Cranach. Tous ces portraits restèrent longtemps au musée de Madrid, dont ils étaient l'ornement, mais ils furent presque tous brûlés dans l'incendie de 1608.

Titien goûta donc à ce moment le bonheur le plus pur ; traité avec distinction par l'empereur, heureux d'avoir marié sa fille Lavinia, que pouvait-il souhaiter ? Mais l'année suivante, en 1556, son ami l'Arétin meurt ; puis c'est son frère aîné, Francesco Vecellio, puis c'est sa fille. Il se représente alors vieux, ridé, tout blanc, à côté de sa fille pleine de force et de santé, accoudé sur une caisse dans laquelle se trouve une tête de mort. Plus tard, Van Dyck fut tellement frappé de cette peinture, qu'il la grava à l'eau forte. Quelque temps après, son fils Orazio faillit être assassiné, victime d'un guet-apens. Titien écrivit alors la lettre suivante à Philippe II, qui avait succédé en Espagne à son père Charles-Quint :

« Invincible roi catholique,

» La méchanceté du sire d'Arezzo, son sujet indigne du titre honorable de chevalier et de sculpteur de César, est cause que, devant écrire à Votre Majesté de choses plus agréables et plaisantes, je dois aujourd'hui me servir de la plume pour lui dire et ses mauvais agissements et mes sujets de plaintes.

» Orazio, son serviteur et mon fils, étaient allé, le carême passé, à Milan à ma place, parce qu'y ayant été appelé par le duc de Lena je n'y pouvais aller, me trouvant alors presque infirme, et, ce qui est plus grave, occupé aux peintures de Votre Majesté. Or il est arrivé que ledit Orazio, après avoir expédié quelques petites affaires, touche mes pensions de Milan, celles qui m'avait été accordées autrefois par la magnificence et libéralité de la glorieuse mémoire de César Son père et qui me devaient être payées par ordre de Votre Majesté. Et sachant le recouvrement de ces fonds, ce Léone d'Arezzo, mû par un instinct diabolique, se mit en pensée de l'assassiner et de lui prendre la vie pour lui prendre l'argent. Et le soir qu'il avait résolu de faire ce coup, se montrant pour Orazio plus prévenant que jamais et joyeux de visage, il l'invite et le prie de rester dans sa maison afin de pouvoir exécuter plus commodément ce qu'avait projeté sa mauvaise âme. Mais Orazio refusant de rester, ce misérable fut forcé, par sa cruelle avidité, d'entreprendre, avant le temps désigné, avec quelques compagnons, ses pareils, l'assassinat prémédité, et feignant toujours de lui faire des caresses, tandis qu'il voulait quitter sa maison, voici qu'un des brigands lui retourne le manteau sur la tête et que tous ensemble l'entourent avec des manteaux et des poignards nus à la main. En sorte que le pauvre Orazio, frappé sur la tête à l'improviste, comme un homme qui ne savait rien de cette trahison et qui ne pouvait se la figurer, en tomba à terre tout étourdi et reçut, avant de se reconnaître d'abord, sept autres blessures très graves. Et il serait resté mort sur la place, si le valet qui était avec lui et qui s'en allait déjà de la maison, emportant quelques tableaux, ne se fût retourné en arrière et n'eût mis l'épée à la main en criant sus aux traîtres qui le blessèrent à son tour misérablement en trois endroits. En sorte que s'il n'avait pas eu ce peu de défense, dont le bruit fut entendu par les voisins, ce qui permit d'enlever à l'assassin l'espoir du butin désiré, celui-ci les aurait, avec ses traîtres compagnons, dépouillés et privés de la vie en même temps que de l'argent au milieu de l'illustrissime cité de Milan et dans sa propre maison, sous prétexte d'amicale hospitalité, en récompense de tant et tant de bienfaits reçus de moi et des miens au temps de ses plus grands malheurs. C'est ce qui fait seulement que j'en souffre et m'en étonne grandement, non que j'estime tous actes impossibles envers qui que ce soit de la part d'un tel homme, car je connais bien sa malfaisante nature, qui l'a fait bannir de tout le territoire vénitien, comme mandataire infidèle. Il a été aussi condamné aux fers par le duc de Ferrare pour falsification de monnaies, mais son diable le fit échapper pour l'employer comme instrument en d'autres mauvaises actions, comme à Rome où il fut finalement condamné à mort sous Paul III pour d'autres énormes délits, ainsi qu'on fera clairement voir à Votre Majesté par les procès que nous lui enverrons ; mais le triste chevalier a esquivé tous les châtiments pour son malheur et afin que Votre Majesté ait avec tant d'autres mérités devant la Majesté de Dieu, celui-là encore de punir ou de faire punir un pareil scélérat qui s'imaginait, en nous privant de la vie, priver Votre Majesté de ce dévouement que nous lui devons tous par la volonté divine. Car si Orazio était mort, je vous le jure par ma foi, je serais, moi aussi, mort de douleur (car dans ma vieillesse impuissante, j'ai placé toute ma vie et toute mon espérance dans sa santé) ainsi privé de ne pouvoir plus servir mon invincible roi catholique, au service duquel je me vante de vivre heureux et très fortuné.

» Je supplie donc Votre Majesté, au nom de cette vertu qui la rend si admirable au monde et si agréable à Dieu, qu'elle daigne, sur ce cas, exécuter la justice qu'on réclame de sa rigueur et de sa bonté infinie, soit en faisant écrire au duc, son lieutenant à Milan, ou à tout autre dans le territoire duquel puisse se trouver ce brigand, soit en ordonnant lui-même ce que lui paraît mériter le plus grand scélérat du monde. Et en me recommandant humblement à la bonne grâce de Votre Majesté, je baise sa royale et catholique main. »

Comme on voit, ce Léone d'Arezzo était, ainsi que le disait Titien, un franc scélérat qui méritait bien la mort. Mais telles étaient les mœurs brutales du temps qu'on ne s'étonnait pas outre mesure des actes abominables d'un Léone; aussi Titien eut beau écrire, lettres sur lettres, au roi d'Espagne, il ne put pas obtenir le juste châtiment que méritait un tel personnage; il ne fut condamné qu'à une amende peu considérable et au bannissement.

Pendant les dix dernières années de sa vie, de 1566 à 1576, Titien montre encore plus d'activité qu'auparavant. Il est surtout occupé à surveiller les gravures que Cornelis Cort et Niccolo Boldrini font de ses tableaux les plus célèbres. Lorsque Vasari passe, en 1574, à Venise, il trouve l'illustre vieillard toujours le pinceau à la main, tremblant un peu, mais ferme encore malgré les douloureux accès de goutte qui venaient de temps en temps lui nouer les articulations. En 1576, éclata à Venise une peste terrible : Titien ne voulut pas fuir devant le fléau; on peut dire qu'il attendit la mort; mais il eut la douleur de voir partir avant lui ce fils Orazio pour lequel il avait plaidé si chaleureusement auprès du roi d'Espagne.

« Leur maison, restée déserte et sans surveillance, ouverte à tous venants, fut pillée de la cave au grenier. La plupart des tableaux, tous les bijoux, tous les petits meubles, tous les papiers disparurent avant que la police parût. Une proclamation faite, l'année suivante, par le conseil criminel pour inviter la population à dénoncer les voleurs, ne fit rentrer dans les mains des héritiers qu'un petit nombre de ces objets précieux, parmi lesquels se trouvait sans doute une correspondance volumineuse dont la perte est irréparable. Cependant, au milieu de l'épouvante générale, les magistrats de la République se réunirent pour déclarer qu'il y avait lieu de déroger aux décrets sanitaires en l'honneur d'un si grand homme et que, malgré les lois interdisant la sépulture dans l'intérieur de la ville, Titien serait, suivant sa volonté, enseveli dans l'église Santa-Maria-dei Frari, à laquelle il avait destiné sa première peinture une *Pieta*. Le 23 août, les chanoines de Saint-Marc se rendirent en grande pompe à la maison dévastée, et, au milieu d'une population atterrée et respectueuse, transportèrent processionnellement le cadavre dans la chapelle du Crucifix sous la protection de ses deux chefs-d'œuvre : la *Vierge du Pesaro* et *l'Assomption*. Les artistes de Venise, convoqués sur-le-champ, avaient aussi projeté de lui faire des funérailles magnifiques, mais la nécessité d'un ensevelissement précipité et la persistance du fléau les obligèrent à renoncer à l'exécution de leur programme. »

Ajoutons, pour terminer, qu'en 1838 on fit une souscription qui permit de lui élever un mausolée en marbre. Ce monument fut terminé en 1852 seulement, et se trouve aujourd'hui en face de celui de Canova.

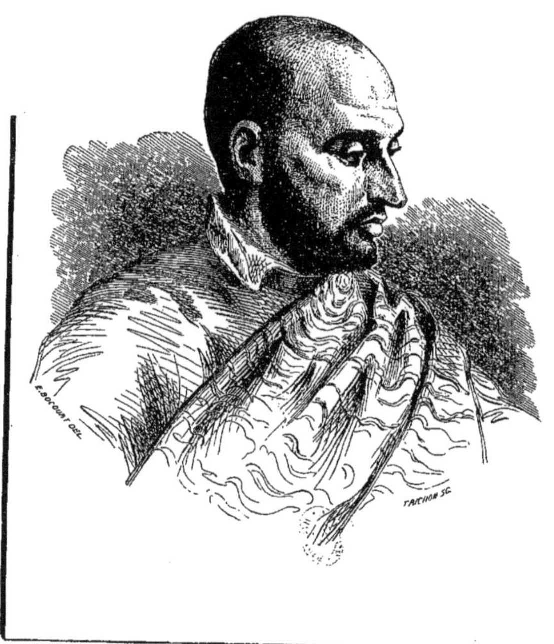

Portrait de Paul Véronèse.

VI

PAUL VÉRONÈSE

1528-1588

L'ÉCOLE VÉNITIENNE

Le palais ducal, à Venise, édifice gigantesque et grandiose dans lequel « les premiers magistrats d'une république de marchands étaient plus spacieusement logés que les potentats de l'ancienne Asie, » est rempli des œuvres de la plupart des peintres vénitiens. Mais nulle part elles ne sont aussi abondantes que dans la salle du Grand Conseil. Celle-ci mesure cent cinquante pieds de long sur soixante-quatorze de large : les plafonds sont couverts de dorures, de sculptures, de peintures. Des tableaux d'histoire, peints sur place et de dimension colossale, couvrent partout les murs; on y lit les noms du Tintoret, de Caliari, de Zuccari, du Bassan, de Paul Véronèse, et de plusieurs autres grands maîtres de l'école vénitienne. Le tableau, placé derrière le trône du doge, représentant le jugement dernier et la gloire des élus (par le Tintoret), a environ soixante pieds de long, sur une hauteur proportionnée. Les exploits des grands hommes de la république ont fourni presque tous les sujets de ces tableaux. Dans tout le palais, d'ailleurs, on admire une profusion de peintures qui sont presque toutes des chefs-d'œuvre. C'est que, de toutes les écoles italiennes, celle de Venise fut l'une des plus brillantes, — la plus brillante peut-être. En tout cas, la peinture fut en honneur dans cette ville bien plus tôt que dans les autres cités de l'Italie.

En effet, par suite de ses relations commerciales avec l'Orient, Venise reçut de bonne heure la visite d'artistes et d'ouvriers mosaïstes byzantins : leurs travaux inspirèrent aux Vénitiens le désir de les imiter ; puis, le goût se formant et s'épurant, la production originale commença et se développa rapidement. Jean de Venise et Martinello de Bassano brillèrent au XIIIe siècle, Esegregno et Alberegno au XIVe. Toutefois, l'époque vraiment brillante de l'école vénitienne ne commença guère qu'au milieu du XVe siècle, mais se prolongea jusqu'au XVIIe. Parmi les peintres célèbres de cette école, nous citerons les deux Bellini, le Giorgione, le Titien, Sebastiano del Piombo, le Tintoret, Paul Véronèse, les deux Palme, puis Pâris Bordone, Jacopo de Ponti dit *Bassan*, le Parmessan, et enfin le chevalier Liberi, Jean-Baptiste Tiepolo, Antoine Canal (plus connu sous le surnom de Canaletti), et la célèbre Rosa Alba Carriera qui s'est illustrée sous le nom de Rosalba.

Cette rapide énumération montre combien fut vaillante et vigoureuse l'école qui produisit tant d'artistes illustres ou célèbres, parmi lesquels le Titien et Paul Véronèse jettent un incomparable éclat. Si l'école romaine « a en quelque sorte le privilège d'un dessin à la fois noble et pur, de compositions réfléchies et savantes, » celle de Venise « s'offre avec le prestige de son coloris, qui fut le plus vrai, le plus brillant, le plus goûté de tous ceux que l'on distingue dans les écoles chrétiennes. »

Bien que ce volume ne soit consacré qu'aux peintres les plus illustres, il convient, croyons-nous, d'accorder quelques lignes aux deux frères Bellini (Gentile, né à Venise en 1421, et Giovanni né dans la même ville en 1426), considérés comme les fondateurs de la grande école vénitienne. Leur père, peintre de médiocre talent, leur donna les premières notions de son art, puis les laissa libres de travailler à leur guise. Ils s'illustrèrent assez rapidement et eurent la gloire d'être les maîtres du Giorgione et du Titien. La République de Venise, voulant perpétuer sur les vieilles murailles de la salle du grand Conseil de son palais ducal quelques-unes des actions les plus glorieuses pour la patrie, raconte M. F. Valentin, « commanda aux Bellini l'histoire d'Alexandre III, de ce pape que Venise, sortie victorieuse de sa lutte avec l'empereur Frédéric Barberousse, avait replacé sur le trône de Saint-Pierre. Les deux frères acceptèrent avec reconnaissance une tâche aussi vaste, et peignirent une suite de tableaux, perdus plus tard dans un incendie, mais dont quelques-uns, heureusement, ont été conservés par la gravure. Ces immenses compositions, pleines de mouvement, de perspective et de profondeur, sortaient de l'immobilité des siècles précédents, et la science y prenait de beaux développements.

« C'était à l'époque où la malheureuse Byzance venait de succomber sous les coups des sauvages Osmanlis. Mahomet II, ayant eu occasion de remarquer dans la ville conquise quelques tableaux des peintres italiens, fut si émerveillé qu'une main humaine pût exécuter de semblables chefs-d'œuvre, qu'il voulut en voir produire sous ses yeux. Il écrivit donc à la République pour la prier de lui envoyer un peintre. Venise, fière de cet hommage rendu en elle à la civilisation européenne, empressée d'ailleurs de déférer au vœu d'un conquérant aussi redoutable, fit choix de Gentile. C'était un noble rôle que celui dont le peintre était investi. Missionnaire de la renaissance des arts, il allait initier à leur charme le peuple le plus barbare du monde. L'heureux artiste, transporté à Constantinople sur une galère de l'État, y fut reçu avec de grands témoignages d'estime. Le sultan, sans s'inquiéter de la loi du prophète qui défend les images, commença par lui faire faire son portrait; il lui commanda ensuite plusieurs autres travaux. Telle était son admiration, qu'il ne pouvait se lasser de le voir travailler, et il l'avait pris en grande affection, lorsqu'un évènement imprévu vint dégoûter, pour toujours, Gentile de la vie musulmane. L'artiste, ayant représenté la *Décollation de Saint-Jean*, montra son tableau au Grand-Seigneur, qui, tout en l'admirant, lui fit remarquer qu'il avait mal rendu le retrait qu'éprouvent les chairs du cou après une exécution, et, pour prouver la justesse de sa critique, il ordonna d'amener un esclave qu'il fit décapiter à l'instant sous les yeux de l'artiste. Gentile, saisi d'horreur, craignant qu'un homme capable d'une aussi froide cruauté n'eût un jour la fantaisie de faire servir son artiste favori à quelque nouvelle démonstration, demanda aussitôt à retourner dans sa patrie. Mahomet ne consentit qu'à regret à son départ, et le combla de riches présents; il lui donna même une lettre de recommandation pour la Sérénissime République. De retour à Venise, Gentile exécuta encore plusieurs grands travaux, et mourut en 1501, aimé, honoré de tout le monde, et fort regretté de son frère. »

Celui-ci lui survécut pendant près de quinze années; il vécut jusqu'à quatre-vingt-dix ans. Le dernier vœu de Giovanni fut d'être enterré à côté de Gentile, son frère chéri, ce qui fut fait avec de grandes marques d'honneur.

LE GÉNIE DE PAUL VÉRONÈSE

Paul Véronèse avait l'habitude de dire à ses enfants et à ses élèves que *de s'appliquer à la peinture sans un don naturel, c'était semer sur les ondes.* Nul peintre ne posséda, comme lui, ce *don naturel* : en effet, ses qualités furent par excellence « celles du génie, qui ne se transmettent guère. » C'est ce qui faisait dire au Guide, célèbre peintre de l'école bolonaise (1575-1642), « que s'il » avait à choisir entre tous les peintres, il voudrait être Paul » Véronèse; que dans les autres on reconnaissait l'art, au lieu » que dans celui-ci la nature se montrait dans toute sa vérité. »

Paolo Caliari, comme l'indique le surnom de *Paul Véronèse* sous lequel il est si connu, naquit à Vérone en 1528, « suivant les registres de la paroisse de San Samuel, où il demeurait, à

Venise, registres dans lesquels Zanetti a lu lui-même que Véronèse était mort en 1588, âgé de soixante ans, » — nous dit M. Charles Blanc (1), qui raconte de la façon suivante les premières années de la vie de l'illustre peintre :

« Gabriel Caliari, père de Paul, était sculpteur, et naturellement, il lui enseigna son art; mais, tout en apprenant à modeler des figures d'argile, *Paolino* montrait tant de goût pour la peinture, qu'on le fit entrer dans l'école d'Antoine Badile, son oncle, peintre habile et gracieux, qui était alors en grande réputation à Vérone. Ce fut là son unique maître, suivant Ridolfi; mais Vasari, qui écrivait quatre-vingts ans plus tôt, assure que Paul fut aussi l'élève de Giovanni Caroto, peintre véronais, et l'on n'en peut douter, puisque Vasari tenait le fait de Caroto lui-même, avec lequel il était en relations d'amitié.

» Il est singulier qu'un peintre qui devait avoir tant de souplesse et d'ampleur dans ses draperies, eût appris à les dessiner d'après les Estampes d'Albert Durer et de Lucas de Leyde, où elles sont si raides, si métalliques, si anguleuses, et pourtant il est certain que les gravures de ces illustres maîtres furent les premiers modèles que copia Paul Véronèse dans ses loisirs d'écolier. Ces gravures et quelques dessins du Parmesan dont il goûta l'élégance, les grandes tournures et le sentiment, contribuèrent à éveiller ses pensées, et, bien que l'étude lui fût moins nécessaire qu'à d'autres, doué qu'il était du plus facile génie, on le vit travailler avec ardeur, mettre à profit toutes les fatigues que pouvait endurer un corps robuste, et cultiver le dessin qui était en général la partie de l'art la plus négligée, à Vérone comme à Venise. Antoine Badile avait été le premier à faire entièrement disparaître les dernières traces de l'art gothique; il avait donné l'exemple d'une touche franche, d'une peinture pleine de morbidesse, d'un style aimable, riche et gracieux. Paul Caliari suivit les errements de son maître, et il n'eut pour cela

(1) Histoire des peintres de toutes les écoles depuis la Renaissance jusqu'à nos jours. — Vve Jules Renouard, à Paris.

qu'à s'abandonner à ses propres inclinations. Chargé de peindre une *Vierge* dans l'église de San Bernardino de Vérone, où Badile avait déjà peint un Lazare ressuscité, il y fit briller les premières lueurs de son génie et s'annonça comme un artiste qui allait orner richement tous ses tableaux, habiller pompeusement toutes ses idées, toutes ses figures.

» Il était fort jeune encore, lorsque le cardinal Hercule de Gonzague le fit venir à Mantoue avec trois autres peintres véronais déjà célèbres dans leur pays : Battista del Moro, Paolo Farinato degli Uberti et Domenico Riccio, surnommé Brusasorci, et regardé comme le Titien de Vérone. Il s'agissait de décorer la cathédrale de Mantoue qui venait d'être rebâtie par Jules Romain. Le cardinal, établissant une espèce de concours entre ces quatre Véronais, leur fit faire quatre tableaux, qui devaient être mis en regard l'un de l'autre. Celui de Paul représentait les *Tentations de saint Antoine*. On y voyait le saint abbé bâtonné par le démon, tandis que l'esprit malin cherchait à le séduire d'autre part. Caliari, dans ce morceau, l'emporta sur ses concurrents; mais, de retour à Vérone, il s'aperçut qu'il aurait là plus de peine qu'ailleurs à obtenir le premier rang, et que l'on n'est pas facilement un grand peintre dans son pays. Il passa donc à Tiene, dans le Vincentin, accompagné de Battista Zelotti, son condisciple, et ensemble ils peignirent, dans le palais collatéral Partesco, des assemblées de joueurs, des chasses, des banquets, des danses et aussi quelques sujets tirés de la mythologie ou de l'histoire, *les Amours de Vénus et de Vulcain*, *le farouche héroïsme de Mutius Scævola*, *les Festins de Cléopâtre*, et cette belle *Sophonisbe* qui, vengeant par sa beauté les Numides vaincus, devint l'épouse de leur vainqueur. Toutes ces peintures, adaptées aux divers compartiments des murailles, étaient séparées par des figures en grisaille. Zelotti, élevé à la même école que Véronèse, avait de plus étudié à Venise sous les yeux du Titien. Moins habile que Paul dans la peinture à l'huile, il le surpassait dans la fresque, au jugement de Véronèse lui-même;

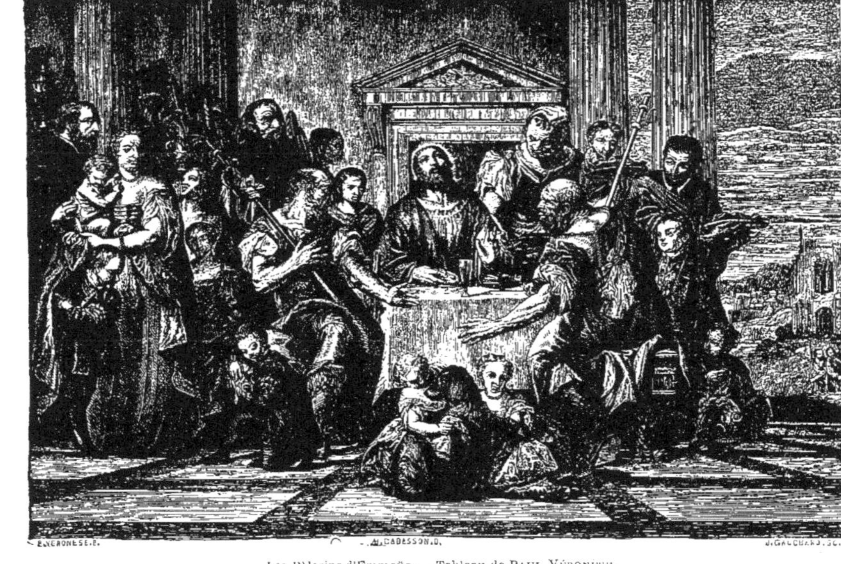

Les Pèlerins d'Emmaüs. — Tableau de PAUL VÉRONÈSE.

et sa collaboration lui était d'autant plus précieuse que Zelotti corrigeait ce qu'il y avait de trop capricieux dans les compositions de son ami, en même temps qu'il mettait à son service un sentiment plus élevé du style, un pinceau léger et des tons pleins de chaleur. Les deux amis, aidés d'un jeune artiste vicentin, Antoine Fasolo, qui était comme l'élève de Véronèse, s'associèrent encore pour peindre à fresque la maison du sieur Emi, au village de Fanzolo, dans le Trévisan : puis ils se séparèrent, Zelotti ayant été appelé à Vicence, et Caliari, impatient de se produire sur un plus grand théâtre, ayant eu le désir d'aller à Venise.

» Sans connaître au juste l'époque où Véronèse fit ce voyage, on est certain qu'il n'avait pas encore vingt-cinq ans. A ce moment le Titien en avait plus de soixante-quinze, et il ne se doutait guère qu'il s'élèverait après lui un artiste capable de maintenir la peinture vénitienne dans l'état de splendeur où lui, Titien, l'avait mise. Du reste, il faut croire que Véronèse demeura quelque temps obscur à Venise, car, en 1557, Louis Dolce écrivait dans son *Dialogue sur la peinture :* « Pour le présent, je » crains bien que la peinture n'aille se perdre de nouveau, car » on ne voit aucun de nos jeunes gens qui prenne l'essor et qui » fasse présager un talent supérieur, et ceux qui pourraient y » parvenir, paraissent entraînés par le goût de l'argent beau» coup plus que par l'amour de la gloire. » Il semblait, en effet, qu'après le Titien, il ne restait plus rien à faire à l'école vénitienne dans la voie que Giorgione lui avait ouverte. Le vieux peintre dut donc éprouver une grande surprise quand il vit, pour la première fois, les vastes et prodigieuses peintures qu'improvisait un artiste sorti d'autre part que de son école. Et nul doute qu'à son tour, Véronèse, en mettant le pied à Venise, n'ait été ébloui du spectacle de cette ville opulente, la plus magnifique alors de l'univers, de cette ville toute colorée des fresques du Giorgione, des savoureuses peintures du vieux Palme, des toiles merveilleuses du Titien. Pour un homme qui était surtout sensible aux choses extérieures, c'était un séjour enchanté que celui de Venise. Ces palais de marbre, avec leurs légers balcons et leurs fenêtres arabes, les élégantes façades de Palladio, les dômes blancs se détachant sur l'outre-mer du ciel, ces églises pavées de mosaïques, revêtues de bas-reliefs tour à tour grecs, byzantins ou moresques, allaient servir de fond aux populeuses toiles que rêvait le génie de Paolino. Les places, les quais et les ponts lui offraient une multitude toujours mouvante d'Arméniens, de Grecs, d'Esclavons, de Barbaresques, et tous ces marchands, qui faisaient briller au soleil leurs étoffes de taffetas, leurs pesants camelots, chamarrés de toutes couleurs, leurs beaux turbans, leurs armes incrustées de turquoises et d'émeraudes, étaient comme autant de modèles qui seraient venus tout exprès de l'Orient pour se faire peindre par Véronèse. »

PAUL VÉRONÈSE A VENISE

Dès le début de son séjour dans la ville maritime, alors la plus commerçante et la plus animée de l'Europe, Paul Véronèse étudia les œuvres et la manière du Giorgione, du Titien et du Tintoret, qui tenaient alors, à Venise, le sceptre de la peinture. Puis, il abandonna sensiblement la manière de ces grands maîtres « en adoptant une élégance plus recherchée et une plus riche variété d'ornements. »

Différents travaux que Véronèse exécuta pour des grands seigneurs, entre autres pour Daniel Barbaro, patriarche d'Aquilée, attirèrent l'attention sur le jeune peintre. Une de ses fresques, représentant l'histoire d'Esther, excita l'admiration générale. Le Sénat vénitien crut alors devoir lui confier des travaux importants : on venait de décider que les vieilles peintures du palais ducal seraient renouvelées; Véronèse fut choisi pour y travailler avec le Tintoret et Horace Vecelli, fils du Titien. Un peu plus tard, lorsqu'il fut question de décorer la bibliothèque de Saint-Marc, qui venait d'être reconstruite, Véronèse fut, de suite, désigné en tête des artistes choisis pour ces travaux. Dès cette époque, on lui assignait le premier rang, à Venise, après le Titien. Les peintures qu'il fit à la bibliothèque de Saint-Marc lui valurent un véritable triomphe.

Alors, comme pour faire jouir sa famille de sa gloire, Véronèse « alla passer quelque temps à Vérone. Il y fut retenu par les Pères de San-Nazaro, qui lui donnèrent à peindre le grand réfectoire de leur communauté. C'est là que Paul fit un grand tableau du *Repas chez Simon le Pharisien,* à peu près semblable à celui qui fut donné à Louis XIV par la république de Venise, et qui est aujourd'hui au Louvre. La scène se passe sous un portique dont les colonnes portent un frontispice orné à la frise de bucranes et de guirlandes, et soutenu aux angles par des figures de satyresses, belles dans leur difformité. Les principaux personnages sont le Christ, la Madeleine, Simon et Judas. La blonde pécheresse est aux pieds du Sauveur; elle les oint de parfums et les essuie avec ses cheveux d'or. Simon la regarde avec admiration, étonné de sa beauté convertie, de son amour, de la grâce involontaire qui a survécu à son repentir; Judas, de l'autre côté de la table, semble déplorer la perte des précieux parfums que répand la Madeleine, tandis que de nombreux serviteurs distribuent les mets du festin, apportent de magnifiques vases, ou sourient aux gentillesses d'un singe que font jouer des bateleurs en livrée. Dans ce tableau, Véronèse inaugura le style qui vraiment était le sien, et que nous lui verrons déployer par la suite avec une pompe d'imagination sans égale. »

A peine rentré à Venise, Véronèse en repartit pour accompagner, à Rome, son ami Girolamo Grimani, qui était envoyé auprès du Saint-Siège par la République, en qualité d'ambassadeur. Là, l'artiste vit avec enthousiasme les œuvres de Michel-Ange et de Raphaël. A son retour de la ville éternelle, il peignit sa belle *Apothéose de Venise* et tous ces admirables festins, recommencés et variés à l'infini, qui lui étaient commandés pour orner les réfectoires des divers couvents de la république vénitienne. On désigne d'ordinaire ces magnifiques tableaux sous l'appellation de « *les grandes Cènes de Paul Véronèse.* » La première, et peut-être la plus belle, est celle qu'il fit pour le réfectoire des Pères de Saint-Georges-Majeur, dans une île délicieuse, située vis-à-vis le palais ducal. C'est, dit M. Charles Blanc, qui en fait une belle et minutieuse description, « c'est le superbe tableau des *Noces de Cana*, que nous avons au Louvre. Sous le rapport de la peinture proprement dite, il n'en est guère de plus étonnante dans tout le royaume de l'art. Cent trente figures environ s'y meuvent à l'aise, en plein air, au soleil, non pas sous l'âpre ciel de la Palestine, mais sous le ciel tendre de Venise. Le banquet est servi dans la cour intérieure d'un palais de marbre, à deux pas d'un portique en brocatelle rose de Vérone. Au loin, par-delà une terrasse à balustrade, on aperçoit un campanile et d'autres palais ornés de statues, qui forment, avec le ciel, un encadrement des plus nobles. Le peintre nous fait arriver au moment où s'accomplit le miracle qui changea l'eau en vin. Jésus-Christ est assis dans le fond, au centre de la table, qui revient en fer à cheval, sur le devant de la composition. A cette même table, sur la gauche, figurent les souverains illustres du XVIe siècle, François Ier, Charles-Quint, le sultan Achmet II, la reine Marie d'Angleterre. Le marié, beau jeune homme à barbe noire, vêtu de pourpre et d'or, est représenté sous les traits d'Alphonse d'Avalos, marquis de Guast, et la mariée est le portrait d'Eléonore d'Autriche, sœur de Charles-Quint et reine de France. Plus loin, se fait remarquer une femme élégante, qui tient un cure-dent; on la nomme Vittoria Colonna, marquise de Pescaire; à droite, sont des cardinaux et des moines... Au premier plan de ce vaste tableau, qui n'a pas moins de trente pieds de long sur vingt de hauteur, on distingue un groupe de musiciens aux physionomies pleines de caractère et d'intelligence; ce sont les grands peintres de Venise. Le vénérable octogénaire qui tient une contrebasse, la tête penchée sur le cahier de musique, s'appelle Titien; le vieux Bassan joue de la flûte; Paul Véronèse s'est peint lui-même en habit blanc, jouant du violoncelle; et, à côté de lui, le Tintoret, sur un instrument semblable, paraît jouer sa partie dans ce quatuor illustre. Celui qui, debout près de Véronèse, et vêtu d'une robe de brocart, tient une coupe de vin, est, dit-on, Benedetto Caliari, frère du peintre. La salle du festin est remplie de serviteurs en mouvement, qui versent dans des vases précieux ou distribuent aux convives cette liqueur généreuse que vient de créer la parole d'un Dieu. Un nègre en présente une coupe aux mariés. Sur la galerie découverte, qui s'élève en face du spectateur, passent et s'agitent des valets empressés, qui portent des plats fumants, découpent des viandes, ou vont chercher au buffet de la vaisselle d'argent et d'or. Oui, ce tableau des *Noces de Cana* est le triomphe de Paul Véronèse, et peu s'en faut que ce ne soit le triomphe de la peinture. Ah! sans doute, une pareille composition n'est point pour satisfaire l'esprit, pour toucher le cœur, comme la *Cène* sublime du grand Léonard. La religion, l'histoire, les convenances, n'ont rien à voir ici : tout est insensé et ravissant. La principale figure se remarque à peine; les accessoires n'ont pas moins d'importance que les personnages, les costumes sont aussi intéressants que les têtes. Tel nègre, tel nain, tel couple de lévriers blancs, se voient presque autant que le dieu du festin. Il semble que le peintre ait pris plaisir à renverser toutes les lois de l'art. Mais quelle pompe de décoration! quel air de fête dans ce banquet plein de bruit, plein de joie, plein de monde!... — Paul Véronèse avait trouvé là le véritable secret de son génie. Aussi, quand on eut découvert à tous les yeux cette grande machine, ce fut l'objet d'une admiration universelle, surtout parmi les peintres. On juge quelle impression durent faire les *Noces de Cana* sur d'aussi vaillants praticiens que Bassano et Tintoret. Titien ne rencontrait plus Véronèse dans les rues de Venise, qu'il ne l'embrassât comme un fils.....

« Tous ces travaux avaient enrichi Véronèse, malgré la modération des prix qu'il mettait à ses ouvrages..... Chaque jour, il augmentait sa fortune par une fécondité prodigieuse, par un infatigable labeur, et le vieux Titien laissant à peu près le champ libre aux peintres de Venise, c'était Véronèse qui partageait avec le Tintoret les plus importants travaux. Il couvrait des toile immenses, et cherchait dans l'histoire sacrée ou profane tout ce qui pouvait se prêter à la mise en scène d'un magnifique spectacle. »

Une autre des *Cènes* de Véronèse représente le Repas de Jésus-Christ chez Simon le Pharisien; on y voit la Madeleine pécheresse parfumer les pieds du Sauveur. Ce tableau avait été peint pour le réfectoire des Servites de Venise : Louis XIV le demanda aux révérends Pères, qui refusèrent de s'en dessaisir; mais la république le leur fit enlever pour en faire hommage au souverain de la France.

Paul Véronèse, s'étant un jour mis en sueur en suivant une procession jubilaire instituée par le pape Sixte-Quint, fut saisi d'un refroidissement qui causa sa mort au mois de mai 1588. On l'enterra dans l'église Saint-Sébastien, toute brillante de ses glorieuses peintures. Ses fils et son frère firent placer, près de l'orgue, son buste en marbre sculpté par Carnero; et sur la pierre de sa tombe fut gravée cette simple inscription :

PAOLO CALIARIO VERON-PICTORI CELEBERRIMO
FILY, ET BENEDIC. FRATER PIENTISS.
ET SIBI POSTERIS QUE
DECESSIT XII KALEND. MAY MDLXXXVIII.

Outre les *Noces de Cana* et le *Repas chez Simon le Pharisien*, dont nous avons parlé tout à l'heure, notre Musée du Louvre possède dix autres toiles de Paul Véronèse, parmi lesquelles nous citerons : *Loth et ses filles*, *Suzannne au bain*, l'*Evanouissement d'Esther*, la *Vierge et l'Enfant Jésus*, les *Pèlerins d'Emmaüs*. La France possède, depuis plus d'un siècle, ce dernier tableau qui a longtemps décoré le salon d'Hercule à Versailles.

ANACHRONISMES

Paul Véronèse est, sans contredit, un des plus grands artistes de l'Italie. Il avait une prodigieuse facilité d'exécution ; il se distingue par la vivacité, la fécondité et la grandeur de l'imagination, « le doux éclat d'une couleur argentine, la beauté et la grâce des têtes, l'élégance et la variété des ornements. On désirerait plus de choix dans ses poses, plus de finesse dans ses expressions, plus de goût dans le dessin et dans le costume, où il a commis de bizarres anachronismes. »

Toutefois, on ne peut se lasser d'admirer les plans magnifiques et bien disposés de l'illustre peintre de Vérone, — remarque judicieusement M. F. Valentin, — « ainsi que les beaux fonds d'architecture dont il embellissait ses tableaux. Ses compositions retracent parfaitement l'ancienne magnificence de la république de Venise, à cette époque fameuse où, maîtresse des mers et du commerce de l'Europe, elle recevait dans ses eaux les navires de toutes les nations commerçantes. C'était sur les quais, sur les places publiques de cette cité que les Turcs, les Levantins, les peuples des diverses contrées de l'Afrique et de l'Asie, étalaient la richesse et la variété de ces brillants costumes que le pinceau de Véronèse a reproduits avec une si rare fidélité. Malheureusement, l'artiste qui créait de si belles choses ne possédait pas la science des convenances historiques. S'abandonnant aveuglément à l'impulsion de son génie, il se contentait d'ajuster ses figures à la mode de son siècle, sans s'occuper des anachronismes choquants qui résultaient de cette méthode... — Le caractère de Véronèse ressemblait beaucoup à celui du Titien ; comme le grand peintre, il était l'ami de la vertu et le soutien des malheureux. On cite de lui un trait qui prouve sa libéralité en même temps que la prodigieuse facilité de son pinceau. Il était allé passer quelque temps dans une villa, aux environs de Venise. Pour reconnaître l'aimable réception que ses hôtes lui avaient faite, il peignit secrètement un tableau représentant la famille de Darius aux pieds d'Alexandre, et le laissa dans sa chambre en s'en allant. C'était une composition de vingt figures de grandeur naturelle : quoique faite avec tant de précipitation, elle était pleine de charme et de perfection. »

Semblable, écrit de son côté M. Charles Blanc, « à ces femmes charmantes, auxquelles il arrive de séduire ceux-là mêmes qui les veulent moraliser, Véronèse, en se jouant des règles dictées par la raison ou imaginées par les pédants, enchante les érudits autant que les simples et ne permet, à l'historien comme au critique, d'autre sentiment que celui de l'admiration. Pour peu qu'on aime la peinture, en effet, c'est un ravissement continuel que de voir les œuvres de ce grand artiste. Le soleil et la joie y brillent de toutes parts. Des femmes pleines de santé, de jeunesse et de grâce, s'y montrent parées de leurs plus beaux atours. L'humanité, l'histoire n'y apparaissent qu'en habits de fête, et la religion elle-même y prend une figure souriante. Si Véronèse représente le Fils de l'homme, c'est lorsqu'il change l'eau en vin aux noces de Cana, ou bien au milieu du repas chez Simon le Pharisien, ou dans le festin qu'il accepta chez Lévi, ou bien, encore, à table avec les disciples d'Emmaüs. Dans ses tableaux, l'antique se couvre du costume moderne sans gaucherie, et les héros de son temps s'y trouvent mêlés avec les grandes figures de l'Evangile sans paraître aucunement surpris de s'y rencontrer ensemble, car les convenances de la chronologie ne l'embarrassent pas plus que celles des habillements et des coutumes. Pourvu que la scène représentée soit pittoresque, il lui importe peu qu'elle soit traitée conformément aux exigences de la philosophie, de la vérité historique, de la morale; Véronèse n'est ni un penseur, ni un historien, ni un moraliste; c'est tout simplement un peintre, mais un grand peintre. »

Benedetto Caliari, celui des frères de Paul Véronèse dont il a reproduit les traits dans le tableau des *Noces de Cana,* fut également peintre et non sans valeur. Deux fils de l'illustre artiste de Vérone s'adonnèrent aussi à la peinture et y remportèrent quelques succès.

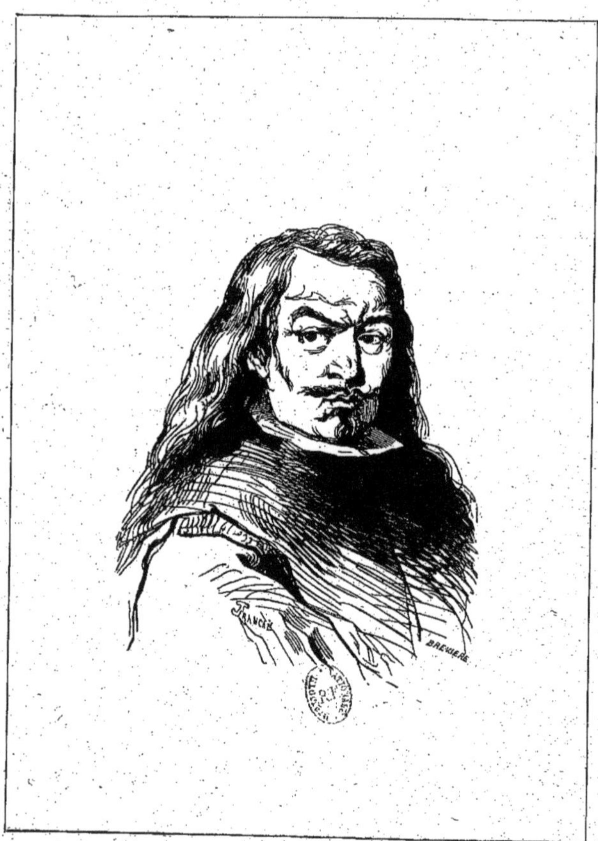

Portrait de Murillo.

VII

MURILLO

1618-1682

L'ÉCOLE ESPAGNOLE

Les peintres de l'école espagnole ne sont guère connus en France que depuis le commencement du présent siècle. Il a fallu que Napoléon Ier fît l'expédition d'Espagne pour nous faire connaître, et, plus tard, apprécier les œuvres de ces grands génies qui s'appellent Velasquez, Ribéra, Murillo, Alonzo Cano, etc. En effet, le maréchal Soult avait rapporté dans ses fourgons plusieurs toiles de ces maîtres. Ce furent les premiers tableaux de l'Ecole espagnole que l'on vit à Paris.

Et pourtant cette école avait brillé d'un grand éclat pendant tout le XVIIe siècle. Dès le XVe, Juan-Sanchez de Castro avait fondé à Séville la première école de peinture. Plusieurs autres artistes, tels que Antoine del Ricon, Pedro et Alonzo Berrugete, Juan-Fernandez Navarrette, Luis de Vargas, Pallo de Cespedes, etc., avaient déjà orné de leurs œuvres les couvents, les églises et les palais de la Péninsule ibérique lorsque le roi, Philippe IV, chargea Velasquez de fonder à Madrid une académie de peinture.

Don Diego Velasquez de Silva, né à Séville en 1599, descendait en ligne directe de la très noble maison des Silva. Après avoir terminé ses études classiques, il étudia la peinture, d'abord sous la direction de Francesco Herrera, surnommé le *Vieux*, puis sous celle de Francisco Pacheco, et ne tarda pas à surpasser ses maîtres. Il avait déjà une certaine réputation, lorsque Philippe IV lui commanda son portrait : le souverain fut si satisfait de l'œuvre de l'artiste qu'il le nomma son premier peintre. Dès lors, ce ne fut plus pour Velasquez qu'une suite ininterrompue de succès et de triomphes. Il mourut à Madrid, le 7 août 1660, âgé de soixante-et-un ans. « Ses obsèques, pour lesquelles le roi voulut qu'on n'épargnât aucun honneur et aucune magnificence, furent suivies par toute la cour et par tous les artistes. » Velasquez avait entretenu, pendant sa vie, de cordiales relations d'amitié avec Rubens et avec Ribéra.

José Ribéra, né à San-Felipe, auprès de Valence, le 12 janvier 1588, avait été destiné par sa famille à la carrière militaire. Mais la vocation du jeune homme fut plus forte que la volonté paternelle. Il entra dans l'atelier de Francisco Ribalta. Au moyen de fortes études, sous la direction de ce maître distingué, dit M. F. Valentin, « il fit des progrès assez rapides pour qu'on lui confiât quelques travaux ; mais aussitôt s'éveilla chez lui le désir passionné d'aller étudier l'art à sa source ; il ne rêva plus que Rome et ses merveilles. Parents, patrie, amis, rien ne put le retenir. Il partit avec son frère aîné qui allait prendre le commandement d'une compagnie de cavaliers espagnols dans le royaume de Naples. Les deux frères ne tardèrent pas à être séparés par les événements de la guerre, et José demeura sans appui, sans ressource dans un pays dont il ne comprenait même pas la langue. Toutefois, il ne se découragea pas; il se rendit à Rome comme il put. Arrivé dans cette capitale du monde artiste, demi-nu, couvert de haillons, il y vécut des bribes de pain que lui accordait la charité des passants, faisant de la rue son atelier et d'une borne son chevalet, copiant les statues, les fresques et tout ce qui s'offrait à ses regards. Un jour qu'il dessinait, avec une profonde attention, la façade d'un riche palais, le cardinal Borgia, venant à passer en carrosse, fut si touché à la vue de tant de misère et de tant de talent, qu'il emmena le jeune homme chez lui, le fit habiller décemment et l'admit parmi les officiers de sa maison; mais, au bout de quelques mois passés sans occupation sérieuse, dans l'antichambre du cardinal, Ribera se prit à regretter son indépendance et à rougir de l'abaissement où il était tombé. Il sentit se réveiller au fond de son cœur cet amour de l'art, ces espérances d'avenir, cette soif de science et de gloire qui l'avaient amené de Valence à Rome. Un beau matin, il laissa la brillante livrée, les repas somptueux, pour reprendre ses haillons, et recommença joyeusement sa vie de pauvreté, de travail et de liberté. Seul avec son imagination, il s'en alla de nouveau par la ville, insouciant, dormant au soleil, dessinant tous les objets qui frappaient ses regards; et, lorsque la faim se faisait sentir, il cédait ses dessins pour une poignée de figues ou un morceau de pain à ses camarades, qui, faute d'autre nom, l'avaient surnommé le petit Espagnol (*lo Spagnoletto.*) » Le surnom lui est d'ailleurs resté : on le désigne encore fréquemment sous l'appellation de l'*Espagnolet.*

Tels furent les débuts artistiques de Ribera. Marié avec une Napolitaine, c'est en Italie qu'il obtint ses premiers succès et qu'il parvint à la gloire. Ce fut également l'Italie qu'il habita jusqu'à sa mort, en 1659.

IDÉALISME ET EXPÉRIENCE

Avec Murillo, dit M. Charles Blanc, « nous allons passer en revue la création, parcourir l'univers, non pas seulement tel que Dieu le fit, mais tel que l'imagination des hommes l'a peuplé, par-delà les mondes visibles. L'extrême réalité dans ce qu'elle a de plus grossier tout ensemble et de plus pittoresque, les êtres imaginaires en leur expression la plus suave; l'ombre épaisse des ténèbres d'ici-bas et les lueurs éthérées du ciel; la grâce, la beauté svelte et pure des séraphins impondérables, et la misère du mendiant insurgé contre les immondes habitants de sa guenille; toutes les faces de la vie, tous les accidents de la lumière, soit qu'elle émane miraculeusement des célestes royaumes, soit que répandue sur la terre, elle y fasse briller figures et paysages; tout cela pour Murillo est du domaine de son art... que dis-je? entr'ouvrant la voûte azurée, il s'élève jusqu'à la contemplation des lumineuses demeures où le croyant espère une félicité sans égale et sans fin; il voit tourbillonner autour de la Vierge des essaims d'enfants radieux dont son génie fait des anges; il nous montre dans l'air comme une pluie de chérubins, qui, plus légers que les nuages, voltigent, plafonnent, montent, descendent, se croisent, s'entrelacent, s'appellent d'un sourire, se donnent la main et composent de joyeuses guirlandes balancées par le vent, caressées par un doux rayon de soleil. Les deux éléments qui se disputent la vie humaine, l'idéalisme et l'expérience, la fantaisie et le bon sens, Murillo les a merveilleusement combinés. Semblable en cela au chantre de Don Quichotte, il a été tour à tour rêveur comme le héros de la Manche, grotesque et familier comme Sancho. Il n'est pas une manifestation de la vie, pas un état de l'âme, depuis les sublimes élans de l'extase, jusqu'à l'ardeur du sensualisme, que Murillo n'ait essayé de peindre, et pour lui, tenter c'était réussir. Il a observé dans le corps humain chacune de ses innombrables attitudes, et celle que prend l'orgueil ou que la dignité commande, et celles que font naître la nonchalance, la paresse, le hasard. Les anges, les hommes, les animaux, les arbres, la verdure, le ciel et la mer, il a parcouru d'un bout à l'autre l'échelle des êtres, échelle immense qu'il vit encore se prolonger à travers les contrées glorieuses du Paradis, comme il était arrivé à Jacob dans sa vision. »

L'ŒUVRE DE MURILLO

Bartolomeo-Esteban Murillo est en effet le plus célèbre des peintres espagnols. Il naquit à Séville, le 1er janvier 1618. Issu de parents de la condition la plus humble, dit M. F. Valentin, « il passa tristement sa jeunesse dans la plus complète obscurité, et reçut, comme par charité, de son oncle Juan del Castillo, les premières leçons de l'art où il devait exceller. Ce Castillo était un assez bon dessinateur; mais il ne pouvait enseigner à son élève que le coloris faux et rude, importé de Florence à Séville par Luis de Vargas et Pedro de Villegas. Quelque médiocre que fût son maître, Murillo n'eut même pas le bonheur de le conserver; il le vit partir pour aller fixer sa résidence à Cadix, où l'appelaient des affaires d'intérêt. Abandonné à lui-même, obligé de vivre de son pinceau avant de savoir s'en servir, le pauvre jeune homme se fit peintre de pacotille; il se mit à barbouiller, sur de petits carrés de toile ou de bois, ces Vierges qui sont représentées écrasant la tête du serpent, et qu'on appelait des Notre-Dame-de-Guadalupe. Quand il en avait fait une certaine quantité, il les vendait aux armateurs des galions d'Amérique, qui emportaient ces images parmi les peuplades nouvellement converties du Mexique et du Pérou.

» Murillo en était réduit à ce métier de manœuvre, lorsque son heureuse étoile amena à Séville le peintre Pedro de Moya, qui rapportait d'Angleterre le bon goût et la brillante couleur de Van-Dyck, dont il avait reçu les leçons. A la vue des ouvrages de Moya, Murillo tomba comme en extase et sentit se réveiller sa vocation. Une nouvelle route s'ouvrait devant lui : il s'y jeta avec ardeur, et ne chercha plus qu'à imiter son nouveau modèle. Mais Pedro de Moya ne resta pas à Séville, et laissa une seconde fois Murillo sans guide. Vivement affligé de ce départ, le jeune artiste resta un moment indécis sur le parti qu'il devait prendre. Enfin il reprit courage, et résolut d'aller étudier les chefs-d'œuvre de l'Italie; mais, pour exécuter ce projet, il lui fallait des ressources et des protections, et il en était absolument dépourvu ; il prit alors un parti désespéré : il acheta un rouleau de toile, le coupa en petits morceaux qu'il couvrit, sans se donner ni repos, ni sommeil, de petites Vierges, d'Enfants Jésus, de fruits et de fleurs : puis, quand il eut tout vendu, quand il eut quelques réaux en poche, sans rien dire à personne, il partit à pied pour Madrid (1643). Arrivé dans cette capitale, il se présenta au bon Velasquez, qui était alors dans toute sa gloire, et lui ouvrit son cœur. Le peintre de Philippe IV accueillit le jeune voyageur avec intérêt, et le dissuada de continuer sa route, en mettant à sa disposition les modèles étrangers que renfermaient les châteaux royaux, l'Escurial et son propre atelier.

« Murillo passa trois ans à étudier sans relâche les maîtres dont il affectionnait le plus la manière : les Titien, les Véronèse, les Rubens, les Van-Dyck. Puissamment aidé par les conseils et même les leçons du peintre royal, il eut bientôt acquis un admirable talent..... »

Mais Velasquez régnait à Madrid, et Murillo ne voulait point tenter de partager sa gloire dans la capitale. Il prit donc le parti de retourner à Séville. Peu remarqué au début par ses compatriotes, il vainquit peu à peu leur insouciance à son égard et acquit la réputation que méritait son grand talent. En 1648, « il était déjà assez haut placé dans l'estime publique pour obtenir la main d'une dame noble et riche, dona Beatrix de Cabrera y Sotomayor. » Dès lors, durant les trente-sept dernières années de son existence, il ne quitta pour ainsi dire plus sa ville natale et consacra tout son talent et son ardeur au travail à orner ses divers monuments des chefs-d'œuvre que produisait son pinceau. Les plus nombreux furent exécutés entre les années 1670 et 1680.

« Sentiment, composition, noblesse, science anatomique, perspective, couleur moelleuse et brillante, on y trouve toutes les qualités des grands artistes. C'était un homme pieux, timide et chaste. Appelé à Cadix pour peindre le *Mariage mystique de*

Sainte-Catherine d'Alexandrie, sur le maître-autel des capucins, il se blessa à la cuisse en descendant de l'échafaudage, et ne voulut jamais, par pudeur, montrer son mal aux médecins; il en mourut. Toutes les villes de l'Espagne, tous les musées de l'Europe renferment de ses tableaux, car il était fort laborieux. Le Louvre en possède huit, entre autres : *La Vierge au chapelet; Jésus sur la montagne des Oliviers; le Christ à la colonne;* et surtout la célèbre *Conception de la Vierge*, achetée six cent mille francs à la vente du maréchal Soult. On cite encore, à Séville : *Saint-Thomas distribuant son bien aux pauvres.* » (ALFRED MICHIELS).

Lorsque Murillo mourut des suites de la blessure que lui avait occasionnée sa chute à Cadix, il avait soixante-quatre ans. Son cercueil fut porté dans l'église de Sainte-Croix de Séville par deux marquis et quatre chevaliers de différents ordres. Il avait été fort honoré par la noblesse pendant sa vie. Charles II lui avait offert le titre de son premier peintre, mais il l'avait refusé, et avait toujours vécu dans une médiocre aisance. Un ministre des affaires étrangères, don Joseph de Vettia, avait épousé une de ses sœurs, et ses fils avaient obtenu des canonicats et des bénéfices.

En 1814, le maréchal Soult offrit à Louis XVIII trois tableaux de Murillo, que lui avait donnés la ville de Séville : ces chefs-d'œuvre ont été admirés au Louvre, ainsi qu'une autre peinture de ce maître, à l'exposition de la même année; en 1815, on les rendit à l'Espagne.

EL PIOJOSO

Outre les tableaux de Murillo que nous avons cités tout à l'heure, notre musée du Louvre possède une fort curieuse petite toile de la première manière du maître espagnol. Le catalogue français la désigne sous le titre de *Un jeune Mendiant,* mais les

Espagnols la connaissent sous une appellation plus naturaliste : *el piojoso* (le pouilleux), est le nom qu'ils lui donnent, et non sans raison, comme on va voir par la jolie description suivante qui en a été faite en 1834 :

La peau hâlée et rude du pauvre enfant est à peine couverte de quelques haillons; il s'est retiré dans un misérable réduit pour se livrer à un soin qu'il eût été audacieux, pour un pinceau vulgaire, de prendre avec tant de franchise; il cherche à se délivrer de petits supplices que lui attire sa malpropreté. Des fruits dans un vieux panier, une cruche d'eau, des crevettes à demi-rongées, sont les préparatifs ou les restes de son frugal repas. Les malheureux se ressemblent beaucoup dans tous les pays; ils ont, en général, peu de costume, et le caractère particulièrement empreint sur leurs figures est commun à tous ceux qui souffrent. C'est une grande famille dont les individus ne se distinguent bien que par l'âge : les plus jeunes ont pour traits remarquables une apparence de force, sinon de santé, des habitudes de corps qui rappellent souvent celles des animaux avec lesquels la plupart d'entre eux gagnent leur vie, une grande mobilité d'expression, de l'humilité comme masque, de la hardiesse prompte à se réveiller au fond de la physionomie, et par-dessus tout, une parfaite insouciance du lendemain ou plutôt du quart d'heure qui va suivre.

Murillo a certes saisi dans ce tableau l'idéal de cette classe des petits pauvres : son pays lui fournissait, il est vrai, une variété et une abondance merveilleuses de modèles, et ses premières études l'avaient familiarisé avec beaucoup de figures et de scènes de ce genre.....

Jamais Murillo n'est sorti de l'Espagne. On a faussement prétendu qu'il avait voyagé en Italie et dans les Indes-Orientales. Il n'eut pour éclairer son génie naturel que les peintures de l'Escurial, de Buen-Retiro, et des autres palais que lui fit ouvrir

Velasquez. Il s'est principalement proposé pour modèles Paul Véronèse et Van-Dyck; mais il n'est point leur imitateur. Sa manière est originale, et aucun peintre ne lui est supérieur pour la suavité et l'harmonie du coloris, pour la fierté et la vigueur des touches. On lui reproche seulement quelques incorrections, et parfois peu de noblesse. — Le plus grand nombre de ses peintures ont été composées à Séville pour les églises : vingt-trois tableaux, qui lui avaient été commandés pour le couvent des Capucins, ont été emportés par ces religieux en Amérique.

DÉMÊLÉS ARTISTIQUES

Dans la salle capitulaire de la cathédrale de Séville, dont les travaux furent dirigés par Murillo en 1667 et 1668, on admire un *Saint-Antoine de Padoue* du maître Sévillan, qui fut payé à l'artiste dix mille réaux, — ce qui représente une valeur de plus de soixante mille aujourd'hui. M. Charles Blanc, à qui nous allons maintenant laisser la parole, raconte, dans la remarquable notice qu'il a consacrée à Murillo, l'histoire des curieux démêlés qui eurent lieu entre ce dernier et les révérends pères au sujet de la belle *Conception* peinte pour la coupole du couvent des Franciscains :

« Un tableau destiné à être toujours vu de loin, dit-il, veut être conçu et traité dans le sentiment large du décor. Il doit être dessiné carrément et attaqué avec beaucoup de vigueur. Le peintre, en brusquant les oppositions, laisse à la distance le soin de les rétablir en leur juste tempérament, et s'il manie ses couleurs avec une habile rudesse, il compte sur la dégradation que la perspective aérienne leur fera subir. Murillo n'avait eu garde d'oublier ces principes, qu'il avait vus parfois si bien appliqués dans la savante pratique de Velasquez. Quand les religieux virent de près ce qu'ils auraient dû regarder seulement de loin, ils se récrièrent sur la grossièreté d'une peinture cahotée, confuse et que, sans doute, ils croyaient faite avec le manche de la brosse; ils refusèrent de la recevoir. L'artiste, avant de remporter son tableau, demande et obtient qu'on le fasse monter un instant à la place où il devait s'encadrer. A mesure que la toile monte, les figures se débrouillent, les contours s'adoucissent peu à peu, les couleurs se fondent; ce qui était lâché paraît finit, ce qui était brutal semble doux, et quand la toile est arrivée à sa dernière hauteur, la plus parfaite harmonie enchante les yeux. Les bons Franciscains rougissent alors de leur ignorence, et pour apaiser l'artiste irrité, qui veut maintenant reprendre son œuvre, ils sont forcés de lui offrir le double du prix convenu.....

» Lorsque, arrivé au dernier terme de son talent, Murillo fut chargé, vers 1670, des grandes peintures destinées à l'église de la Charité, son génie et son œuvre se trouvèrent merveilleusement assortis. Il avait précisément à mettre en scène les deux extrémités que la religion rapproche, que la charité chrétienne réunit : le luxe et la misère, les haillons et la soie, la santé florissante et la douleur. Et justement il habitait la cité classique des mendiants. Aveugles, paralytiques, manchots, boiteux, lépreux et teigneux, il rencontrait tous ces modèles rien qu'en se promenant par les rues de Séville, vaste hôpital en plein air. Mais que de souplesse, que d'abondance, et quel facile génie! Comment énumérer, comment décrire l'un après l'autre tant de tableaux variés, touchants, sublimes, *l'Enfant prodigue*, la *Multiplication des Pains dans le désert, Sainte-Elisabeth de Hongrie, le Paralytique à la piscine*, et tous les miracles de la charité évangélique reproduits par les miracles de la couleur?...

» En 1812, M. Denon, directeur-général des Musées, fit exposer au Louvre les tableaux espagnols conquis par les armées françaises. Le public étonné regardait ces toiles avec de grands yeux, et façonné à la peinture mythologique de l'Empire, il comprenait fort peu les Murillo; quelques artistes le trouvaient mou; M. Denon ne paraissait pas autrement s'y intéresser. Zurbaran avait été placé dans le péristyle, et ses terribles *moines* arrêtaient les visiteurs sur les degrés du Louvre. Il n'était donné qu'au romantisme, ainsi que le fit observer Mme de Staël, de comprendre les beautés de la chevalerie et du christianisme. Et pourtant, parmi ces tableaux, exposés à Paris pour la première fois, il s'en trouvait un qui fut toujours regardé comme le chef-d'œuvre de son auteur, *Sainte-Elisabeth de Hongrie*, et qu'il faudrait proclamer la plus parfaite de ses œuvres, si des juges compétents ne préféraient encore le *Miracle du gentilhomme romain*. On nous saura gré de reproduire ici la belle description qu'en a donnée M. Viardot, je parle de la *Sainte-Elisabeth* : « Ce sujet réunissait merveilleusement les deux » manières extrêmes de Murillo : la misère sale, déguenillée et » vermineuse de ses petits mendiants, la grandeur simple, noble » et sublime de ses saints. De là naît aussi le charme d'un per- » pétuel contraste et d'une haute moralité. Ce palais converti » en hôpital; d'un côté, ces dames de la cour, belles, fraîches » et parées; de l'autre, ces enfants souffreteux et rachitiques » qui se grattent, qui déchirent de l'ongle leurs poitrines sans » vêtements et leurs têtes sans cheveux, ce paralytique porté » sur des béquilles, ce vieillard qui étale les plaies de ses jam- » bes; cette vieille accroupie, dont le profil décharné se dessine » si nettement sur un pan de velours noir; là, toutes les grâces » brillantes du luxe et de la santé; ici, tout le hideux de la » misère et de la maladie; puis, au milieu de ces extrêmes de » l'humanité, la clarté divine qui les rapproche et les réunit. » Une jeune et belle femme, portant sur le voile de nonne la » couronne de reine, éponge délicatement la tête impure qu'un » enfant couvert de lèpre lui présente au-dessous d'une aiguière » d'argent. Ses blanches mains semblent se refuser à l'œuvre » que son cœur ordonnne; sa bouche frissonne d'horreur en » même temps que ses yeux se remplissent de larmes, mais la » pitié a vaincu le dégoût, et la religion triomphe..... «

« Velasquez était le peintre de la nature, Murillo fut le peintre de la religion. Il joignit au sentiment de la réalité tout ce qu'il entre de poésie dans l'âme d'un croyant. Pieux jusqu'à la dévotion, il aimait à s'abandonner aux rêveries religieuses dans un coin de ces églises catholiques qui, même en plein jour, sont plongées dans dans le crépuscule. — Lors d'un voyage qu'il avait fait à Cadix, pour y peindre *les Fiançailles de Sainte-Catherine,* destinées au grand autel des Capucins, il s'était blessé en tombant de son échafaudage, et n'ayant osé, par une espèce de pudeur, avouer la nature de son mal (une hernie), il était en proie aux douleurs les plus aiguës. Pendant que son élève Menesès Osorio terminait le tableau du grand autel, Murillo, ramené à Séville, passa le reste de sa vie à souffrir et à prier. Vers les derniers temps il se faisait conduire chaque jour vers l'église de Santa Cruz, et il avait coutume de se mettre en prières devant la fameuse *Descente de Croix* de Pedro Campana. On sait que le sacristain, voulant un soir fermer les portes plus tôt qu'à l'ordinaire, vint demander à Murillo pourquoi il restait si longtemps immobile dans cette chapelle : « J'attends, dit le » peintre, que ces pieux serviteurs aient fini de descendre le » Seigneur de la croix. » Sentant sa fin approcher, il écrivit son testament, par lequel il exprimait la volonté d'être enterré aux pieds du tableau de Campana, ce qui fut religieusement exécuté. Il mourut le 3 avril 1682 dans les bras de Pierre Nunez de Villavicencio, chevalier de l'ordre de Saint-Jean, qui avait été son ami intime, et qui fut, avec Tobar et Menesès Osorio, un de ses meilleurs élèves. C'est de Murillo que procèdent tous les peintres de Séville. C'est lui qui fonda une Académie publique de dessin dans sa ville natale et obtint à grand'peine le concours des professeurs Herrera, Valdès, Iriarte. Il la présidait et venait enseigner aux élèves l'étude du modèle vivant. Après l'avoir posé lui-même, il en expliquait l'attitude, les proportions, l'anatomie.

« Les qualités vraiment extraordinaires de Murillo sont la fécondité, la souplesse et une incomparable facilité à tout peindre... Génie suave, tout ce qu'a touché Murillo se tourne en douceur, s'éclaire d'une clarté sereine et pénétrante. La religion dans ses tableaux n'a plus rien d'effrayant; elle paraît remplie de grâce; elle est indulgente et n'ouvre jamais à l'imagination des fidèles que les rayonnantes contrées du paradis. Ribera n'en avait vu que les mystères sombres; Murillo n'en a montré que le côté tendre, aimable et radieux. »

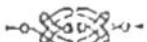

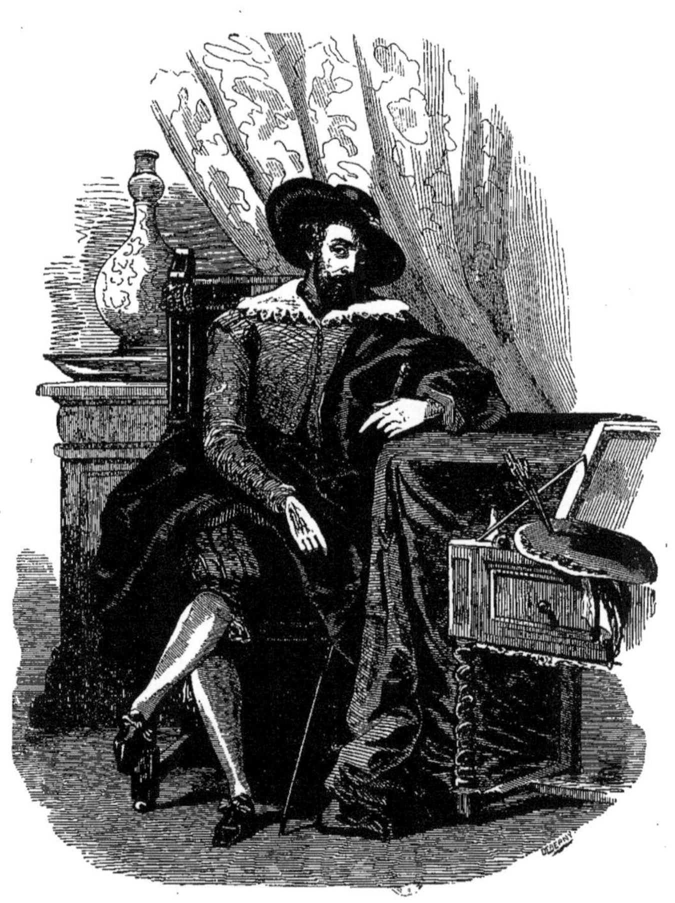

Portrait de Rubens.

VIII

RUBENS

1577-1640

A Cologne, on avait placé sur une maison de la ville, une belle plaque noire avec cette inscription en superbes lettres d'or : « Ici naquit Pierre Paul Rubens. » Du moins on croyait en être sûr, et les gens de Cologne étaient tout fiers de l'avoir emporté sur ceux d'Anvers qui prétendaient de leur côté que Rubens était né dans leur ville, lorsque dans ces dernières années, tout l'orgueil des habitants de Cologne tomba. Un maudit antiquaire venait de découvrir que Rubens n'était né ni à Cologne, ni à Anvers; mais dans une petite ville du duché de Nassau, à Siegen, et le diable d'homme le prouvait pièces en main. Il fallut donc bien se résigner, et la plus mortifiée, d'Anvers ou de Cologne, ce fut cette dernière ville, car du moins on était sûr et bien sûr que Rubens était mort à Anvers, dans la soixante-treisième année de son âge, en l'an 1640. Il était donc né en 1577.

Comment expliquer cependant que le père de Rubens eût passé la plus grande partie de son existence à Cologne, et que le célèbre peintre n'y fût pas né? C'était difficile. Mais ici encore, des chercheurs infatigables découvrirent que le père de Rubens avait été obligé de se retirer dans cette ville pour éviter la colère de Guillaume le Taciturne; mais qu'auparavant, il avait habité quelque temps la petite ville de Siegen, où il était tenu sous une surveillance sévère par le Taciturne qui avait à lui reprocher quelque grave méfait. Il mourut en 1587, et sa femme, Marie Pypeling, femme de grand courage, prit le parti de retourner dans sa ville natale, qui était Anvers.

Le petit Rubens avait alors dix ans. Il avait deux prénoms : Pierre-Paul, tout simplement parce qu'il était né le jour de la fête des apôtres saint Pierre et saint Paul. Sa mère lui fit faire de bonnes études, n'épargnant rien pour le développement de ce jeune esprit, qui promettait déjà beaucoup; puis, comme il fallait que l'enfant apprît à gagner sa vie le plus vite possible, elle le plaça comme page chez Marguerite de Ligne, veuve du comte de Lalaing. Mais Pierre-Paul ne s'y plaisait pas beaucoup, encore qu'il y plût lui-même par son air gracieux et ses longs cheveux bouclés qui tombaient en plis soyeux sur ses épaules; il voulait être peintre, et ne prenait de plaisir qu'aux belles couleurs vives, et à la lumière éclatante. Sa mère ne contraria pas ses goûts, on le retira de chez la comtesse de Lalaing, pour le mettre chez Tobie Verhœgt, puis chez un peintre plus célèbre, Adam van Noorte. Mais celui-ci, d'un caractère emporté et même brutal, inspira une telle horreur à son jeune élève, qu'il le laissa pour passer dans l'atelier d'Otto Venius.

C'était en 1596. Pierre-Paul y resta quatre ans, jusqu'en 1600. Ce dernier peintre eut une influence profonde sur lui, si profonde même que Rubens en conserva les traces pendant toute sa vie. Ce fut lui, en effet, qui inspira à ce grand peintre l'amour si vif qu'il témoigna toujours pour l'allégorie, dont il avait même composé un traité fort complet; ce fut dans son atelier que Rubens se passionna pour les belles étoffes, le velours et le satin en particulier. Nous n'avons pas, malheureusement, conservé les premières productions de Rubens, mais il est probable qu'on y retrouverait la manière d'Otto Venius, qui avait étudié quelque temps en Italie, et qui lui inspira également une grande admiration pour le Corrège.

Rubens quitta Otto Venius en 1600, ainsi que la ville d'Anvers pour se rendre en Italie, non sans être muni d'un bon passeport dûment légalisé! lequel certifiait que Rubens n'était atteint d'aucune maladie, pas même de la peste. Il courut tout droit à Venise, pour laquelle il se sentait pris d'un goût très vif; il désirait de toute son âme voir cette école vénitienne dont il avait entendu raconter monts et merveilles par son maître. Sa curiosité ne fut pas trompée; il ne se lassait pas d'admirer, et encore moins de copier les chefs-d'œuvre qui resplendissaient partout, dans les églises, dans les musées, dans les palais. A ce moment vint également visiter Venise, Gonzague Ier, prince de Mantoue : Un des officiers de sa suite, qui logeait dans le même hôtel que Rubens, émerveillé par le talent de celui-ci, le recommanda au duc, qui offrit à Rubens de l'emmener à sa cour, dans sa ville de Mantoue.

La cour du duc de Mantoue était alors une des plus brillantes d'Italie, grâce surtout aux qualités brillantes de Gonzague. Ce prince avait voyagé un peu partout, à Augsbourg, à Venise, à Munich, dans les Flandres même. Il avait un théâtre célèbre où prirent naissance des personnages destinés à faire le tour du monde : Arlequin, Léandre, Lélio. Ses chiens et ses chevaux faisaient l'admiration et l'envie des autres princes de l'Europe; mais le duc Vincent possédait surtout une superbe collection des œuvres de Jules Romain, collection qui passionna pendant quelque temps Rubens. Celui-ci n'était plus, comme bien on pense, un élève, au moment où le duc Vincent l'emmena à sa cour. Il avait déjà acquis une habileté de mains merveilleuse, et s'il n'avait fait encore que des copies, c'était plutôt parce que les commandes lui manquaient que faute d'originalité. Il n'aurait donc tenu qu'à Vincent de Gonzague de tirer parti de l'habileté et du talent du jeune peintre; mais, malgré toute son élégance et la finesse de son esprit, Vincent de Gonzague ne sut ou ne voulut jamais s'apercevoir que Rubens n'était pas le premier venu. Il ne vit en lui qu'un habile copiste, qui pourrait enrichir sa collection en lui copiant les plus beaux tableaux des grands maîtres; mais, quant à laisser Rubens être lui-même, jamais le duc n'y pensa un seul instant. En quoi il est permis d'ajouter qu'il eut grand tort.

Aussi, lorsqu'il se disposa à partir en Hongrie pour prendre part à la croisade contre les Turcs, Vincent, pour ne pas laisser son peintre sans ouvrage, lui commanda d'aller à Rome pour lui copier certains tableaux qui manquaient à sa collection; en même temps, il lui donnait une lettre de recommandation pour le cardinal Montalto, qui, disons-le tout de suite, ne devina pas plus que le duc de Mantoue, ce que valait le jeune peintre qu'on lui adressait.

Mais peu importait à Rubens d'être traité d'une façon un peu cavalière : il voyait Rome; c'était plus que suffisant pour guérir toutes les blessures d'amour-propre. Il pouvait contempler face à face l'œuvre d'un autre grand génie, qu'il rappelle par plus d'un côté, le gigantesque Michel-Ange. Il copia, recopia ses fresques, et bien d'autres tableaux, sans se lasser, en même temps qu'il exécutait un tableau original commandé par l'archiduc des Pays-Bas. Ce dernier, qui était doyen de la chapelle Sainte-Hélène dans l'église Sainte-Croix de Jérusalem à Rome, voulut orner l'église, et commanda au peintre un triptyque; après quoi Rubens revint à Mantoue, où le duc Vincent l'attendait avec une certaine impatience.

Car il avait eu l'idée ingénieuse d'envoyer Rubens en Espagne pour porter un certain nombre de cadeaux qu'il destinait à la famille royale. Il y avait en première ligne son portrait à lui, quelques copies par un célèbre inconnu, et un superbe carrosse. Rubens devenait à peu près de la sorte une façon de commis voyageur. Comme il n'avait jamais rempli ces fonctions, vraiment indignes de lui, il commença par se tromper de chemin. Au lieu d'aller s'embarquer à Gênes, où rien n'était plus aisé, il s'en va à Livourne, par où l'on ne pouvait arriver qu'en traversant des montagnes d'un accès difficile, impraticable même pour quelqu'un qui a un carrosse à traîner après soi. Force lui fut donc d'attendre que le hasard amenât à Livourne un vaisseau en partance pour l'Espagne. Rubens fut heureux; il n'attendit que quinze jours, et débarqua sans trop d'avaries à Alicante. Mais, une fois en Espagne, ce fut vraiment pitié que de voir ce pauvre Rubens fort empêtré de son carrosse, courant chercher la cour sous une pluie qui tomba vingt jours sans arrêter; et, lorsqu'il arriva à Madrid, on lui dit que le roi et la reine étaient à B. Ce petit malheur fut pour lui un véritable bonheur. Car lorsqu'on eut déballé les cadeaux, en présence du ministre, on trouva que le carrosse n'avait pas trop souffert du voyage, mais les peintures étaient dans un piteux état. A moitié moisies par l'humidité, elles étaient presque complètement perdues, et on ne pouvait décemment songer à les offrir au roi. Rubens fut obligé de les repeindre, et, pour compenser cet accident, on le chargea de faire, comme on disait alors, une demi douzaine de *choses bocagères;* j'imagine que ce devaient être des paysages. Le jour vint où les cadeaux devaient être présentés au roi et à la reine; mais ce jour là, ce fut l'attaché de la cour de Mantoue en Espagne qui eut tous les éloges, tous les compliments; Rubens, qui avait eu non seulement toute la peine, mais encore tout le mérite, ne fut même pas présenté, ce qui ne laissa pas de l'étonner un peu. Quant au ministre principal, le duc de Lerme, il s'extasia avec les dames de la cour devant les copies de Fanchetti (que Rubens avait été obligé de retoucher), les prenant pour des originaux, — distraction d'ailleurs fort excusable chez un ministre.

En 1604, Rubens était de retour à Mantoue où on le chargea aussitôt d'exécuter un retable pour l'église de la Trinité. Cette peinture, qui avait bravé les injures du temps jusqu'en 1797, fut détruite à cette époque. Lors de l'invasion des troupes françaises en Italie, l'église de la Trinité avait été convertie en dépôt à fourrages; un commissaire de l'armée trouva la toile à son goût et se l'appropria; mais, le vol ayant été découvert, force lui fut de restituer le chef-d'œuvre; malheureusement, cet amateur forcené avait découpé le tableau en morceaux pour l'emporter plus aisément, et il fallut le recoudre, ce qui l'a bien un peu gâté. L'année suivante, en 1605, Rubens retourne à Rome où il copie des tableaux de Caravage et de Carrache, on ne sait pour qui, puis revient à Mantoue pour aller accompagner le duc à Gênes, où il fait quelques esquisses du palais de cette cité aristocratique, dessins que plus tard il publia à Anvers. Puis, laissant le duc à Gênes, dans les plaisirs, il revient par Milan, où il copie la *Cène* de Léonard, et c'est la gravure de sa copie qui nous donne l'idée la plus exacte de ce qu'était le tableau de Léonard.

A son retour dans sa capitale, le duc Vincent de Gonzague trouva la lettre suivante qui lui avait été adressée par Albert, archiduc des Pays-Bas :

« Prince Sérénissime,

» Pierre-Paul Rubens, peintre, né dans mes Etats (il se trompait) est retenu, ainsi qu'on m'en a informé, au service de Votre » Sérénité qui l'occupe à certains travaux de sa profession, et » comme il est opportun qu'il revienne ici pour mettre ordre à » des affaires que des personnes tierces n'arrangeraient pas » selon son désir, ses parents m'ont supplié d'écrire à Votre » Sérénité pour qu'elle lui donne le congé nécessaire. Ces motifs » m'ayant paru complètement justes, j'ai voulu demander à » Votre Sérénité ladite licence, afin qu'il puisse venir s'occuper » de ses devoirs, de ses intérêts, et de tout ce qui le concerne. » Désirant lui donner satisfaction, parce qu'il est mon vassal, je » tiendrai grand compte et serai très reconnaissant de ce que » Votre Sérénité fera. Que le Seigneur garde votre personne et » lui accorde toutes les prospérités que je désire. »

A quoi le duc Vincent répondit aussitôt d'un ton vexé :

« Depuis quelques années déjà, Pierre-Paul Rubens, peintre » flamand, me sert, à ma satisfaction et à la sienne ; je ne puis

» croire qu'il ait la pensée d'abandonner ce service où il paraît
» entièrement se complaire. Si donc, je ne puis obtempérer aux
» désirs des siens, qui ont voulu se prévaloir de votre autorité
» pour le rappeler dans sa famille, Votre Altesse m'excusera,
» l'intention du susdit Pierre-Paul étant toute différente, puis-
» qu'il désire rester, et la mienne aussi, puisque je désire le
» le garder. La bonté de Votre Altesse me donne l'assurance
» que vous prendrez ceci en bonne part, attendu que je permets
» également à mes sujets de servir les princes étrangers et
» surtout Votre Altesse, à laquelle, pour terminer, je baise les
» mains et prie Dieu d'accorder toute félicité. »

Le duc s'avançait beaucoup en affirmant que Rubens désirait rester à son service. Celui-ci n'y avait pas trouvé un accueil assez digne de lui pour s'y plaire, et il sentait bien que tant qu'il resterait en Italie, il ne pourrait jamais être lui-même, ni faire quoi que ce soit d'original.

Sur ces entrefaites, Rubens apprit que sa mère était gravement malade, et demandait à le voir avant de mourir. Le duc était alors à Gênes. Rubens partit aussitôt, sans demander de congé à personne, laissant, il est vrai, une lettre pour le duc, dans laquelle il lui laissait espérer qu'il serait bientôt de retour. Mais il est permis de croire qu'il partait avec le secret espoir de ne plus revenir... Avait-il tort? Qu'avait-il fait pendant ce séjour de huit ans en Italie? Il s'était instruit, sans doute, mais il avait assez fait de copies; il fallait maintenant faire des Rubens. Le duc lui en aurait-il fourni l'occasion? Certes non, puisqu'il n'avait pas su voir autre chose encore, dans Rubens, qu'un copiste. De ses relations avec celui qu'il appelait *son peintre*, il ne nous reste qu'une anecdote. Encore n'est-elle pas à l'avantage du duc, si elle est vrai.

Un jour Rubens, en train de travailler à Mantoue, se récitait à lui-même quelques vers du poète mantouan Virgile; vers que voici, dans la traduction française :

Là des champs paternels vint le fils glorieux
Du Tibre et de Manto, prophétesse des cieux,
Ocnus, à qui tes murs doivent leur origine,
O Mantoue! et le nom de sa mère divine.

Le duc, entrant là dessus et entendant Rubens réciter du latin voulut l'embarrasser en lui adressant brusquement la parole dans cette même langue, mais il ne fut pas peu étonné lorsqu'il entendit Rubens se servir de cette langue sans la moindre gêne, et lui répondre en un latin très pur.

Mais, encore une fois, à supposer que cette anecdote soit vraie, c'est bien peu de chose sur les rapports qui existèrent entre Rubens et son noble protecteur.

Arrivé à Anvers, Rubens apprit que sa mère était morte depuis six mois; il courut aussitôt s'enfermer dans le monastère où elle reposait, et il y resta près d'un an sans sortir. Il y eut alors dans son existence un moment de découragement profond; il gardait, tout au fond de son cœur, un amour infini pour sa mère qui avait pris tant de soin à l'élever; il avait espéré la revoir un jour lorsqu'il se serait couvert de gloire, et la rendre fière de lui; et il ne trouvait plus qu'une pierre froide, et quelques recommandations suprêmes. Après s'être abîmé dans sa douleur, il se sentit plus fort et se remit courageusement au travail, soutenu par ses amis, et par son vieux maître Otto Venius, qui alla même jusqu'à le recommander chaudement à l'archiduc Albert. Celui-ci l'appelle à Bruxelles; il le reçoit avec beaucoup d'amabilité, est séduit par les manières nobles de Rubens et finit par lui commander son portrait et celui de l'archiduchesse. Très satisfait de ces deux portraits, il lui commande encore, coup sur coup, une sainte famille et un triptyque, qu'il veut payer à Rubens. Mais celui-ci refusa l'argent en répondant qu'il était trop heureux d'avoir pu plaire à son Altesse. Deux jours après, il recevait une superbe chaîne en or avec le portrait de l'archiduc et de l'archiduchesse, et était nommé peintre officiel avec le traitement de cinq cents livres.

Ce titre n'était pas un vain titre, comme il arrive si souvent, mais il lui donnait le droit de peindre et même d'enseigner la peinture, sans être obligé d'en passer par les corps de métiers, ni d'être astreint à leurs règlements qui étaient souvent fort gênants. En outre, il était exempté de tout impôt.

En présence de tant d'honneurs, Rubens ne songeait plus guère à partir, comme il l'avait cependant promis au duc de Mantoue. Mais il demanda toutefois à l'archiduc la permission de se retirer à Anvers, pour pouvoir y travailler plus à l'aise, et aussi, ajoutons, ce que Rubens ne disait pas, pour épouser immédiatement une jeune fille qu'il aimait : Isabelle Brandt.

Il travaille alors pendant quelque temps dans la maison de son-beau père, et c'est là qu'il exécute cette *Descente de croix* qui se trouve aujourd'hui au musée d'Anvers; mais bientôt les commandes et les élèves affluèrent à un tel point qu'il se vit obligé de déloger, deux ans après son mariage, en 1611, pour aller habiter dans un superbe hôtel situé dans la rue qui porte son nom à Anvers. A cet hôtel était joint un jardin qui touchait à celui de la corporation des arquebusiers. Soit qu'il ait empiété sur le terrain de la corporation, soit qu'il ait été mis en contact avec eux par un de ses amis qui était président de la corporation, Rubens fut chargé de faire, pour la corporation, un retable consacré à Saint-Christophe, leur patron. Le sujet était maigre, mais Rubens s'en tira ingénieusement en utilisant les connaissances qu'il avait acquises au temps de ses premières études. Christophe, en grec, signifie *porteur du Christ*; il imagina donc de faire cette *Descente de croix* dont nous avons parlé, en vingt-six jours seulement.

C'est ici le lieu de faire remarquer avec quelle rapidité effrayante il travaillait. Un critique contemporain a fait le calcul mathématique de ce que Rubens peut avoir peint par jour. L'idée est bizarre, pour ne pas dire plus; qu'on en juge : Une moyenne proportionnelle, dit-il, donnerait (pour chaque tableau) 9 mètres carrés, ce qui fait un total de 11700 mètres, lesquels formeraient une bande de 3 lieues de long, sur un mètre de large; et comme l'auteur n'a guère pu travailler plus de 11000 jours, il doit avoir exécuté, pendant chacun de ses jours, un mètre au moins de peinture. « Les amateurs de statistique seront pour cette fois satisfaits; mais hélas! il n'est que trop vrai que dans les œuvres d'art « le temps ne fait rien à l'affaire » pas plus que les mètres carrés en peintures.

Rubens était célèbre; donc il eut des envieux, et parmi eux ceux-là surtout dont il éclipsait la réputation : Abraham Jaussens et Wenceslas Cœberger entres autres. Le premier alla même jusqu'à porter un défit à Rubens. C'eût été un duel d'un genre nouveau. Il proposait à Rubens que chacun d'eux se fît enfermer dans une chambre pour traiter le même sujet, et que le public serait ensuite le seul juge. Rubens répondit à ce pauvre fou : « Si tu tiens tellement à comparer tes œuvres aux miennes, va les mettre à côté des miennes dans le musée qu'il te plaira de choisir. » Il avait coutume de dire à ses amis : « Par nature et par volonté, je suis un homme pacifique, ennemi capital des rixes, des procès, des querelles publiques et privées. » Disons le mot, Rubens fut un des premiers à comprendre qu'un artiste, s'il veut se faire estimer à sa juste valeur, comme homme, doit posséder les qualités qui rendent l'homme sociable; c'est ce que les artistes ne comprirent pas pendant longtemps. Rappelons-nous que Michel-Ange lui-même ne se faisait pas faute de boxer avec ses camarades d'atelier, et qu'il eut un jour le nez écrasé par un formidable coup de poing qu'il reçut de l'un d'eux.

Chez Rubens, on ne trouve rien de tout cela. Il menait une vie de prince, mais très réglée. Voici, au reste, comment un de ses biographes nous raconte l'emploi d'une de ses journées :

« Il se levait de très bonne heure et allait toujours entendre la première messe. La messe entendue, il se mettait à l'ouvrage jusqu'à midi. A midi, il dînait, suivant l'usage de son temps; en quittant la table, il reprenait la palette sans éprouver le besoin de se reposer après le repas, car il était très sobre par tempérarement et par calcul : il savait qu'une nourriture trop abondante entrave l'exercice de l'intelligence. Il travaillait habituellement jusqu'à cinq heures, puis choisissait dans son écurie un des nombreux chevaux qu'il avait achetés du fruit de son travail, ou reçu en présent, et allait se promener hors de la ville une heure ou deux. Dans ses promenades solitaires, il méditait à loisir ses œuvres futures, contemplait le paysage et observait tous les accidents de la lumière décroissante. Ce fut pendant une de ces courtes absences que ses élèves ayant obtenu la permission de voir une œuvre du maître inachevée effacèrent, dans leurs jeux étourdis, la tête et la draperie d'une Vierge. Consternés de leur faute, ils se consultèrent pour aviser aux moyens de la réparer. Bientôt ils reprirent courage, et d'une voix commune, ils décidèrent que Van-Dyck était seul capable de repeindre la tête et la draperie effacées. Van-Dyck se rendit aux vœux de ses camarades et justifia pleinement la confiance qu'ils avaient montrée en lui. Le lendemain, Rubens reprit son œuvre inachevée, sans se douter qu'Antoine y avait mis la main, et, plus tard, lorsqu'il le sut, il oublia de gronder ses élèves. »

En outre, Rubens avait une correspondance fort étendue, puisqu'il connaissait le duc d'Olivarès en Espagne, le cardinal de Richelieu en France, et Buckingham en Angleterre; Peiresc en France, le savant Peiresc, ami de Nostradame lui faisait obtenir des privilèges pour vendre ses gravures en France sans être inquiété par personne. Avec ses nombreux élèves qui l'occupaient beaucoup, Rubens avait de nombreux amis, entre autres Jean Breughel de Velours, le peintre dont nous avons quelques peintures au Louvre. Il l'avait connu en Italie, et s'était pris pour lui d'une affection qui lui survécut. A sa mort, il s'occupa des deux filles que Breughel laissait orphelines et ce fut lui qui conclut leur mariage. Il essaya bien aussi de venir en aide à Adrien Krauwer dont il admirait le talent; mais il ne put triompher des habitudes vicieuses de ce peintre un peu trop ami des tabagies qu'il a si bien peintes. Pendant la saison froide, Rubens demeurait à Anvers; mais, en été, il allait habiter son château de Steen, près de Malines, demeure princière, où il reçut même des têtes couronnées. Encore une fois, Rubens était très riche, parce qu'il avait une foule de commandes, qu'il exécutait fort vite. Il est vrai qu'il avait pris l'habitude de se faire aider par ses élèves, ce qui explique les mètres carrés de peinture dont nous parlait plus haut un critique. D'ordinaire, il donnait le dessin, et surveillait l'exécution, puis revenait sur le travail de l'élève et terminait le tableau. Mais tout le monde n'était pas toujours content, témoin ce chanoine de Malines qui faillit citer Rubens en justice. Il lui avait commandé une *Cène* pour l'église, et Rubens, suivant son habitude, avait envoyé un de ses élèves pour peindre ladite *Cène*. Le premier jour, le bon chanoine ne dit rien, le second jour non plus, patientant un peu; mais lorsqu'il vit que le tableau était près d'être terminé et que Rubens ne paraissait toujours pas, il s'en alla tout droit à l'élève et lui dit : « Allez dire à votre maître que c'est un tableau de sa main que je veux et non pas un tableau de Jean Egmont. » Et l'élève, tout abasourdi, s'en alla reporter à Rubens les paroles du chanoine, qui se calma en lisant cette lettre de Rubens envoyée peu après : « Je procède toujours de cette manière; après avoir fait l'esquisse, je laisse mes élèves commencer le tableau, l'achever même selon mes principes, puis je le retouche et je lui imprime mon cachet. Je dois aller à Malines sous peu de jours, votre mécontentement cessera. »

Cette manière de procéder donna prise à l'envie et aux jaloux qui ne demandaient pas mieux que de trouver à mordre. Ils allèrent répétant que si Rubens avait acquis une telle réputation, il la devait en grande partie à ses élèves qui savaient mieux peindre que lui certains accessoires. Et on mettait en avant le nom de Suyders, un de ses élèves, qui réussissait tout particulièrement bien dans la peinture d'animaux — comme on peut s'en rendre compte par les tableaux de cet artiste qui se trouvent au Louvre. Toutes ces accusations étaient ridicules, la

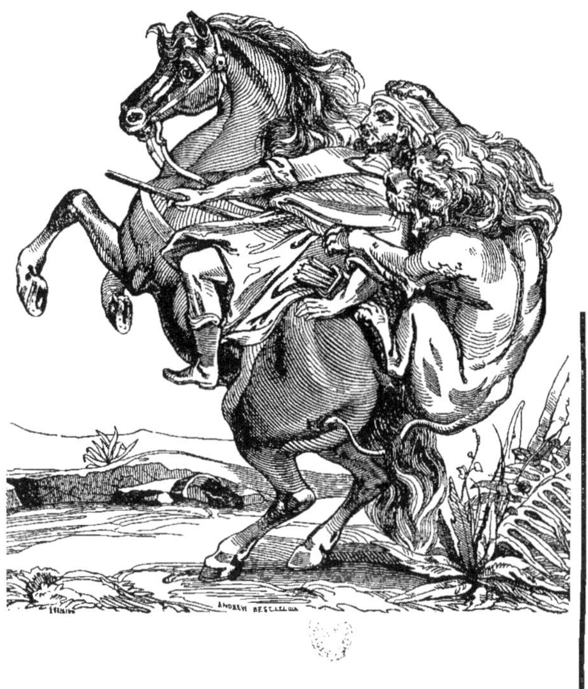

Episode d'une chasse au lion. — Tableau de RUBENS.

dernière surtout, car Rubens prit grand soin de dessiner beaucoup d'animaux. Il poussa même le scrupule sur ce point un peu trop loin, à en juger par cette anecdote rapportée par Campo Wegermann :

« A une fête annuelle d'Anvers vint un dompteur d'animaux, qui possédait un magnifique lion, avec lequel il jouait, luttait, et faisait divers tours. Le grand peintre, ayant eu le désir de voir ce tyran des solitudes africaines (c'est du lion qu'il s'agit) le trouva si rare dans son espèce, qu'il pria son conducteur de l'amener chez lui pour qu'il pût le dessiner dans plusieurs postures. Comme il était occupé de cette besogne, l'animal se mit à bâiller et à tordre sa langue d'une manière tellement pittoresque et singulière que Rubens se hâta d'en prendre une esquisse, voulant ainsi le retracer quand il composerait un de ses tableaux de chasse. Pendant qu'il crayonnait, il demanda au bateleur s'il ne pourrait pas faire exécuter à sa bête le même mouvement, et lui promit une bonne récompense. Le maître du lion le chatouilla sous la mâchoire; il ouvrit de nouveau sa terrible gueule. Mais ayant répété l'épreuve trop souvent, le quadrupède impatienté lui lança des regards effroyables. Le bateleur dit alors à Rubens qu'il serait dangereux de continuer cet exercice, que son lion était fier comme un noble castillan; il ne fallait donc point s'exposer à ses vengeances. Cette observation effraya Rubens; il quitta son chevalet, disposa ses esquisses dans une chambre voisine et fit remettre au dompteur le salaire convenu, le priant d'emmener sa bête le plus tôt possible.

» Mais la fantaisie de l'artiste devait causer la mort du pauvre diable. Il conduisit à Bruges le superbe animal, qui lui gardait rancune de ses familiarités. Un grand nombre de spectateurs étant un jour entrés dans la cabane, le propriétaire, ravi de cette affluence inattendue, exécuta ses prouesses avec moins de circonspection que d'habitude. Tout à coup, le lion s'emporte, renverse son maître, et le tenant sous lui, la griffe ouverte, lui montre les dents d'une manière formidable. L'homme cherche adroitement à se lever, à s'enfuir, mais le lion, lui appuyant ses pattes antérieures sur la poitrine, le presse au point de lui couper la respiration. Baigné d'une sueur froide, il n'eut que la force de prier à voix basse une personne d'aller quérir aussi vite que possible un morceau de chair crue. La viande étant apportée, le lion ne daigna pas même y jeter les yeux. Un savant de la troupe dit alors qu'il fallait placer un coq devant la bête frénétique, le cri du coq terrifiant les animaux de son espèce. Ce moyen échoua comme le premier. Pour dernière ressource, le nomade entrepreneur de spectacles conjura les assistants de se procurer deux arquebuses et de viser le lion à la tête, qu'autrement, il allait étouffer ou être dévoré. On perça, en effet, le monstre de deux balles, mais à peine eut-il senti sa blessure qu'il arracha l'épaule et le bras gauche du bateleur; puis, poussant un cri effroyable, tomba mort sur le cadavre de sa victime. »

D'ailleurs, ce qui répondait mieux que tout le reste aux envieux de Rubens, c'était la prodigieuse variété de son talent; figurant « tantôt le Christ armé de la foudre et menaçant le monde ; les réprouvés tombant du ciel dans les abîmes de l'enfer, le cénacle des dieux païens sur les nuages de l'Olympe ; tantôt Henri IV admirant le portrait de Marie de Médicis, ou la tête de Cyrus abreuvée de sang par une implacable et victorieuse ennemie ; — puis une kermesse effrénée, une chasse au lion, affreuse mêlée d'hommes et d'animaux qui inspire la terreur, ou un site tranquille, avec des arbres couronnés d'or et un splendide arc-en-ciel dominant les vallons et les coteaux. »

Et qu'importaient à Rubens les envieux, puisqu'il était d'un tempérament tranquille, que d'illustres personnages se disputaient ses toiles, et qu'il était comblé de distinctions. Le premier garçon qu'il eut de son mariage, en 1614, eut pour parrain l'archiduc des Pays-Bas en personne. Deux ans plus tard, c'était un riche Anglais, Dubley Carleton, qui le mettait en relations avec le roi d'Angleterre Charles Ier, qui n'était alors que le prince de

Galles. Cet Anglais lui avait fait une commande singulière. Il avait un collier de diamants qu'il trouvait trop beau, et, pour s'en débarrasser, il proposa à Rubens de le lui échanger contre un tableau. Le peintre accepta, parce qu'il avait lui aussi un tableau qu'il jugeait non pas trop beau, comme l'Anglais son collier, mais trop grand et trop encombrant. Aussi, le lui céda-t-il à meilleur marché qu'il n'avait coutume de faire. Mais il n'y perdit rien, car le prince de Galles lui demandait s'il voulait se charger de décorer la grande salle des banquets, à Witehall, entreprise qui devait être considérable. Rubens répondit aussitôt par cette lettre :

« Quant à Sa Majesté et à Son Altesse, le prince de Galles, je serai toujours bien aise de recevoir l'honneur de leurs commandes, et touchant la salle du nouveau palais, j'avoue que je suis disposé, par un instinct naturel, à exécuter plutôt de vastes ouvrages que de petites curiosités. Chacun a son genre d'esprit; mon talent est tel que jamais entreprise considérable, si grande que fussent son étendue et la diversité des sujets, n'a surmonté mon courage. »

Les peintures furent en effet exécutées, et nous possédons même au Louvre quelques-unes des études préparatoires qu'il fit à cette occasion. Rubens se complaît, en effet, dans les grandes compositions; il y est à son aise, et veut se mouvoir facilement. Il allait être satisfait par la demande que lui adressa Marie de Médicis de venir décorer une des grandes salles de son palais du Luxembourg. La reine mère venait de se réconcilier avec son fils Louis XIII, et pour célébrer avec éclat la joie de cette réconciliation, elle demandait à Rubens de lui exécuter une série de peintures représentant les scènes principales de sa vie. L'affaire fut conclue, en 1620, par l'intermédiaire du baron de Vicq, ambassadeur des Pays-Bas en France; plus tard Rubens, pour témoigner sa reconnaissance à l'ambassadeur, lui fit son portrait, qui se trouve actuellement au Louvre.

Rubens vint à Paris et s'entendit avec la reine Marie; il fut convenu qu'il exécuterait vingt-et-une toiles. La reine aurait bien voulu que Rubens se mît au travail dans son palais même du Luxembourg, mais une des conditions du peintre fut précisément de pouvoir travailler à Anvers. Force fut de s'y résoudre. D'ailleurs, au bout de six mois seulement, il était de retour à Paris, apportant à la reine les esquisses de la série entière des tableaux, après quoi, il retourna à Anvers. En 1624, nouvelle apparition de Rubens à Paris; ce n'étaient plus des esquisses qu'il amenait avec lui, mais bien dix-neuf tableaux achevés. Il avait travaillé avec une vitesse qui tenait du prodige; mais il est juste aussi d'ajouter que ses élèves l'aidaient beaucoup. Restaient cependant deux tableaux, qui n'étaient même pas commencés; la reine supplia tant Rubens de les faire au Luxembourg qu'il y consentit. Elle se montra pleine de prévenances pour lui, venant très souvent le trouver lorsqu'il travaillait; et elle s'entretenait avec lui sur le ton familier de la conversation. Un jour, elle fit venir avec elle toutes les dames de la cour, afin que Rubens jugeât de leur beauté : « Rubens les ayant toutes considérées attentivement : « Il faut, » dit-il en montrant la plus belle, « que ce soit Mme de Guéménée. » C'était elle, en effet, et sur ce qu'on demanda à Rubens, s'il la connaissait, il répondit qu'il n'avait jamais eu l'honneur de la voir et qu'il n'avait soupçonné que c'était elle que d'après le récit qu'il en avait entendu faire. »

Lorsque les vingt-et-une toiles — qui toutes sont aujourd'hui au Louvre, — furent terminées, ce fut un véritable enthousiasme. A vrai dire, on ne se rendait pas toujours bien compte de la signification des allégories de chaque tableau, et il fallut même à plusieurs reprises que la reine elle-même demandât ce qu'elles signifiaient, mais qu'importe! On était ébloui par toute cette couleur, toute cette vie exubérante, et la reine fit une nouvelle commande d'une série aussi considérable de tableaux qui représenteraient cette fois la vie de son époux, Henri IV. Disons tout de suite qu'il n'y eut que quelques dessins exécutés; l'exil de Marie de Médicis empêcha de donner suite au projet.

En même temps que Rubens travaillait à l'œuvre colossale que nous venons d'énumérer, il peignait pour les jésuites d'Anvers, qui venaient de faire construire une église et voulaient la décorer d'une manière tout à fait digne d'eux, une autre série de trente-huit grands tableaux, qui malheureusement périrent tous dans un incendie, en 1718, à l'exception de quatre.

Rubens n'avait fait que passer à Paris; il avait cependant eu le temps de se lier avec Buckingham, le ministre de Charles Ier, et celui-ci s'était pris d'une telle affection pour le peintre qu'il essaya de faire conclure, par son intermédiaire, la paix entre l'Espagne et l'Angleterre, alors en guerre. Il vint même le trouver dans son palais d'Anvers et fut tellement ébloui par les richesses artistiques qu'il y vit répandues à profusion, qu'il voulut à toute force acheter à Rubens sa collection. Celui-ci résista longtemps, éprouvant un grand crève-cœur à se séparer de tout ce qui faisait la joie et l'agrément de sa vie, mais enfin, il finit par se laisser persuader et vendit les plus belles pièces à Buckingham pour la somme énorme de cent mille florins. Le prodigue ministre ne comptait guère; c'était l'argent des Anglais qu'il dépensait; mais il allait être bientôt obligé de rendre des comptes, et on sait quelle malheureuse fin l'attendait.

Rubens était donc au faîte de la gloire. Comme peintre, son talent était désormais incontesté; comme homme, les personnages les plus considérables venaient le visiter. Ce fut cependant au milieu de toute cette gloire qu'il éprouva, pour la seconde fois, une des douleurs les plus cuisantes de son existence. Sa femme mourut à cette époque. Si nous n'en avons rien dit jusqu'ici, notre oubli sera largement compensé par la lettre que voici. Elle est de Rubens lui-même :

« En vérité, j'ai perdu une excellente compagne. On pouvait, que dis-je, on devait la chérir par raison, car elle n'avait aucun des défauts de son sexe; point d'humeur chagrine, point de ces faiblesses de femme, mais rien que de la bonté et de la délicatesse; ses vertus la faisaient chérir de tout le monde pendant sa vie; depuis sa mort, elle cause des regrets universels. Une semblable perte me paraît bien sensible, et puisque le seul remède à tous les maux, c'est l'oubli qu'engendre le temps, il faudra sans doute espérer de lui mon seul secours. »

Il chercha aussi une consolation dans les voyages. Il partit, décidé à se rendre à Utrecht, chez son ami Pœlembourg. Il rencontra en route Sandrart, qui lui demanda comme une faveur la permission de voyager avec lui, ce que Rubens lui accorda volontiers. Et ils marchèrent sans trop se presser, laissant la fortune et les loueurs de bateaux les conduire à leur guise. Il dépensa beaucoup, pendant ce voyage, en acquisitions d'objets d'art, de peintures surtout, et il put refaire sa collection fortement endommagée par Buckingham.

A partir de la mort de sa femme, Rubens changea ses habitudes presque complètement. Lui, jusque-là si casanier, menant une vie si réglée, il se mit à faire de longs voyages et à quitter le doux laisser-aller de la vie de famille pour prendre des fonctions très délicates, souvent périlleuses; en un mot, Rubens devint un véritable diplomate. Il avait déjà, comme nous l'avons dit, entamé quelques conversations diplomatiques avec Buckingham, mais ce dernier était trop superficiel pour qu'elles pussent aboutir, et surtout Rubens n'avait encore aucun titre à exercer ces fonctions. Mais, lorsqu'en 1624 Philippe III lui eut accordé des lettres de noblesse, à lui et à sa postérité, on put l'employer sans scrupules. A-t-il eu un rôle aussi considérable qu'on a voulu le dire comme diplomate? C'est ce dont il est permis de douter un peu; à coup sûr, on exagère lorsqu'on le met en comparaison avec Richelieu, et qu'on le fait tenir en échec le tout puissant cardinal.

En 1628, Rubens alla en Espagne, comme ambassadeur, pour essayer d'amener un accommodement entre cette puissance et l'Angleterre. Y fit-il beaucoup de diplomatie? Il semble que non;

mais peu nous importe, puisqu'il y fit beaucoup de peinture. On compte, en effet, jusqu'à 40 tableaux qu'il exécuta pendant son séjour de neuf mois dans ce pays, et parmi ces tableaux, beaucoup sont des copies de Titien. Rubens fit connaissance à ce moment avec Velasquez, beaucoup plus jeune que lui, puisqu'il n'avait alors que 29 ans, et il est probable, comme le dit M. Michiels, qu'il dut avoir une grande influence sur le talent du peintre espagnol.

« On n'a qu'à examiner les Velasquez du musée de Madrid pour être frappé des différences qui séparent ceux qui sont antérieurs à Rubens de ceux qui suivirent sa visite et ses leçons. Evidemment c'est de Rubens que datent ses plus belles qualités, la liberté charmante et cavalière de son exécution, la souplesse merveilleuse de ses teintes, la fraîcheur et la lumière délicieuse qui le distinguent entre tous les maîtres du monde; et l'austère Pacheco, son beau-père et son premier maître, ne lui avait rien appris de pareil. »

Rubens repartit pour Bruxelles, après que Philippe IV l'eut nommé secrétaire de son conseil privé : ce titre était, sans doute, destiné à payer les splendides toiles que le peintre lui laissait, car l'illustre monarque avait peu d'argent — et le roi de Portugal, encore moins, à en juger par cette petite anecdote : « Le roi du Portugal écrivit à quelques seigneurs pour les prier d'engager l'illustre peintre à l'aller voir à Villaviciosa. Sensible à une invitation aussi flatteuse, Rubens entreprit le voyage. Mais le roi, apprenant qu'il était parti avec un train magnifique, fut si épouvanté de la dépense qu'un tel hôte pourrait lui occasionner, qu'il envoya un gentilhomme à sa rencontre, chargé de lui dire, qu'ayant été forcé de partir de Villaviciosa pour une affaire importante, il le priait de ne pas aller plus avant et d'accepter 50 pistoles pour le dédommager des frais de son voyage. Rubens refusa l'argent et répondit qu'il n'avait pas besoin de ce petit secours, que comptant demeurer quinze jours chez le roi de Portugal, il avait apporté avec lui 2000 pistoles, afin de les y dépenser. » Qui des deux montra le mieux des sentiments conformes à la dignité d'un prince?

Arrivé à Bruxelles, Rubens n'y demeura pas longtemps. Il repartit presque aussitôt pour l'Angleterre où il causa politique avec le roi Charles Ier en faisant son portrait. Ce fut là qu'il fit cette réponse fameuse à un courtisan anglais qui lui dit un jour : « Je vois que monsieur l'ambassadeur s'amuse quelquefois à être peintre. — Non pas, repartit Rubens, je m'amuse quelquefois à être ambassadeur. » N'avait-il pas ici encore parfaitement raison? Que d'ambassadeurs aujourd'hui sont ignorés, tandis que le génie du peintre fera toujours vivre le nom de Rubens.

Il cessa ses occupations diplomatiques lorsqu'il eut contracté, en 1630 un deuxième mariage avec Hélène Fourment, dont il eut cinq enfants. Il reprit sa vie calme et réglée, travaillant avec acharnement, malgré les accès de goutte qui le prenaient assez souvent, toujours entouré des distinctions les plus flatteuses, visité par l'illustre Ambroise Spinola, et par le roi Sigismond de Pologne.

Dans cette dernière partie de sa vie, Rubens laissa complètement de côté les grandes toiles pour exécuter de petits tableaux et surtout des paysages.

Il mourut en 1640 et fut enterré à Anvers dans le caveau des Fourment. Ses funérailles furent splendides; elles eurent tout l'éclat de funérailles princières; devant son cercueil, en effet, on portait un carreau de velours noir avec une couronne d'or. Il la méritait bien, et ce ne serait que justice si un semblable hommage était rendu à tous les peintres illustres. Voici d'ailleurs le récit qu'a fait M. Alfred Michiels de ces magnifiques funérailles :

« Devant le cercueil marchaient le clergé et le chapitre de la cathédrale; puis venaient les ordres mendiants avec leur costume grave et pittoresque. A droite et à gauche s'avançaient les orphelins, tenant tous un flambeau allumé. Derrière le corps, on voyait la famille du grand homme, la magistrature, la corporation des peintres, une foule de nobles, de commerçants, de riches bourgeois. La population entière formait la haie sur leur passage.

» Dans l'église, le chœur était tendu de velours noir depuis le haut des voûtes jusqu'au sol, et on avait paré l'autel de la même manière. Un cénotaphe occupait le milieu de l'enceinte réservée. Les musiciens de Notre-Dame jouèrent pendant la messe, accompagnant les psaumes funèbres et le *Dies iræ*. On déposa ensuite la bière dans le caveau des Fourment. Le catafalque resta quatre semaines debout et six cierges brûlèrent continuellement alentour. En reconnaissance des honneurs que l'on s'était empressé de rendre au peintre illustre, sa veuve fit remettre, pour donner aux magistrats, aux deux chapitres, aux ordres mendiants et à la corporation de Saint-Luc, diverses sommes d'argent. »

Une vente, faite après la mort du grand peintre, de plusieurs de ses études et de ses toiles, produisit une somme de deux cent quatre-vingt mille florins.

Rubens forma plusieurs élèves qui s'illustrèrent après lui : nous citerons, entre autres, Van-Dyck, Jordaëns, Suysen, Téniers. Un de ses fils fut un archéologue distingué.

Si, comme nous l'avons dit en commençant, Rubens n'est point né à Cologne, il semblerait, d'après une légende assez amusante, qu'il aurait été tout au moins baptisé dans l'église Saint-Pierre de cette ville. Cette église possède, en effet, un des chefs-d'œuvre du grand peintre. C'est un tableau représentant le crucifiement renversé de l'apôtre Saint-Pierre. Il y a longtemps que la place de ce tableau est marquée dans l'histoire de l'art. Rubens en avait fait présent à cette église lorsqu'il retira son extrait de baptême. Mais les administrateurs, qui se connaissaient peu en tableaux, laissèrent voir qu'ils aimaient mieux de l'argent que cette toile, et résolurent de la renvoyer à Rubens. Le grand artiste fut très blessé de ce trait de Béotiens, et leur fit offrir, dit-on, deux mille huit cents écus pour ravoir son tableau : ceux-ci virent alors la sottise qu'ils avaient faite, et gardèrent le tableau. On ne le montre que les jours de grande fête : les autres jours, il est recouvert d'une grande toile, et ce n'est qu'à prix d'argent qu'on peut le voir.

Voici maintenant, à titre de curiosité — et c'est par cette citation que nous terminerons le présent chapitre, — les vers consacrés à Rubens que l'on trouve dans Nostradame :

Soubs le firmament et la grande ceinture
Par où chasqu'an Phœbus les douze signes faict,
Se voit quelque mortel si digne et si parfaict
Que l'on doibve tenir pour Dieu de la peinture :
Rubens, ange plus tôt qu'humaine créature,
Miracle de cet âge, est l'unique en effaict,
Qui veut que son labeur estonne la nature
Bien plus vif et parlant que vif et contrefaict.
Don qu'à ce Belge seul Jupiter distribue,
Mais qu'aux heureux aspects il faut qu'on attribue
Plus qu'à toute industrie et tout sçavoir humain.
Si que s'ilz reprenoyent cette mortelle fange,
Fréminet, Titien, Raphaël, Michel-Ange,
Dresseroyent des autels à sa divine main.

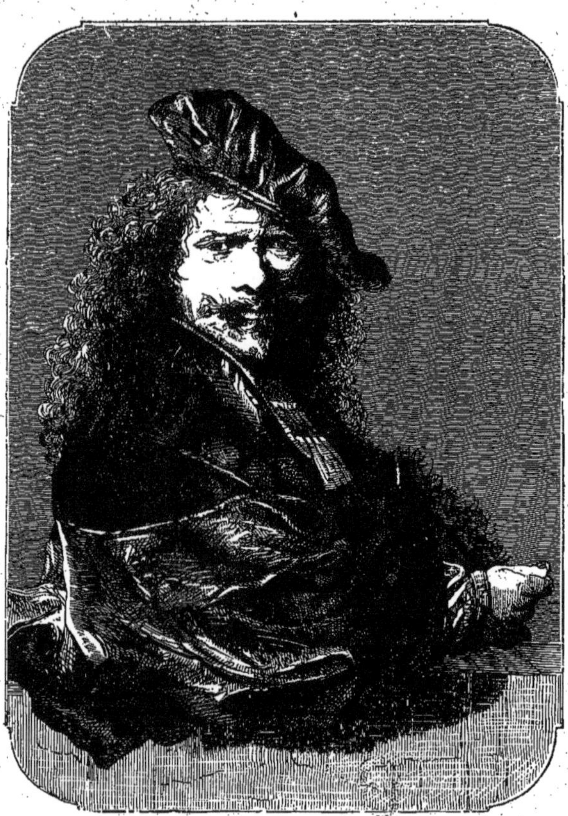

Portrait de Rembrandt, par lui-même.

IX

REMBRANDT

1607-1669

« La vie de Rembrandt, a dit un illustre critique et peintre, Fromentin, est, comme sa peinture, pleine de demi-teintes et de coins sombres. Autant Rubens se montre tel qu'il était, au plein jour de ses œuvres, de sa vie publique, de sa vie privée, net, lumineux et tout chatoyant d'esprit, de bonne humeur, de grâce hautaine et de grandeur, autant Rembrandt se dérobe et semble toujours cacher quelque chose, soit qu'il ait peint, soit qu'il ait vécu. »

Il y a quelque temps déjà que ces lignes furent écrites; depuis on a fait de nouvelles recherches sur Rembrandt; on désirait éclairer quelques-uns de ces coins sombres dont parle Fromentin, mais on n'y est point parvenu. On a cependant écrit de nouveaux volumes sur lui, mais, en somme, on n'a pas trouvé beaucoup de nouveau, et les lignes de Fromentin continuent à rester fort justes dans leur ensemble. On en a donc été réduit à remplacer les faits positifs et précis par ces appréciations souvent vagues, toujours fort inutiles, parce que si l'on n'a point vu soi-même le tableau ou la gravure dont il est parlé, on ne comprend rien à ce que l'on en dit. Nous essaierons donc de rassembler dans cette biographie le plus de faits possible sur la vie de Rembrandt, en nous servant de ce qui a été écrit sur lui par Fromentin,

G. Planche, Charles Blanc, et enfin du dernier livre de M. Vosmaert paru sur cette matière.

Rembrandt naquit à Leyde en 1607, et mourut à Amsterdam en 1669.

Il vint au monde sur les bords du Rhin, que les Hollandais appellent *Ryjn;* d'où son surnom que l'on ajoute parfois à son nom : *van Ryjn*, ou même *van Ryn*, c'est-à-dire *Rembrandt du Rhin*, comme en Italie on disait Léonard *de Vinci*. Il était le cinquième des six enfants d'un meunier, bon bourgeois, assez aisé, à ce que l'on croit. Aussi l'éducation des enfants fut-elle soignée, celle du peintre en particulier. Il fut envoyé à l'Académie de Leyde, dont l'Université était de fondation récente, puisqu'elle ne datait que de l'année 1575; ç'avait été une faveur faite à cette ville pour la récompenser de l'héroïque résistance qu'elle avait montrée contre les Espagnols qui l'avaient attaquée en 1574.

Mais le jeune Rembrandt se montra manifestement rebelle aux études qu'on lui proposait de faire; il n'avait aucune aptitude pour la langue latine, encore moins pour la langue grecque; en revanche, il aimait beaucoup à dessiner à la marge de ses cahiers la figure d'un professeur à mine rébarbative, ou d'un camarade en train de dormir consciencieusement sur son livre. Son père se décida donc à le retirer de l'école, et à laisser un libre cours à son goût marqué pour le dessin. A treize ans le jeune Rembrandt fut mis dans l'atelier d'un peintre de Leyde, du nom de Lucas, — peintre aujourd'hui parfaitement inconnu, et qui même à cette époque n'avait pas un nom bien illustre; il est vrai de dire que Leyde ne possédait pas de peintre illustre : Rembrandt entra donc, si l'on veut, chez le moins mauvais. Il resta trois ans dans cet atelier. Qu'y fit-il? On ne sait au juste, car nous ne possédons rien sur cette époque de la vie de Rembrandt. Après quoi, il alla à Amsterdam chez un maître plus célèbre du nom de Lastman, qui avait passé quelques années en Italie, où il avait pu assister à la Renaissance des arts, et au mouvement donné par un Léonard, un Michel-Ange, un Raphaël, pour ne citer que les plus connus. Lastman, comme Lucas, est bien ignoré de nos jours, et son nom n'a été sauvé de l'oubli que grâce à Rembrandt.

Lastman avait, avons nous dit, séjourné en Italie, et en avait rapporté l'admiration pour les belles œuvres qu'il y avait vues. Rubens, par son propre exemple, contribuait également à faire admirer l'Italie, et cependant c'est à cette époque précise que naît ce qu'on a appelé l'*Ecole hollandaise*. Et cela se comprend, puisque jusque-là la Hollande n'existait pas comme nation, comme individu, comment aurait-elle pu avoir un art propre, une école nationale? Mais, à la date de 1609, elle a forcé l'Espagne à reconnaître son indépendance; elle affirme son existence, et, du même coup, un art propre à la Hollande apparaît, en même temps que les artistes naissent, comme par enchantement. Fromentin a fort bien expliqué ce merveilleux phénomène, cette pensée d'artistes : « Il en naît partout à la fois : à Amsterdam, à Dordrecht, à Leyde, à Delft, à Utrecht, à Rotterdam, à Enckhuysen, à Harlem, parfois même en dehors des frontières et comme d'une semence tombée hors du champ. Deux seulement ont à peine devancé l'heure : Van Goyen, né en 1596, et Wynants en 1600. Cuyp est de 1605; l'année 1608, une des plus fécondes, voit naître Terburg, Brauwer, et Rembrandt à quelques mois près; Adrien van Ostade, les deux Botts et Ferdinand Bol sont de 1610; van der Helst, Gérard Dow de 1613, Metzu de 1815, Wouwermann de 1620, Berghem de 1624; Paul Potter illustre l'année 1624; l'année 1630 devient à tout jamais mémorable pour avoir produit le plus grand peintre de paysage du monde avec Claude Lorrain : Jacques Ruysdaël. »

A ce peuple neuf, il fallait un art qui fût également neuf. Car il n'y avait pas de tradition, pas d'histoire, tout était à faire. Où donc chercher l'inspiration? Ici encore on fit ce qu'on avait fait en politique; on avait tout trouvé en soi-même et dans le sol; l'art s'inspira de la nature et des hommes; c'est-à-dire qu'on fit surtout des portraits, et que cet art fut avant tout réaliste, que les artistes s'attachèrent au réel ; le plus réaliste d'entre eux est précisément Rembrandt.

Au début, cependant, il tâtonna un peu, sacrifiant au goût du jour, qui voulait que l'art fût en quelque sorte la reproduction, et comme une contrefaçon de l'art italien, mais sa nature forte lui fit bientôt reprendre le dessus ; il voulut être lui-même. Il s'en revint donc, en 1623, à Leyde et travailla seul. Il vécut d'une vie obscure, renfermée, livré à lui-même et à ses méditations. Il serait très intéressant de suivre les phases successives par lesquelles passa sa pensée ; mais malheureusement nous ne pouvons pas mettre de date sur les quelques rares œuvres qu'il composa, à ce que l'on croit, vers cette première période de sa vie. Nous n'avons qu'une petite histoire pour nous défrayer. Un jour qu'il avait terminé un tableau, il en fut si content qu'il résolut de le vendre ; le voilà donc parti avec son tableau à La Haye. C'était le premier tableau qu'il allait vendre — s'il le vendait ! Le cœur lui battait donc bien un peu lorsqu'il entra chez un riche marchand de tableaux qui fit d'abord le dédaigneux, puis voulut bien le lui acheter cent florins, en protestant qu'il voulait encourager le jeune artiste. C'était plus que celui-ci n'espérait. Aussi, ivre de joie, il s'en courut tout droit à la poste pour reprendre immédiatement la voiture, et rapporter sa fortune à son père. La voiture arrêta le long du chemin ; tous les voyageurs descendirent pour prendre quelque morceau de pain et de viande à l'auberge, seul Rembrandt demeura dans son coin, avec sa bourse ; la joie lui coupait l'appétit, et il avait si peur de manquer le départ qu'il resta. Les chevaux, qui étaient aussi impatients que lui de rentrer à Leyde, partirent, soudain, sans attendre les voyageurs et ramenèrent Rembrandt seul à Leyde.

C'est peu de chose, comme on voit. Si seulement on savait quel était ce tableau, passe encore. Toutefois, on croit pouvoir affirmer que le premier tableau qu'il peignit se trouve aujourd'hui au musée de Stuttgart, et on lui assigne la date 1627.

Rembrandt aurait donc eu à cette époque vingt ans, et l'on peut sans inconvénient accepter cette date.

En même temps que la peinture, Rembrandt commença la gravure, dont son maître Lucas avait pu lui donner les premières leçons, étant lui-même graveur. Ses premières eaux-fortes datent de 1628; il commença par le portrait de sa mère, mais ce fut lui surtout qu'il prit pour modèle. Disons tout de suite que sa tête s'y prêtait bien; la figure est fière, l'ensemble des traits est harmonieux; il suffit pour s'en convaincre d'aller au Louvre voir un de ses portraits peint par lui-même. Tantôt il prenait une coiffure, tantôt une autre; tantôt souriant, tantôt sérieux, il put étudier sur lui-même les changements apportés sur la figure humaine par les diverses passions.

Il acquit bientôt une telle habileté de main par son travail acharné que sa réputation finit par s'établir à Leyde, et se répandre aux environs. Mais c'était une bien petite ville que Leyde; ses parents étaient morts; plus rien ne l'y rattachait; il partit donc pour Amsterdam, qu'il ne devait plus quitter. Cette dernière ville offrait bien d'autres ressources pour un peintre que Leyde. Elle était fort riche; par suite un peintre pouvait espérer des commandes; elles ne manquèrent pas à Rembrandt, et il sut si bien satisfaire ceux qui s'adressaient à lui que bientôt les élèves affluèrent en foule, demandant à travailler sous sa direction. Et cependant, il n'était point doux pour eux; il les rudoyait, leur disait franchement ce qu'il pensait d'eux, parfois même leur déclarait tout net qu'ils feraient mieux d'être maçons que de vouloir faire de la peinture; mais rien n'y faisait; on continuait à se porter vers son atelier. Citons parmi ses élèves les plus célèbres, les noms de Gérard Dow, de Van Fliet, de Ferdinand Bol, — tous artistes remarquables, quoique peut-être ils se soient trop soumis à l'influence du maître. Et cependant, Rembrandt prenait toutes les précautions pour qu'il n'en fût rien; il ne touchait presque jamais au travail de ses élèves, se contentant de leur donner des indications orales, ou de rectifier le dessin à la marge, ou sur un morceau de papier séparé. Il faisait même plus; il avait pris l'habitude d'enfermer ses élèves, chacun entre une cloison séparée, non pas pour leur épargner les distractions auxquelles ils auraient pu se laisser aller, mais pour qu'ils n'eussent pas d'influence les uns sur les autres et pour leur conserver leur originalité propre. Il sentait bien qu'il n'y a pas de véritable artiste dans quelqu'un qui n'est pas soi.

En 1632, à vingt-trois ans, il composa le célèbre tableau, connu sous le nom de la *Leçon d'anatomie*, pour un médecin avec lequel il s'était lié, du nom de Tulp, et dont il fit d'ailleurs le portrait dans ce tableau. En 1634, il épousa la fille du bourgmestre de Leuwarden, du nom de Paskia. Alors commencèrent pour lui quelques années d'un véritable bonheur. Il adorait sa femme, et passait une bonne partie de son temps à l'admirer, l'habillant de mille manières avec les riches étoffes aux brillantes couleurs qu'il achetait aux marchands venus d'Orient. Elle nous a valu quelques beaux portraits, et le peintre s'est même parfois représenté lui-même à côté de sa femme.

En 1642, dix ans après sa fameuse *Leçon d'anatomie*, il produisait un nouveau chef-d'œuvre, également célèbre, qui fit beaucoup de bruit du vivant même de Rembrandt; je veux parler de *la Ronde de nuit*. C'était un tableau qui lui avait été commandé par la corporation des arquebusiers, tableau incomplet d'ailleurs, car lorsque la toile fut achevée, on s'aperçut qu'elle était trop grande pour le cadre; on ne fut pas embarrassé bien longtemps pour si peu. On coupa tout simplement deux personnages en entier, et, de plus, la moitié d'un autre qui porte un tambour; c'est ce qui explique l'aspect bizarre de celui-ci. Rembrandt fut, à ce qu'il semble, fort gêné pour faire ce tableau; d'abord le sujet lui était imposé, et, en somme, ce qu'il devait faire, c'étaient des portraits. Aussi ne fit-il pas de dessins préparatoires pour cette toile; ou du moins, s'il en fit, on n'en a jamais retrouvé la trace; et pour mener son travail plus vite, il ne se préoccupa point des contrastes les plus heurtés qui s'y trouvent. En effet, on y voit par places des trous noirs, qui ont encore noirci par le temps, à côté des blancs éclatants. Et voilà pourquoi le tableau a fait l'impression d'être un effet de nuit, d'où son nom, bien inexact, comme on voit. Cette *Ronde de nuit* fait face au *Banquet des arquebusiers* de van der Helst, au musée d'Amsterdam. Dès son apparition, le tableau de Rembrandt souleva une véritable tempête. Il semblait que le peintre eût voulu se moquer du public, ou tout au moins le mystifier. Que signifiait un tel sujet : « Des gens qui marchent, d'autres qui s'arrêtent, l'un amorçant un mousquet, l'autre chargeant le sien, un autre faisant feu, un tambour qui pose pour la tête en battant sa caisse, (c'est le fameux tambour auquel on rogna tout ce qui dépassait le cadre), un porte-étendard un peu théâtral, enfin une foule de figures fixées dans l'immobilité propre à des portraits. » C'est qu'en effet c'étaient des portraits et pas autre chose. Rembrandt a même pris la peine d'inscrire le nom des personnages sur un cartouche au fond du tableau ; c'étaient sans doute ces braves arquebusiers qui l'avaient désiré pour que leur nom passât à la postérité. C'était d'ailleurs l'habitude chaque fois qu'une confrérie se faisait peindre un tableau. Mais, encore une fois, Rembrandt se trouva gêné ; il fut désolé de voir que sa toile était si mal accueillie, et comme un malheur ne vient jamais seul, il eut la douleur de perdre sa femme cette même année. Une immense tristesse remplit alors son cœur, et comme il aimait beaucoup à s'isoler, il se plongea plus profondément encore dans la solitude. Il passait de longues journées à la campagne, dans cette campagne de Hollande qui semble faite tout exprès pour les cœurs attristés : « Sous cet air lourd, au milieu de ces horizons sans grandeur, on se pénètre à plaisir du calme de la nature et du sentiment de l'insignifiance humaine. Près des flaques d'eau marécageuse, où s'étend une sorte de lèpre végétale, où flotte comme un emblème de tristesse, le cygne toujours grave et toujours silencieux, on passe en revue ses douleurs d'autrefois, on s'enivre de son propre abandon, de sa mélancolie, et de la sourde conscience de ses forces inutiles. Le vent gémit dans les roseaux d'une voix douce et lamentable; un hêtre violent réfléchit à vos pieds, sur l'eau brune, son obscur feuillage; de loin en loin s'ouvre, au milieu des nues, quelque meurtrière par où le soleil brille comme du fond d'un cachot. Les vapeurs dont l'air est imprégné, le bétail qui broute avec nonchalance une herbe mêlée de joncs, la pâle fumée de la tourbe ondoyant au-dessus des maisonnettes, tout vous invite à la patience, tout endort l'affliction et les regrets. »

Rembrandt fit alors beaucoup de paysages, soit en peinture, soit à l'eau-forte. Il changea de résidence et continua à mener la même vie calme. Sa femme lui avait laissé plusieurs enfants en bas-âge; il éprouva donc le besoin de se remarier pour avoir quelqu'un auprès de lui qui pût mettre de l'ordre dans son ménage. Et il épousa Hendrickie Stoffels, dont le portrait se trouve au Louvre; c'est un des beaux portraits qui soient sortis du pinceau de Rembrandt.

Mais la fortune ne lui laissa pas un long moment de répit. A partir de 1656 jusqu'à sa mort, c'est-à-dire pendant treize ans, Rembrandt vécut malheureux. Il avait mené la vie large d'un artiste, dépensant sans compter; et, un jour vint où il fut complètement ruiné. On vendit sa maison, on vendit sa collection, une des plus riches qu'ait jamais possédée un artiste; et cependant ses dettes ne furent pas encore payées. Pour pouvoir vivre, il se mit à travailler comme il put; encore n'avait-il même pas la ressource de vendre ses tableaux, car dès qu'on savait qu'il en avait terminé un, aussitôt les créanciers accouraient et le faisaient vendre à leur profit. Il fut donc obligé d'aller demeurer avec son fils aîné, et celui-ci se chargea de la vente des tableaux et des gravures de son père. On voit donc par là ce qui a donné lieu à la légende de l'avarice de Rembrandt. Cet homme, disait-on, était si avare, qu'il envoyait son fils vendre ses gravures, comme si celui-ci les lui avait dérobées pour les faire payer plus cher. On racontait qu'il lui arrivait de faire deux fois une même gravure, en n'introduisant que quelques changements insignifiants dans la seconde. On allait même plus loin ; un biographe de Rembrandt raconte très sérieusement que les élèves du peintre connaissant la passion de leur maître, pour l'or, s'amusaient à clouer sur le sol des morceaux de carton doré, afin de tromper Rembrandt qui se baissait pour les ramasser, les prenant pour des pièces d'or. Tous ces racontars, dictés par la jalousie, ou même par la haine, n'ont aucun fondement sérieux. Le contraire serait plutôt vrai. Loin d'être un avare, Rembrandt était un prodigue et la meilleure preuve est qu'il se ruina complètement à acheter des œuvres d'art, ainsi que le témoigne le catalogue de sa collection. Il possédait des Léonard de Vinci, des Raphaël, des Titien, beaucoup de vieux meubles, des étoffes splendides dont il aimait à se draper

On a peine à voir que ce grand homme, à 50 ans, fut obligé de s'en aller chercher un refuge dans une misérable petite chambre d'auberge. Il lui restait bien des amis, notamment le bourgmestre Six; il avait connu Huyghens; comment ne vinrent-ils pas lui tendre la main à ce moment? Comment purent-ils le laisser dans la misère? C'est que Rembrandt avait un caractère un peu sauvage, un peu brusque, et qui n'admettait pas les concessions. Avec cela, jamais il ne sut se faire aimer, ni même se faire estimer à sa juste valeur; j'entends comme peintre. Par exemple, lors des fêtes qui étaient célébrées à Leyde en l'honneur de l'anniversaire de la délivrance de la ville, le conseil de la ville votait une somme assez considérable destinée au peintre que l'on chargeait des décorations nécessaires à cette solennité. Jamais Rembrandt n'en fut chargé; et cependant Leyde était sa ville natale. Plus tard encore, deux reines, Marie de Médicis et Marie d'Angleterre, vinrent visiter le pays ; on ne se soucia pas plus de Rembrandt que s'il n'avait pas existé, et c'est Sandrart, peintre de second ou de troisième ordre, si on le compare à Rembrandt, qui fut chargé de faire le portrait de Marie de Médicis. C'était tant pis pour Marie, mais aussi tant pis pour le peintre. Un dernier exemple : Lors de la paix de Westphalie, en 1648, qui consacra définitivement et d'une manière explicite l'indépendance de la Hollande, il y eut des commandes importantes; mais on les fit à van der Helst et à Flinck; de Rembrandt, il ne fut pas même question. Evidemment, il fallait que ce grand artiste fût peu sympathique pour être ainsi écarté de parti pris. Il avait des boutades étranges, qui font honneur à l'artiste, parce qu'elles prouvent qu'il plaçait son indépendance au-dessus de tout; mais, hélas! il n'est que trop vrai que la vie tout entière se passe à se faire des concessions les uns aux autres; et peut-être, après tout, n'est-ce que justice. Mais comment pouvait-on lui passer cette petite malice qu'il se permit vis-à-vis d'une bonne famille qui lui avait commandé un tableau de famille? Le tableau terminé, on demanda le prix à Rembrandt, qui fit pousser les hauts cris par sa réponse. Vexé de voir qu'on le marchandait d'une façon si mesquine, il demanda à aller faire quelques retouches au tableau; on le lui accorda, mais quelle ne fut pas la stupéfaction et aussi la colère de la famille, quand on se fut aperçu que Rembrandt avait peint au bas du tableau un affreux singe qui faisait la grimace à toutes ces braves physionomies.

Quelques-unes des reparties de Rembrandt sont demeurées célèbres. A quelqu'un qui s'exclamait devant un de ses tableaux en criant : « Quel empâtement! » il répondait : « Vous n'avez pas besoin de mettre le nez dessus, l'odeur des couleurs vous incommoderait. » Une autre fois, comme on lui reprochait de ne pas finir ses tableaux, il répondait d'un ton brusque : « Le tableau est parfait dès que j'y ai rendu ma pensée. »

Et il avait raison, et nul ne sut, aussi bien que lui, rendre sa pensée au moyen de ce fameux clair obscur, qui lui est propre et dont on a si bien et si souvent parlé qu'on ne sait plus exactement ce que c'est. Nous rapporterons cependant là-dessus les paroles de Fromentin qui avait toute autorité pour aborder cette question, en sa qualité de peintre : « Le clair obscur est à n'en pas douter la forme native des impressions et des idées de Rembrandt. D'autres que lui s'en servirent; nul ne s'en servit aussi continuellement, aussi ingénieusement que lui. C'est la forme mystérieuse par excellence, la plus enveloppée, la plus elliptique, la plus riche en sous-entendus et en surprises qu'il y ait dans le langage pittoresque des peintres. A ce titre, elle est plus qu'aucune autre la forme des sensations intimes ou des idées. Elle est légère, vaporeuse, voilée, discrète; elle prête son charme aux choses qui se cachent, invite aux curiosités, ajoute un attrait aux beautés morales, donne une grâce aux spéculations de la conscience. Elle participe enfin du sentiment, de l'émotion, de l'incertain, de l'indéfini et de l'infini, du rêve et de l'idéal. Et voilà pourquoi elle est, comme elle devait l'être, la poétique et naturelle atmosphère que le génie de Rembrandt n'a pas cessé d'habiter. »

Rembrandt faisait, comme dit encore Fromentin, de la lumière avec de l'ombre, et cela non seulement dans ses tableaux, mais encore dans ses eaux fortes, dont les plus célèbres sont celles qu'il fit pour Six. On prétend que pour produire ces effets si surprenants, il faisait arriver la lumière dans l'atelier, où il travaillait, par un tout petit trou, mais ceci n'explique rien. S'il est si remarquable, c'est qu'il avait un véritable tempérament d'artiste plus que pas un, et cette phrase qu'il prononça lui-même pourrait servir d'épigraphe à un volume encore à faire sur lui : « Lorsque je désire reposer mon esprit, ce ne sont pas les honneurs que je cherche, mais la liberté. »

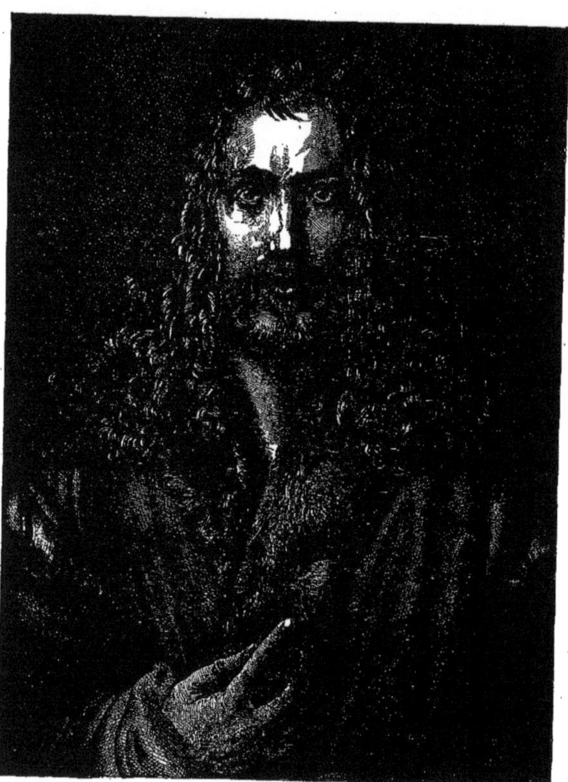

Portrait d'Albert Dürer, par lui-même.

X

ALBERT DÜRER

1471-1528

Albert Dürer naquit en 1471, à Nuremberg et mourut en 1528.

Il vint au monde dans la maison même où son meilleur ami, Pirckheimer, était né un an auparavant; il était le troisième de dix-huit enfants; il eut pour parrain le célèbre Koburger, imprimeur très connu de l'époque. Son père était orfèvre; ce qui indique que Dürer fut élevé dans un milieu artistique. Le père de Dürer était un homme excellent, grave, pieux, austère. Aussi avait-il obtenu promptement toute la confiance des autres orfèvres, et il fut nommé, à l'unanimité, maître juré de cette corporation; puis il ajouta, quelques années plus tard, à ce titre, celui de capitaine des rues. Il fit une grande impression sur son fils Albert, dont nous racontons la vie, et celui-ci a résumé dans son journal, rédigé au jour le jour, cette impression en ces termes :

« Tous ceux qui l'ont connu ont fait de lui un éloge sans réserve, car il vivait en homme d'honneur, et en bon chrétien. Il était patient, doux, pacifique avec chacun, et toujours reconnaissant envers Dieu. Les joies du monde n'avaient plus grand attrait pour lui; il parlait peu et ne recherchait pas beaucoup la société. C'était l'homme craignant Dieu. Mon cher père mit tous ses soins à élever ses enfants pour la gloire de Dieu, car son plus grand désir était de les rendre, par l'éducation austère qu'il leur dispensait, agréables à Dieu et aux hommes. Aussi nous recommandait-il sans cesse d'aimer Dieu et d'agir loyalement à l'égard du prochain. »

En 1502 il mourut, et Albert Dürer lui promit de garder toujours avec lui sa mère, et d'avoir pour elle la même affection. A cette date, on lit dans le journal d'Albert Dürer : « Il (son père) l'avait toujours beaucoup louée en ma présence, disant que c'était une femme singulièrement pieuse. Aussi je me propose de ne jamais l'abandonner. » En effet, Albert Dürer témoigna pendant tout le cours de sa vie une très grande sollicitude pour sa mère qui le lui rendait bien. Comme le père, elle adresse à son fils, à son lit de mort, ses suprêmes conseils, puis elle boit à la coupe des adieux, et, joignant ses deux mains sur sa poitrine, elle rendit le dernier soupir, pendant qu'Albert Dürer lui récitait les prières des agonisants. Ce jour-là, Albert écrivit sur son journal : « Morte, elle a une physionomie plus douce qu'elle ne l'avait vivante. »

Ajoutons encore deux mots et nous en aurons fini avec la famille d'Albert Dürer. En 1524, on trouve que de ses dix-sept frères, il n'y en a plus que deux qui survivent : l'un André, orfèvre, et l'autre Hans, peintre, son propre élève. Tous deux, d'ailleurs, étaient plus jeunes que lui. Albert s'occupa toujours d'eux, avec beaucoup de sollicitude, comme le prouvent plusieurs passages de ses lettres à ses amis ou à sa mère.

Il était, avons nous dit, venu au monde, lui, troisième. Mais par la mort des deux premiers il se trouva être l'aîné. Aussi son éducation fut-elle soignée, encore qu'il n'en dise lui-même que ce peu : « Mon père avait pour moi une affection toute particulière. Voyant que j'étais studieux, il me fit aller à l'école et, quand je sus lire et écrire, il me retira de l'école et me fit apprendre le métier d'orfèvre. »

Ainsi Albert Dürer n'apprit dans ses classes que les premiers rudiments ; puis travailla comme orfèvre dans la maison de son père. Chose importante à retenir, car ce fut là qu'il apprit la perspective qu'il mit plus tard dans ses gravures. Mais il ne fit pas que de l'orfèvrerie; il crayonna plusieurs dessins, entre autres son portrait, à treize ans, qui témoigne déjà d'une certaine habileté d'exécution. Ce portrait se trouve aujourd'hui au musée de Vienne.

A quatorze ans, Albert Dürer entra chez Michel Wohlgemuth, dont la maison touchait à celle du père de Dürer, et qui, de plus, était l'associé du parrain d'Albert, Koburger. Ce Michel Wohlgemuth était un des peintres les plus célèbres de Nuremberg; malheureusement, il ne nous reste rien ou à peu près rien de lui, qui nous permette de juger quelle fut son influence sur le développement du génie d'Albert Dürer. Celui-ci eut à souffrir du caractère rude et grossier de ses camarades, en apprentissage comme lui chez Wohlgemuth; et, plus tard, il écrivait : « J'eus beaucoup à souffrir des aides de mon maître. » Malheureusement les ateliers d'alors étaient loin d'être des modèles d'urbanité et de douceur. Après quelque temps passé chez Michel Wohlgemuth, Dürer écrit :

« Quand j'eus fini mon apprentissage, mon père me fit voyager. Mon absence dura quatre ans jusqu'à ce que mon père me rappelât. Je partis après Pâques en 1491, et c'est en 1494, après la Pentecôte, que je revins. »

Où alla-t-il? Aujourd'hui encore, malgré les investigations les plus minutieuses de la critique, nous en sommes réduits à des hypothèses qui n'ont rien de bien probable. Les uns veulent qu'il ait voyagé en Allemagne; d'autres, au contraire, le font aller au Pays-Bas : qui a tort? qui a raison? peut-être le saurons-nous un jour.

« Et quand je fus de retour — continue Dürer, toujours dans son journal, — Hans Frey entra en pourparlers avec mon père et me donna sa fille, nommée Agnès, qui reçut une dot de 200 florins; le mariage eut lieu le 14 juillet de l'année 1494. »

Cette manière de relater son mariage, comme une simple

transaction, nous choque un peu aujourd'hui; mais n'oublions pas que ceci se passait à la fin du XVe siècle, et qu'alors les mariages se faisaient le plus souvent par l'intermédiaire des parents. Ce Hans Frey habitait, comme Wohlgemuth, à peu de distance du père d'Albert Dürer. C'était un homme riche, très actif, doué d'une imagination très vive, à en juger par ce qu'en dit Mendorffer : « Hans Frey était expérimenté en toutes choses, s'entendait à la musique et était vanté comme joueur de harpe. Il savait habilement faire monter l'eau par la compression de l'air et faisait des figures d'hommes et de femmes en cuivre qui étaient creuses à l'intérieur et disposées de telle sorte qu'au moyen d'une insufflation d'air, l'eau qu'on y avait versée jaillissait par des orifices ménagés à cet effet. Ces fontaines étaient portatives : chacun pouvait les placer dans son appartement, et les employer à la décoration des salles de fête, ainsi qu'on peut le voir encore chez Hans Ebner. » Albert Dürer fit même quelques dessins pour ces merveilleuses fontaines.

Disons tout de suite que les relations d'Albert Dürer avec sa femme ne furent pas aussi mauvaises qu'on a voulu le dire. Rien même n'autorise à penser qu'il y ait eu entre eux la moindre mésintelligence.

Après son mariage, Albert Dürer disposa son atelier dans la maison paternelle, où il demeura pendant quinze années. Il avait alors à faire vivre son petit ménage, ses parents et ses frères. Aussi fut-il obligé de travailler vite, et ses premiers ouvrages s'en ressentent un peu; il ne faut donc guère les considérer que comme objet de commerce. Dürer donnait les croquis et c'étaient ensuite ses aides qui achevaient, ou plutôt qui confectionnaient l'œuvre commencée. De cette époque, date un triptyque qu'on voit encore aujourd'hui au musée de Dresde. Il produit également un grand nombre de gravures sur cuivre et sur bois; il donne alors les planches de l'Apocalypse, et c'est à la fin de ce recueil qu'il adopte son fameux monogramme. (1)

(1) Voir ce monogramme au bas de la gravure *l'Enfant prodigue*, page 230.

En 1506, Albert Dürer fit un voyage à Venise, dont voici le motif probable :

Un certain Marc-Antoine de Venise, voyant que les planches d'Albert Dürer avaient du succès, imagina de les reproduire aussi exactement qu'il put et de les vendre sous le nom d'Albert Dürer. Celui-ci naturellement s'émut et porta l'affaire devant des juges. Mais il perdit son procès, et l'on permit à Marc-Antoine de continuer à copier les gravures d'Albert Dürer, avec la seule défense de reproduire le monogramme de ce dernier.

Fût-ce la seule cause qui détermina Albert Dürer à passer les monts? Il semble bien que non, si l'on considère que le peintre de Nuremberg emportait avec lui quatre ou cinq tableaux qu'il espérait sans doute vendre. En outre, cette année même, la peste faisait des ravages à Nuremberg ; enfin Dürer ne partait-il point avec le secret espoir d'être chargé de la décoration du comptoir des Allemands qui venait de brûler, de ce fameux *Fondaco de Tedeschi*, dont nous avons déjà parlé. Nous avons dit que si l'on choisit les deux architectes parmi des Allemands, on prit les deux peintres parmi les Italiens, et que ces deux peintres furent le Giorgione et Titien, dont les fresques ont été effacées par la main du temps. Nous n'avons pas dit alors ce qu'était le *Fondaco;* nous pouvons le dire ici, d'après le dernier et le plus complet biographe de Dürer, M. Thausing :

« Le *Fondaco de Tedeschi* est un édifice carré, à trois étages, avec une cour entourée d'arcades et avec un grand portique donnant sur le canal. Ce portique est pourvu de cinq arcades ouvertes, que supportent des piliers grossièrement taillés et qui sont ornés d'encadrements. Il n'y a que le premier étage de cette façade principale qui ait des galeries latérales et des fenêtres cintrées et géminées ; les deux autres ont de simples fenêtres rectangulaires, également accouplées. »

Du comptoir dépendait l'église San-Bartolomeo. Comme l'architecte était d'Augsbourg, on tenait à ce que le peintre fût de Nuremberg, pour donner satisfaction à l'amour-propre des deux villes rivales. Et c'était bien là encore une des causes qui avaient avaient amené Dürer à Venise, en l'an 1506. Peut-être même celle-ci suffirait-elle, à défaut d'autres, pour expliquer le voyage d'Albert Dürer. Il fut, en effet, chargé de décorer l'église San-Bartolomeo, et plus tard, il regretta d'avoir conclu si vite une affaire qui lui prit beaucoup de temps et lui rapporta peu en comparaison de ce qu'il aurait pu gagner s'il ne l'avait pas acceptée. Car, dit-il, « tous les nobles me veulent du bien ; mais peu de peintres sont dans les mêmes sentiments. » Ceux-ci trouvaient que la réputation de Dürer nuisait à la leur, ce qui était vrai. Dürer lui-même n'était pas mécontent du tableau qu'il avait fait pour l'église du Fondaco, et il écrivait à son ami Pirckheimer : « Mon tableau, sachez-le, donnerait volontiers un ducat pour être vu de vous ; il est bon et beau de couleur. Il m'a valu de grands éloges, mais peu de profit. J'aurais bien gagné deux cents ducats pendant le temps que j'y ai employé. J'ai refusé beaucoup de travaux, afin de pouvoir revenir chez moi le plus tôt possible. J'ai aussi réduit au silence tous les peintres qui disaient que si je m'entendais à graver, je ne savais pas peindre et me servir habilement des couleurs. »

Le doge et le patriarche avaient même fait à Albert Dürer l'honneur de venir voir le tableau dans son atelier. Lorsqu'il eut été exposé à l'église, tout le monde courut l'admirer ; tout le monde en fut enchanté et Dürer surtout qui écrit de nouveau à Pirckheimer : « Si vous êtes content de vous-même, de mon côté je vous fais savoir qu'il n'y a pas dans le pays une image de la Vierge préférable à la mienne. »

C'était en effet la glorification de la Vierge dans la fête du Rosaire que Dürer avait pris comme sujet de peinture. Plus tard, ce tableau fut acheté par l'empereur Rodolphe II, qui le fit transporter sur un brancard par quatre hommes jusqu'à Vienne, pour qu'il ne s'abîmât point en route. Mais le temps l'a rendu tout à fait méconnaissable aujourd'hui, et les retouches successives n'ont presque rien laissé de la peinture primitive.

A Venise, Albert Dürer fut en général mal vu des peintres, comme nous l'avons déjà dit. Il se lia cependant avec Bellini, et c'est à cette liaison que se rattache l'anecdote suivante. Bellini admirait beaucoup la souplesse que Dürer savait conserver aux cheveux qu'il peignait, et ne pouvant se persuader qu'il les fit véritablement avec ses pinceaux ordinaires, il lui demanda un jour un des pinceaux avec lesquels il peignait les cheveux de ses portraits. Et Dürer lui présentant le tas de ses pinceaux : « Prenez celui que vous voudrez, lui dit-il, ils sont également bons. » Comme Bellini hésitait, comme s'il doutait de ce que lui disait Dürer, celui-ci en prit un au hasard et lui peignit une admirable boucle de cheveux, puis lui donnant le pinceau, il ajouta : « Ce n'est pas le pinceau qui fait le peintre. » Ce peintre italien s'était pris d'une vive amitié pour Albert Dürer, qu'il défendit plus d'une fois contre les autres peintres italiens, ainsi que le prouve cette lettre d'Albert Dürer :

« Bellini m'a beaucoup loué devant un grand nombre de gentilshommes. Il souhaiterait posséder quelque chose de moi, et il est venu me trouver, afin de m'exposer son désir, déclarant qu'il voulait me bien payer. Tout le monde m'affirme que c'est un homme loyal, de sorte que je suis favorablement disposé pour lui. Quoique très vieux, il est le meilleur peintre d'ici. »

Outre Bellini, Albert Dürer dut sans doute faire la connaissance de Titien à Venise, car celui-ci aima, lui aussi, à reproduire ses œuvres par la gravure. Dürer voulut aussi aller voir Mantegna; déjà même il était en route lorsqu'on lui apprit que ce dernier venait de mourir; il fit alors un détour vers Bologne où il devait, dit-il, « apprendre les secrets de la perspective que quelqu'un veut m'enseigner. » Il y trouva le peintre le Francia, maître de ce Marc-Antoine qui l'avait si impudemment copié. Eut-il vraiment l'occasion d'apprendre les secrets de la perspective, et qui les lui apprit? Voilà ce que nous ne savons pas bien, et ce qu'il serait cependant très curieux de savoir.

A Venise, Albert Dürer se dérida un peu au contact de ce peuple gai, loin des brouillards et des pluies de Nüremberg. « Sachez-le, dit-il dans une lettre à son ami Pirckheimer, je me suis mis dans la tête d'apprendre à danser et je suis allé deux fois à l'école de danse; j'ai dû, pour cela, donner à mon maître un ducat. Mais nulle force humaine n'aurait pu me décider à y retourner; j'aurais dépensé à la danse tout ce que j'ai gagné et, finalement je n'aurais rien appris. »

Albert Dürer fit, outre sa fameuse *Vierge,* quelques portraits, dont un seul est resté en Italie; encore est-il fort endommagé. Il n'est pas à croire que ce séjour ait changé sa manière; il se contenta d'agrandir le sujet de ses compositions, et de donner de plus grandes dimensions à ses toiles. Revenu à Nuremberg, il fit, en 1807, le tableau d'*Adam et d'Eve,* au sujet duquel on fit un distique célèbre en latin, dont le résumé est que l'ange qui les chassa du Paradis les regarde émerveillés en leur disant :« Je ne vous aurais pas chassés du jardin avec une telle beauté. »

En 1509, il fit l'*Assomption de la Vierge,* et en 1511 le tableau de *Tous les Saints.* Le premier des deux mérite surtout d'arrêter l'attention. C'était un triptyque peint pour Jacques Heller, dont le nom a passé à la postérité grâce à celui d'Albert Dürer. Ce Jacques Heller était drapier, et très riche drapier, ce qui ne l'empêcha pas d'être employé à plusieurs reprises par Maximilien comme ambassadeur. Homme très dévot, il avait énuméré dans un petit écrit toutes les obligations qui s'imposaient à un pèlerin allant à Rome, où lui-même était du reste allé. Voulant se faire enterrer à côté de sa femme Catherine, dans l'église des frères Prêcheurs, il commanda à Dürer ce tableau. Il se rendit en personne à Nüremberg, et Albert Dürer promit d'exécuter le tableau entièrement de sa main : « Nul autre que moi n'y donnera un seul coup de pinceau. » Et, ajoutait-il, « Sachez aussi que je n'ai de ma vie commencé aucun tableau qui m'ait plu à l'égal de celui que je peins à votre intention. » Il ne fut achevé

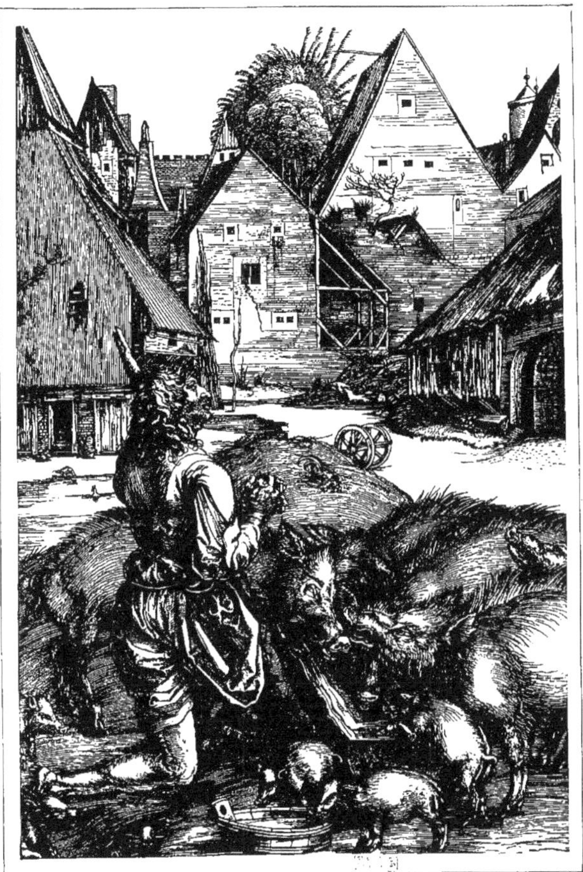

L'Enfant prodigue. — Gravure d'Albert Durer.

qu'après plus d'un an de travail. Et encore Dürer ne se décide-t-il à l'envoyer qu'avec les plus tendres recommandations, sur la manière de le soigner et de le placer; disant pour ajouter encore plus de poids à ses paroles : « Je me suis servi des meilleures couleurs que j'aie pu trouver. Après avoir ébauché le tableau, je l'ai peint et repeint cinq ou six fois avec le plus beau bleu d'outre-mer, et, quand il a été terminé, je l'ai repeint deux fois encore afin qu'il se conserve plus longtemps. Je suis sûr que si vous l'entretenez convenablement, il restera frais et propre pendant cinq cents ans, car il n'a pas été fait à la façon ordinaire. Tenez-le donc proprement; que personne n'y touche ou ne jette dessus de l'eau bénite. »

Il va même, deux ans plus tard, le vernir lui-même avec un vernis dont il a le secret. Ce tableau pour lequel Albert Dürer montrait de véritables entrailles de père resta un siècle dans l'église des Dominicains qui en tiraient de beaux et bons revenus, en ne le montrant qu'argent sonnant; puis Rodolphe II voulut l'acquérir, mais l'électeur Maximilien de Bavière l'emporta sur lui, et conserva le tableau, qui fut brûlé en 1674 dans un incendie. Si les prédictions de Dürer avaient pu se réaliser, et si son tableau avait pu vivre cinq cents ans, nous aurions encore le plaisir de le contempler. Nous sommes réduits aujourd'hui à ne le connaître que par une copie; mais, ce qui vaut mieux, nous possédons les études dessinées de la main de Dürer en vue de ce tableau.

La réputation de Dürer était déjà si solidement établie que Raphaël lui envoya d'Italie quelques dessins au bas desquels Albert Dürer écrivit : « Raphaël d'Urbin, qui a occupé une si haute place dans l'estime du pape, a fait ces figures nues et les a envoyées à Albert Dürer à Nuremberg, afin de lui montrer sa manière de faire : » Dürer, pour payer Raphaël en même monnaie, lui adressa en retour quelques-unes de ses estampes et son propre portrait. A défaut de la peinture, voici le portrait que fait d'Albert Dürer Joachin Camerarius, premier recteur du gymnase fondé à Nuremberg par Mélanchthon :

« La nature lui avait donné un corps merveilleusement construit et équilibré en rapport avec l'esprit éminent qu'il renfermait..... Sa tête était pleine d'intelligence; il avait des yeux brillants, un nez noblement conformé, un cou long, une large poitrine..... mais on ne pouvait rien voir de plus élégant que ses doigts. Quant à sa parole, elle était si douce et si agréable que ses auditeurs étaient désolés quand il cessait de parler. Il était tout naturellement porté à toutes les nobles habitudes, et il passa justement pour un homme irréprochable. Cependant, il ne se laissait aller ni à une sombre sévérité, ni à une gravité rébarbative. L'âge ne l'empêcha pas d'approuver et ne le porta jamais à négliger ce qui, sans être incompatible avec l'honneur et avec le bien, rend la vie agréable et gaie. Les écrits qu'il a laissés sur la gymnastique et sur la musique en font foi. Mais, avant tout, la nature l'avait formé pour la peinture; aussi l'étudia-t-il de toutes ses forces, cherchant partout à connaître les œuvres et la manière des peintres célèbres et à imiter ce qu'il y avait trouvé de bon. A ce point de vue, nous admirons justement Albert comme le gardien le plus fidèle de la décence et de la pudeur. Il a montré dans ses grands tableaux qu'il avait pleinement conscience de sa force; et cependant rien, dans ses œuvres même les moins importantes, ne doit être dédaigné. On n'y trouverait ni une ligne tracée à la légère et sans raison, ni un détail superflu. Mais comment décrire la fermeté et la sûreté de sa main? On jurerait qu'il a exécuté avec le compas et avec l'équerre ce qu'il exécuta simplement avec le pinceau, avec le crayon ou avec la plume, à la vive admiration des spectateurs? Comment aussi donner une idée de l'accord qui régnait entre sa main et sa pensée? Cet accord était si exact, que souvent Dürer jetait instantanément ou posait, comme disent les peintres, sur le papier, au moyen du crayon ou de la plume, l'image de toutes les choses possibles... Mes lecteurs futurs, je le crains, auront peine à croire qu'il ait parfois si bien dessiné isolément les diverses parties d'une composition et même d'un corps, que, rapprochées les unes des autres, elles se répondaient à merveille et eussent satisfait les plus exigeants. Profondément pénétré de la vérité, parfaitement initié à l'harmonie des différentes parties, l'esprit de cet artiste unique gouvernait et maîtrisait sa main qui lui obéissait avec confiance et ne recourait à aucun secours étranger... J'en dirai autant de sa facilité à manier le pinceau : il représentait sur la toile ou sur le bois les choses les plus fines sans les avoir dessinées d'abord, et non seulement on n'y eût pu rien blâmer, mais on jugeait tout digne des plus grands éloges. C'est là ce qu'admiraient surtout ces peintres célèbres qui connaissaient par expérience les difficultés dont Dürer a triomphé. »

Son talent valut à Dürer l'honneur d'être nommé, en 1509, membre du grand conseil, et, peu après, il reçut de sa ville natale la première commande qu'elle lui ait faite. Il s'agissait de peindre l'empereur Charlemagne et le roi Sigismond avec une inscription pour chacun d'eux. Pour Charlemagne, il était dit : « Ceci est la figure et le portrait de l'empereur Charles, qui a assujetti aux Allemands l'empire romain. Sa couronne et son costume, objets d'une profonde vénération, sont, chaque année, publiquement exposés à Nuremberg avec les autres reliques. »

Pour Sigismond, l'inscription était rédigée en ces termes : « Le tableau représente l'empereur Sigismond qui accorda à cette ville de si riches présents. C'est à lui qu'on doit, depuis 1424, les nombreuses reliques qui sont exposées chaque année. »

En 1512, l'empereur Maximilien vint séjourner quelque temps à Nuremberg, pour demander à la ville des creusets fabriqués avec une certaine argile qui ne se trouvait qu'aux environs de Nuremberg, pour ses fonderies de laiton. C'était un homme de grande imagination, et qui, par suite, eut toujours un grand amour pour l'art, prenant un plaisir de dilettante aux beaux vers, en faisant lui-même. Il se proposa de faire publier un livre qui serait illustré de gravures sur bois qu'il voulait splendides. Et il songea tout naturellement à Albert Dürer pour ce travail. Celui-ci montra une telle ardeur, et aussi une telle habileté, que l'empereur voulut l'exempter de payer les impôts, et adressa à ce sujet la lettre suivante aux magistrats de Nuremberg :

« Albert Dürer, fidèle serviteur de notre personne et de l'empire, vient d'exécuter avec un grand zèle les dessins destinés à notre entreprise, et il a offert de continuer toujours de la même façon. Nous en avons éprouvé une satisfaction toute particulière. On nous a d'ailleurs répété souvent qu'il surpasse les autres maîtres dans l'art de la peinture. Ces divers motifs nous poussent à le soutenir spécialement de notre faveur et nous désirons ardemment que, par égard pour nous, vous veuilliez bien l'exempter de toutes les charges ordinaires, telles que taxes, impôts, etc... Prenez cette mesure en considération de nos bonnes grâces et en considération de son talent devenu célèbre, talent qu'il doit exercer parmi vous dans des conditions avantageuses. Vous ne repousserez pas notre demande ; par là vous vous assurerez notre bienveillance et vous favoriserez chez vous les progrès de l'art, comme il convient. Nous ne doutons pas du bon accueil réservé à cet écrit. »

Cependant, le conseil de Nuremberg fit la sourde oreille, malgré les caresses de l'empereur, et Dürer, pour éviter tout conflit entre sa ville natale et Maximilien, renonça de lui-même au privilège dont l'empereur voulait le gratifier. Il avait donné les dessins de soixante-douze planches pour cette œuvre colossale, appelée le *Triomphe* ; et Maximilien lui accorda une pension de 100 florins. Ce fut un certain Hieronymus Andreæ qui grava sur bois les dessins de Dürer. Celui-ci fit alors la connaissance à la cour de Maximilien des savants dont cet empereur aimait à s'entourer, entre autres ce Stabius, qui lui apprit de merveilleuses choses, que Dürer s'empressa de graver. Il lui annonce qu'on élève quelque part un pourceau monstrueux ; aussitôt Dürer se rend à l'endroit indiqué et dessine avec un soin minutieux l'animal. Une autre fois, c'est un monstre humain à deux têtes qu'il prend la peine de graver, en mettant au-dessous de la gravure une explication détaillée : « Le 20 juillet de l'an 1512, après la naissance du Christ, il est né en Bavière, dans un village dépendant du domaine des sieurs de Werdenberg, village situé près de Ridlingen et appelé Estingen, un monstre pareil à celui qui est représenté ci-dessus, et l'on a donné sur les fonts baptismaux à l'une des têtes, le nom d'Elisabeth, à l'autre le nom de Marguerite. »

En 1513, c'est un rhinocéros, animal rare, envoyé de l'Inde au roi de Portugal, que Dürer grave d'après une description envoyée par un de ses compatriotes, qui avait vu la bête. Et toujours Dürer met une inscription : « L'an 1513, le 8 mai, on a apporté de l'Inde à Lisbonne, pour le roi de Portugal, un animal vivant pareil à celui-ci. On nomme cet animal rhinocérate. L'animal est bien cuirassé ; il paraît alerte et bien portant. On l'appelle en grec et en latin rhinocéro, et en indien gomda. » Cette gravure eut même un succès très vif et fut tirée à beaucoup d'exemplaires.

Outre les grandes planches qu'il avait exécutées, Albert Dürer fit encore pour l'empereur des esquisses d'habits de cour, esquisses qui se trouvent aujourd'hui à l'Albertine. Mais surtout, il illustra le livre de prières de Maximilien. Cet ouvrage se trouve aujourd'hui à Munich, conservé avec les plus grands soins, ce qui se conçoit, si l'on juge de l'importance de ce livre par la description qu'en donne Thausing : « Les figures et les arabesques qui surgissent et qui s'entrelacent sont empreintes d'une gaieté inaltérable. Partout les branches et les feuilles ont leur développement organique; elles se divisent en lignes souples et élancées qui, tout à coup, se réunissent en enroulements symétriques ou aboutissent à des grimaces fantastiques. Au milieu de tout cela, les oiseaux chantent, les singes grimpent, les colimaçons se traînent, les mouches bourdonnent. Enfin, les écussons, les pièces de gibier, les trompettes, les flûtes et les violons sont suspendus à des cordons. » Aussi Sandrart a-t-il pu dire justement : « Ces dessins à la plume sont tracés avec une si rare intelligence et composés avec tant d'esprit qu'ils peuvent être regardés comme une des plus belles choses qu'ait produites Albert Dürer. »

Pendant ce temps, Dürer fut forcément obligé de négliger un peu la peinture; aussi ne voit on pas qu'il ait fait autre chose que le portrait de son ancien maître Michel Wohlgemuth en 1516. En 1518, ses concitoyens, profitant de ce qu'il était toujours dans les bonnes grâces de l'empereur, l'envoyèrent à la diète d'Augsbourg. Cette fois, Albert Dürer fit le portrait de Maximilien, ajoutant au bas de la peinture, cette inscription : « Ceci est l'empereur Maximilien que moi, Albert Dürer, j'ai pourtraict au château d'Augsbourg dans sa petite chambre, à l'étage supérieur, l'année 1518, le lundi qui suit la fête de Saint-Jean-Baptiste. »

Maximilien ennoblit même le peintre, d'une manière assez curieuse : Un jour qu'Albert Dürer était monté sur une échelle pour peindre, l'empereur ordonna à l'un des nobles courtisans qui se trouvait là de tenir l'échelle. Et comme le gentilhomme refusait, sous prétexte qu'Albert Dürer n'était que bourgeois. « — Eh bien ! reprit Maximilien, je le fais noble, lui et ses descendants. » Un empereur pouvait se passer cette fantaisie, mais ce que Maximilien ne put faire, ce fut d'apprendre à dessiner. Il avait cependant pris un bon maître, puisque c'était Dürer en personne. Mais sa main était trop rude, habituée qu'elle était à manier de lourdes épées; une fois même, le fusain qu'il tenait se cassa sur le papier, et comme il demandait à Albert Dürer pourquoi pareil accident ne lui arrivait jamais, celui-ci répondit : « Très gracieux empereur, je ne voudrais pas que Votre Majesté pût dessiner aussi habilement que moi. » C'est à Augsbourg que Dürer fit encore le portrait du cardinal Albert de Brandebourg, gravure sur cuivre, très célèbre sous le nom de *petit cardinal*.

Peu après que Dürer eut quitté Augsbourg, l'empereur

Maximilien mourut, et Luther vint dans cette ville pour conférer avec le légat du pape, le cardinal Caïetano.

A Maximilien, succéda son petit-fils Charles-Quint. Un changement de règne était à cette époque un événement plus important encore que de nos jours ; il y avait une brusque interruption, et ce qui était vrai la veille ne l'était plus le jour même. Albert Dürer voulut donc essayer de se faire confirmer par le nouvel empereur les faveurs qu'il avait obtenues du précédent, et comme Charles devait passer par les Pays-Bas, Albert Dürer s'y rendit. Disons tout de suite, avant de raconter cet important voyage d'Albert Dürer, que le peintre obtint que la pension de 100 florins, accordée par Maximilien, lui fût continuée; mais ses rapports avec la cour impériale s'en tinrent là.

Ce voyage d'Albert Dürer aux Pays-Bas eut pour cause, ainsi que nous l'avons dit, le désir qu'il avait de rencontrer Charles. Il nous est raconté en partie par le peintre lui-même dans une sorte de carnet de voyage, où il inscrit pêle-mêle ses dépenses, ses réflexions, et où il dessine même quelques-uns des objets qui l'ont le plus vivement frappé. Il est curieux de voir comment ce grand artiste tient soigneusement le registre de ses dépenses; ce qui n'était pas un mal, car on vivait alors en Allemagne fort à l'étroit; et l'argent avait une valeur bien plus considérable qu'aujourd'hui, comme on en va juger.

Ainsi, à Aix-la-Chapelle, où Albert Dürer resta assez longtemps, et où il vit le couronnement de Charles, il écrit sur son carnet : « Je donne deux sous pour une pierre à aiguiser, cinq sous pour un bain, et deux deniers au domestique de la ville qui m'a conduit à la salle du conseil; je paie pour cinq deniers de boisson à des camarades et je perds neuf sous au jeu. » Et notez que la présence de Charles à Aix-la-Chapelle a rendu la vie plus chère, car dans la ville d'Emmerick, Albert Dürer prendra un bain pour deux sous seulement, et fera un excellent dîner pour trois sous. Dans la ville, il va voir: « Le bras de l'empereur Henri, la chemise de la Vierge Marie, et d'autres reliques. »

Voulez-vous savoir le total de ses dépenses dans la ville de Cologne? Le voici tout au long :

« Je dépense 5 sous pour un traité de Luther;
— 1 sou pour sa condamnation;
— 1 sou pour un chapelet;
— 6 sous pour une paire de souliers;
— 2 sous pour une petite tête de mort.

Faites l'addition, et vous verrez qu'Albert Dürer a vécu largement pour 15 sous à Cologne. Ceci nous donne une idée du changement introduit dans la valeur de l'argent.

Albert Dürer voyageait cette fois avec sa femme qu'il n'avait pas voulu laisser seule à Nuremberg au moment où la peste y sévissait pour la seconde fois. Pendant tout son voyage, de Bamberg à Mayence, de Mayence à Cologne, de Cologne à Anvers, Albert Dürer est reçu à bras ouverts, précédé de sa réputation. Il avait d'ailleurs emporté avec lui quelques-unes de ses plus belles gravures, qui servirent plus d'une fois à payer les frais de l'hospitalité bienveillante qu'il recevait. A Anvers, les peintres le reçurent en corps, dans leur local, avec sa femme et sa bonne, et offrirent à dîner aux trois voyageurs. Et, dit Albert Dürer : « Les femmes des peintres étaient toutes présentes aussi; et lorsqu'on me mena à table, il y avait foule de chaque côté, comme si l'on conduisait un grand seigneur. Plusieurs personnages éminents s'inclinèrent profondément devant moi, de la façon la plus humble, en me disant qu'ils feraient tout leur possible pour m'être agréables. Et lorsque je fus assis, un messager des conseillers d'Anvers arriva, suivi de deux valets, et me donna quatre pots de vin au nom des conseillers qui voulaient ainsi, me faisaient-ils dire, m'honorer et me témoigner leur bon vouloir. »

A Anvers, Albert Dürer fit plusieurs portraits, entre autres celui d'Erasme, qu'il rencontra, en compagnie de Nicolas

Kratzer, astronome, dont nous avons le portrait au Louvre, non pas de la main de Dürer, mais de celle d'Holbein.

A Bruxelles, où il se rendit au sortir d'Anvers, Albert Dürer fut surtout étonné par les choses que « du nouveau pays de l'or, c'est-à-dire du Mexique, on a rapportées au roi : un soleil en or massif, large d'une toise, une lune en argent de la même dimension, les armures, les cuirasses, les armes, les flèches, les costumes bizarres et la literie des habitants de cette contrée, ainsi qu'une foule d'objets curieux, à l'usage de l'homme, véritables merveilles, remplissant deux chambres entières. Cet ensemble est si précieux qu'on l'estime à 100,000 florins. De ma vie, je n'ai rien vu qui m'ait tant réjoui; j'ai remarqué, en effet, des choses surprenantes et faites avec art, et je suis étonné du génie subtil que montrent les hommes dans les pays étrangers. »

Albert Dürer laisse ainsi percer naïvement sa pensée, qui a quelque peine encore à se débrouiller. Il ajoute foi aux choses les plus invraisemblables, et les conte avec un sang-froid imperturbable. C'est ainsi, qu'ayant entendu dire qu'une baleine était échouée sur les bords de la mer, à Lierickzée, il y court et nous raconte sur son carnet que « ce poisson ne peut être mis à flot; les habitants voudraient s'en débarrasser parce qu'il infecte la contrée..... Il est si monstrueux qu'ils n'espèrent pas, avant six mois d'ici, pouvoir le mettre en pièces et le réduire en huile. »

Après avoir vu cette baleine, qui, il faut en convenir, était vraiment merveilleuse, Dürer s'en revint à Bruxelles, où il fit au fusain le portrait du roi de Danemarck; puis il rentra sans doute chez lui; car à partir de ce moment le journal cesse de nous tenir au courant des faits et gestes d'Albert Dürer. Mais il revenait avec une maladie qu'il avait contractée sur les bords marécageux du Lierickzée, précisément en allant voir cette baleine : « Il était devenu, dit un de ses contemporains, sec comme une poignée de paille et ne pouvait nulle part retrouver sa bonne humeur. » Le mal l'emporta subitement en 1528.

Son corps fut enseveli dans le tombeau de la famille Frey, et son ami Pirkheimer composa une épitaphe qui fut gravée sur sa tombe. Cette tombe fut vidée au XVIIe siècle pour être abandonnée à l'hôpital, car la famille des Dürer était éteinte. Aussi le crâne qu'on s'est avisé d'aller y prendre et qu'on montre encore aujourd'hui à Nuremberg n'a, sans doute, jamais appartenu à Albert Dürer, non plus que la boucle de cheveux blonds que l'on conserve avec soin à Vienne. A la nouvelle de sa mort, Luther écrivait à un de ses amis : « Il est bien juste que les hommes pieux regrettent Dürer, cet homme excellent; mais tu peux l'estimer heureux de ce que le Christ, après l'avoir si bien préparé, lui a accordé une heureuse fin, et l'a emmené loin de ce monde orageux et destiné à devenir bientôt plus orageux encore, afin que celui qui était digne de contempler ce qu'il y a de meilleur ne fût pas forcé d'avoir sous les yeux ce qu'il y a de pire. Que Dürer repose donc en paix auprès de ses pères. Amen. »

Albert Dürer laissait à sa mort plusieurs ouvrages. Il y en a trois qui aujourd'hui sont reconnus authentiques : L'*Art de mesurer*, avec figures à l'appui de ce qu'il avance. Un *Traité de la fortification des villes, duchés et bourgs*, dédié à Ferdinand Ier, roi de Hongrie, enfin un *Traité des proportions*, où tout en indiquant certaines règles très générales, il a cependant soin de dire en un certain endroit : « Je ne sais pas ce qu'est la beauté absolue, quoique maints objets nous en présentent les éléments. » C'est une réponse nette et claire à ceux qui veulent enfermer le beau dans d'étroites limites.

D'ailleurs, il suffit de citer, parmi tant d'autres pensées remarquables d'Albert Dürer, cette phrase où il se montre tout entier, très large, en somme, dans ses idées pour l'époque où il vécut : « Les aspirations et les puissances actives de l'âme peuvent toujours, quelque utile et quelque agréable que semble être leur objectif, être satisfaites, puis arriver à la satiété après un usage quotidien et une jouissance excessive; mais le désir de beaucoup savoir, désir que la nature a départi à chacun de nous, n'est jamais assouvi. »

Enfin nous ne saurions mieux terminer qu'en empruntant ces quelques lignes sur Dürer à M. Michiels :

« Le génie pittoresque de l'Allemagne atteignit en lui sa plus grande originalité, sa plus haute perfection possibles; il est devenu presque le symbole de son époque. Une imagination inépuisable qui n'embrassait point seulement la peinture et le dessin, mais empiétait encore sur le domaine de la statuaire, sur celui de l'architecture; une intelligence qui savait observer la vie jusque dans ses moindres détails; un sentiment profond de la grâce et de la naïveté en même temps que du sublime; un esprit sérieux et droit joint au courage nécessaire pour entreprendre de longues études, courage attesté par ses œuvres théoriques, voilà les qualités qui le distinguent, et qui auraient dû, à ce qu'il semble, lui permettre d'égaler les plus fameux artistes de la terre. Mais il ne sut point résister au penchant de la nation vers le fantastique; cet élément funeste troubla de mille manières le pur développement de ses facultés. Son attachement au merveilleux a bien fait éclore entre ses mains quelques fleurs admirables auxquelles nous ne trouvons presque rien à comparer; il a produit quelques ouvrages pleins d'un sens mystérieux et d'un irrésistible intérêt qui sont plutôt des poésies que des peintures; toutefois, si nous ne perdons point de vue le but suprême de l'art, cette beauté qui identifie dans sa splendeur la forme et la pensée, nous serons contraints d'avouer qu'il a rarement satisfait à ses lois. »

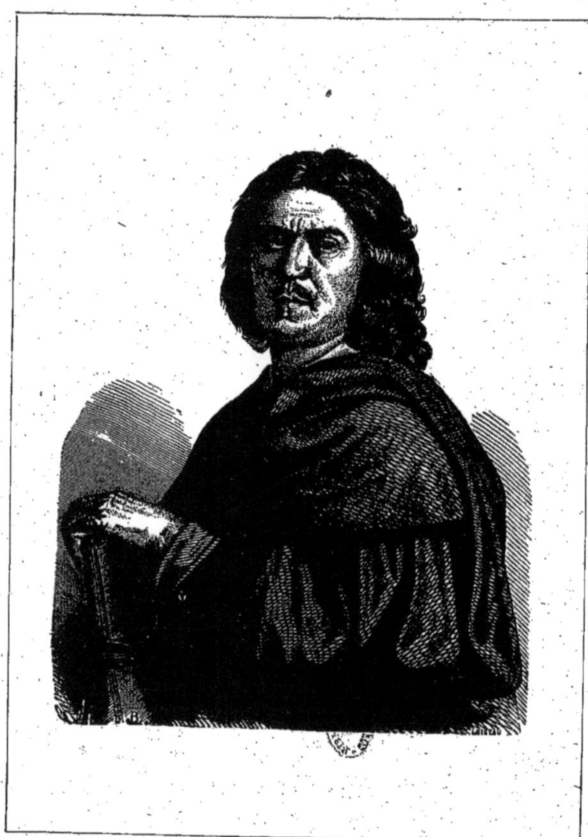

Portrait de Nicolas Poussin, par lui-même.

XI

POUSSIN

1594-1665

Parmi tous nos peintres français, il en est peu qui soient plus dignes d'attention et qui méritent plus notre estime que Poussin. C'est une figure un peu grave et austère, comme on en rencontre beaucoup au XVIIe siècle, mais qui, cependant, ne manque point de charme. Il y a comme un parfum d'honnêteté répandu dans toute sa personne; les qualités d'ordre, de mesure, de règle, sont dominantes en lui et témoignent hautement contre l'opinion si répandue qui veut qu'un artiste soit nécessairement un être à part, exceptionnel, fantasque, bizarre même dans sa conduite, et qui ne saurait rien faire comme le vulgaire — sous peine de n'être plus artiste. Avec lui, point de ces débraillés de conduite et d'allure quelquefois naturels — et c'est tant pis — mais plus souvent encore recherchés et voulus pour piquer la curiosité; point de ces extravagances souvent raisonnées qui étonnent un instant quelques naïfs, et qui font hausser les épaules au plus grand nombre.

Dans cette vie que nous allons raconter, le piquant n'a pas la moindre part, Poussin étant naturellement porté du côté des choses sérieuses; mais si la curiosité est excitée moins vivement, l'intérêt est aussi moins passager, et c'est avec un véritable plaisir qu'on s'arrête aux caractères de cette trempe.

Poussin naquit, non pas aux Andelys, comme on l'a souvent répété, mais au petit hameau de Villers, à quelque distance de cette dernière ville, en 1594, c'est-à-dire à la fin du XVIe siècle; et comme il mourut à Rome en 1665, il appartient donc à cette première moitié du XVIIe siècle, qui comprend tout le règne de Louis XIII et la minorité de Louis XIV — période parfaitement distincte de la seconde moitié du XVIIe siècle, qui est plus proprement le siècle de Louis XIV.

Jean Poussin, son père, était né à Soissons de parents nobles originaires du Maine. Il avait servi le roi de Navarre dans sa lutte pour conquérir son beau royaume de France, et, plus tard, quand le Béarnais fut le roi Henri IV, Jean Poussin fut largement récompensé de ses services. Aussi son fils Nicolas, le peintre, reçut une éducation soignée, et fit des études de lettres assez sérieuses pour qu'on le voie dans la suite s'occuper de littérature et se prononcer assez vivement sur les nouveaux ouvrages qui paraissaient, entre autres, sur ceux de Scarron. Mais s'il aimait les lettres, il aimait plus encore le dessin, et ses parents, sans favoriser ses goûts, ne le contrarièrent point. Il rencontra alors aux Andelys un peintre, nommé Quintin Varin, qui lui donna, sans doute, les premières leçons de dessin et de peinture; car on retrouve encore aujourd'hui deux tableaux de ce peintre dans l'église des Andelys; cependant, Poussin ne reconnut jamais pour véritable maître que Raphaël, dont il put étudier les chefs-d'œuvre à loisir en Italie, et aussi, ajoutons-le, la nature. Lorsqu'il était aux Andelys, au collège, on le conduisait, avec ses camarades, le dimanche à l'église Sainte-Clotilde, et là il pouvait admirer les vitraux splendides qui font le principal ornement de cette église. Cette sainte qui avait changé l'eau en vin, et qui était pour ce miracle l'objet d'une vénération spéciale aux Andelys, avait été représentée sur ces vitraux depuis sa naissance jusqu'à sa mort; les figures en étaient naïves, mais exécutées d'une main pieuse; les reflets éblouissants des vitraux produisaient une impression profonde sur l'imagination de l'enfant, et il sentait s'éveiller en lui le goût pour la couleur. Ces verrières sont d'autant plus remarquables que le fond n'en est pas d'or, comme c'était l'usage ordinaire; mais il se trouve remplacé par un paysage fort simple et fort élémentaire le plus souvent, mais qui, cependant, n'en a pas moins dû attirer l'attention du jeune Poussin, et qui peut servir à expliquer le caractère du paysage dans ses tableaux

Mais il avait d'ailleurs mieux que le paysage des vitraux, il avait la campagne de Villers, qui était une très belle campagne.

On a vendu, il y a une quarantaine d'années, sous le nom de clos Poussin, un verger avec une maison où naquit le peintre. Il n'en reste plus rien aujourd'hui; mais à cette époque, on pouvait encore voir d'une petite chambrette, qui était celle de Poussin, tout le paysage environnant. Au loin, des collines aux molles ondulations, revêtues d'une masse sombre de forêts bordées de beaux prés verts, toujours humides de l'eau d'un petit ruisseau qui court toujours de sa même course; enfin des buissons, des haies vives, quelques rares arbres fruitiers égarés çà et là. Ce n'est pas un coin de terre aux formes grandioses; il n'a rien non plus de cette délicatesse exquise que Corot a su si bien faire passer dans ses toiles, mais c'était un de ces paysages dont on ne sent tout le charme que lorsqu'on s'en est imprégné pendant de longues années sans s'en apercevoir, et qu'il faut un jour le quitter. Ces premières impressions durent fortement agir sur le jeune cerveau de Poussin, et nous en retrouvons la trace manifeste dans les nombreux paysages qu'il nous a laissés.

De bonne heure, il éprouva cet irrésistible désir qui fait d'un homme un artiste, et qui le pousse à produire, à créer; mais ce n'était pas aux Andelys, où, nous l'avons vu, il ne trouva qu'un seul peintre pour l'aider, qu'il pouvait espérer pouvoir développer les goûts qui dormaient en lui. Il résolut donc de partir pour la terre promise, vers ce Paris, qui a toujours exercé tant d'attrait sur les artistes ; il avait alors dix-huit ans seulement, et même comme ses parents auraient pu le retenir, s'il s'était ouvert à eux de son projet, il partit secrètement de nuit, n'emportant avec lui que peu d'argent, mais beaucoup d'espoir. Il s'aperçut bientôt que ce dernier trésor ne suffisait pas à donner du pain, et il fut vite réduit à la misère. Il fit, heureusement pour lui, la connaissance d'un gentilhomme poitevin, qui le présenta à un nommé Courtois, mathématicien, lequel, poussé par son goût pour les beaux-arts, avait réuni une riche collection d'estampes de Raphaël et de Jules Romain. On pense si Poussin profita de cette bonne fortune ; il les copia et les recopia sans se lasser, pour mieux se pénétrer de la beauté des ouvrages de ces deux grands peintres. Cependant, il continuait à mener une vie misérable et toujours voisine de la gêne. Il exécuta alors quelques portraits qui ne lui étaient point payés bien cher, car il était peu connu ; il était de plus très jeune et il arriva même qu'un mauvais plaisant se joua de lui. Cet individu posa la première fois avec un emplâtre sur l'œil droit; à la deuxième séance l'emplâtre avait passé de l'œil droit sur l'œil gauche, et Poussin, qui ne se retrouvait plus dans son premier dessin, recommença tout. A la troisième séance, nouvelle émigration de l'emplâtre; mais cette fois Poussin congédia ce facétieux emplâtre et celui qui le portait. Il se consola sans doute, plus tard, de sa mésaventure en lisant dans Félibien l'anecdote suivante : « Il y avait un homme dans Paris qui faisait prendre à son nez toutes les attitudes qu'il lui plaisait; tantôt il le portait à droite, tantôt à gauche, ce qui changeait complètement sa physionomie. Cet homme alla trouver un peintre pour lui faire faire son portrait; et, comme de juste, il se mit à faire exécuter à son nez toutes les évolutions qu'il lui fût possible, si bien que le pauvre peintre, suant à la peine pour arriver à la ressemblance de cette figure et n'y parvenant pas, fut obligé de supplier cet homme de s'adresser à un autre peintre. »

Lorsque le gentilhomme, qui avait si généreusement accueilli Poussin à Paris, partit pour le Poitou, le jeune peintre l'y suivit, mais il n'y resta pas longtemps, car la mère du seigneur poitevin ne considéra que comme un laquais celui que son fils lui amenait; elle aurait voulu le soumettre à des besognes serviles. Il ne faut pas trop nous en étonner, car ce n'est que du XVIIIe siècle seulement que date l'indépendance des artistes.

Mais Poussin n'était pas de ceux qui se laissent réduire à l'état de serfs; il fut d'ailleurs toujours trop indépendant pour souffrir seulement l'ombre d'une contrainte; il s'inclina respectueusement, et laissa là cette noble châtelaine qui eut la sottise de le laisser partir.

Il reprit la route de Paris, et vécut Dieu sait comment; à coup sûr, il vécut mal, car aussitôt arrivé à Paris, il tomba malade des fatigues et des privations qu'il avait dû supporter et fut reconduit chez ses parents aux Andelys. Là, leurs soins et l'air vivifiant de la campagne le remirent bientôt sur pied. Avec la maladie, disparut le souvenir des souffrances passées, et Poussin forma de nouveau le projet d'aller non plus seulement à Paris, mais dans cette Italie qu'il avait entrevue dans ses songes, qu'il connaissait déjà par ses artistes, mais dont il n'avait pas encore foulé le sol.

Il partit donc pour Rome, mais n'arriva, en 1620, que jusqu'à Florence. Obligé de revenir sur ses pas, on le retrouve ensuite à Lyon, puis encore une fois à Paris, au collège de Laon, en compagnie de celui qui fut son ami et son émule, Philippe de Champagne, plus jeune que lui de six ans seulement. Le collège de Laon lui servit d'asile jusqu'à ce qu'enfin la fortune se fût décidée à le venir visiter. Les Jésuites, qui préparaient alors la célébration d'une fête et qui avaient besoin de tableaux pour orner l'église, commandèrent six peintures à Poussin. Celui-ci les exécuta en six jours à la très grande satisfaction des Pères. Avec l'argent qu'il en retira, Poussin voulut réaliser le projet tant et si souvent caressé : aller à Rome.

Comme pour son premier voyage en Poitou, il ne fit pas celui-ci seul. Il accompagnait Marini, le célèbre chevalier qui avait alors tant de vogue à la cour de France, qu'il donna son nom à un genre de littérature précieuse jusqu'à l'excès, raffinée jusqu'à la fadeur, le *marinisme*. Ce chevalier était cependant un ami sincère des arts. D'ailleurs, souffrant, il aimait la société de Poussin qui le charmait par sa conversation jamais banale, et qui devait un jour illustrer son poème d'*Adonis*.

Ils partirent donc tous deux en 1624. Poussin était alors dans toute la force de l'âge; il avait trente ans. Grâce à Marini, tout puissant à Rome, il allait, à ce qu'il semblait, avoir des commencements aisés dans cette ville. Il n'en fut rien, car Marini partit bientôt pour Naples et y mourut quelque temps après. Poussin se trouva donc privé de sa puissante protection. Cependant, grâce à lui, il avait pu visiter les galeries de Barberini, neveu du pape et ami de Marini, — galeries qui renfermaient tout ce que l'Italie possédait de plus précieux en peinture, entre autres les toiles du Titien et du Tintoret. En outre, il avait fait, toujours par l'entremise de Marini, la connaissance de plusieurs personnages qui lui commandèrent des tableaux. Il les vendait, il est vrai, un prix bien modeste, mais il en a presque toujours été ainsi pour tous les artistes au début de leur carrière.

C'est alors que Poussin se lia avec le sculpteur Duquesnoy, un Français établi avant lui à Rome, et avec qui il mesura les proportions des principales statues que l'antiquité nous a léguées, entre autres de l'*Antinoüs*. Il fit aussi connaissance avec le Dominiquin, d'une façon assez bizarre. Ce grand peintre, alors en butte aux persécutions de l'envie, était obligé de garder le silence et de demeurer dans l'obscurité pour sauver sa vie. La vogue était alors à la peinture de Guido Reni : On se groupait en demi-cercle autour de ses tableaux pour les admirer ou pour les copier; Poussin seul, résistant à l'engouement, étudiait le Dominiquin et avait installé son chevalet en face d'un tableau de ce dernier. Le Dominiquin vint à passer et s'approcha de ce jeune homme qui copiait avec tant d'attention un de ses tableaux. Poussin ne le connaissait pas. Encore plein de feu et d'enthousiasme pour la peinture qu'il venait de copier, il décrit avec passion les beautés qu'il y trouve au propre auteur du *chef-d'œuvre* qui est placé devant eux. Le Dominiquin ne le laissa pas aller jusqu'au bout; il l'embrassa. De ce jour, une vive amitié se forma entre ces deux grands hommes; malheureusement le Dominiquin dut partir peu après de Rome pour Naples, et, comme Marini, il mourut presque dès son arrivée dans cette ville.

Outre les modèles qu'il pouvait trouver dans les nombreux musées de Rome, Poussin ne voulut cependant pas étudier seul et sans direction; il entra dans l'atelier d'Andrea Sacchi, où posait alors un modèle très célèbre, le caporal Leone; mais le maître lui dit bientôt qu'il en savait assez pour se passer de lui, et qu'il n'avait qu'à travailler et qu'à regarder autour de lui : — Ce dont Poussin ne se fit pas faute, errant toujours dans les rues ou dans la campagne de Rome, qui avait pour lui un attrait tout spécial par la grandeur des horizons, la majesté des lignes, la simplicité étonnante et grandiose des ruines. Longtemps il avait conservé le costume français; mais il dut le quitter pour se promener à son aise dans les rues, et finit par s'habiller à l'italienne pour éviter d'être tué, comme cela faillit lui arriver un jour. La France était à cette époque en brouille perpétuelle avec l'Italie, et l'animosité des Italiens contre les Français était parfois poussée jusqu'à la rage. Un jour que Poussin flânait très tranquillement dans les rues, il entendit crier : « A mort les Français ! » Il n'y prit d'abord pas garde, puis finit par s'apercevoir que *le Français* c'était lui, et que déjà on commençait à lui jeter des pierres. Il n'eut que le temps de prendre la fuite et fut assez heureux pour rencontrer une maison amie qui le déroba à la fureur de ceux qui le poursuivaient. Depuis lors, il conserva toujours l'habit italien, et fut véritablement un Italien, du moins dans sa manière de vivre.

Car il retrouvait à Rome même la mère patrie. Nous avons vu qu'il s'était lié d'amitié avec le sculpteur français Duquesnoy; il fit aussi la connaissance de Jacques Dughet qui le traita avec la plus grande affection. Malade, ce fut chez lui qu'il se retira; ce fut une des filles de Dughet qui le soigna, et lorsqu'il fut rétabli, il ne crut pas pouvoir témoigner mieux sa reconnaissance qu'en épousant sa garde-malade. Avec la dot, fort modeste, que sa femme lui apporta, Poussin se fit construire une maison à Rome même, sur le mont Pincius, et ce fut là qu'il se fixa pour toujours, en l'année 1629. Il avait donc alors trente-cinq ans; c'est dire que son talent avait atteint toute sa maturité. C'est en effet dans cet espace de onze années (1630-1641) qu'il produisit le plus grand nombre de tableaux, dont quelques-uns sont comptés parmi ses plus beaux. Citons seulement : la *Peste des Philistins,* qui se trouve au Louvre; — l'*Enlèvement des Sabines;* — la *Manne* — et enfin le *Frappement du rocher*. Sa réputation, quoique lente à s'établir, commençait cependant à percer au-delà des monts, à parvenir en France, et une correspondance active ne tarda pas à s'établir entre lui et un ministre français, Mr de Chanteloup. Celui-ci agissait par ordre du roi Louis XIII, qui désirait vivement que Poussin revînt en France; mais le peintre se souvenait des tribulations de sa jeunesse et se souciait peu de recommencer une vie d'aventures : il était d'ailleurs ami de son repos et de son chez soi, et il prévoyait bien que son installation en France, à la cour, ne se ferait pas sans résistance. Il hésitait donc à quitter le certain pour l'incertain, répondait par des lettres fort amicales à Mr de Chanteloup, mais cependant ne disait pas oui. Il ne fallut pas moins qu'une lettre de Louis XIII lui-même pour le décider enfin à quitter sa maison et sa chère Italie pour venir s'installer à la cour. Cette lettre, la voici :

« Je vous fais écrire et je vous confirme par celle-ci qui vous servira de l'assurance de la promesse qu'on vous a faite jusqu'à ce qu'à votre arrivée je vous mette en main les brevets et les expéditions du roi. Je vous enverrai mille écus pour les frais de votre voyage ; je vous ferai donner mille écus pour chacun an, un logement commode dans la maison du roi, soit au Louvre à Paris, soit à Fontainebleau, à votre choix ; je vous le ferai meubler honnêtement pour la première fois que vous y logerez, si vous voulez, cela étant à votre choix. Je vous confirme que vous ne peindrez point ni plafond ni voûte et que vous ne serez engagé que cinq années, ainsi que vous le désirez, bien que j'espère que, lorsque vous aurez respiré l'air de la patrie, difficilement le quitterez-vous. »

Poussin aurait eu bien mauvaise grâce à persister plus longtemps dans son refus ; il fit donc, quoiqu'à regret, ses préparatifs de départ, et en 1661 il était à Paris, émerveillé de l'accueil qu'on lui faisait, ébloui par la magnificence de tout ce qu'il voyait autour de lui. Lui, si froid, si maître de lui-même à l'ordinaire, il ne peut cependant s'empêcher de laisser un libre cours à son étonnement mêlé d'admiration. C'est ainsi qu'il écrit dans une des lettres qu'il adressa de France en Italie :

« Je fus conduit le soir dans l'appartement qui m'avait été destiné. C'est un petit palais, car il faut l'appeler ainsi. Il est situé au milieu du jardin des Tuileries. Il est composé de neuf pièces en trois étages, sans les appartements d'en bas qui sont séparés. Ils consistent en une cuisine, la loge du portier, une écurie, une serre pour l'hiver, et plusieurs autres petits endroits où l'on peut placer mille choses nécessaires. Il y a en outre un beau et grand jardin rempli d'arbres à fruits, avec une grande quantité de fleurs, d'herbes et de légumes; trois petites fontaines, un puits, une belle cour dans laquelle il y a d'autres arbres fruitiers. J'ai des points de vue de tous côtés (ce qui était surtout l'essentiel pour lui), et je crois que c'est un paradis pendant l'été.

» En entrant dans ce lieu, je trouvai le premier étage rangé et meublé noblement avec toutes les provisions dont on a besoin, même jusqu'à du bois et un tonneau de bon vin vieux de deux ans.

» J'ai été fort bien traité pendant trois jours, avec mes amis, aux dépens du roi. Le jour suivant, je fus conduis chez Son Excellence, le cardinal de Richelieu, lequel, avec une bonté extraordinaire, m'embrasse et, me prenant par la main, me témoigne d'avoir un très grand plaisir de me voir. Trois jours après, je fus conduit à Saint-Germain, afin que Mr de Noyers me présentât au roi, lequel était indisposé, ce qui fut cause que je n'y fus introduit que le lendemain matin par monsieur le Grand (c'est-à-dire le grand écuyer, alors Cinq-Mars), son favori. Sa Majesté, remplie de bonté et de politesse, daigna me dire les choses les plus aimables et m'entretint pendant une demi-heure en me faisant beaucoup de questions. Ensuite, se tournant vers les courtisans, elle dit : « Voilà Vouet bien attrappé. » Ensuite Sa Majesté m'ordonna elle-même de lui faire de grands tableaux pour les chapelles de Saint-Germain et de Fontainebleau. Lorsque je fus retourné dans ma maison, on m'apporta, dans une belle bourse de velours, deux mille écus en or. »

C'était là, comme on voit, un beau début. Poussin, choyé, caressé par le terrible cardinal de Richelieu, admis à causer avec Louis XIII, qui cependant ne causait guère d'habitude, se sentait plein d'ardeur et plein de feu. Il rêvait déjà d'exécuter de grandes compositions où il pourrait montrer tout ce dont il était capable, et relever, aux yeux de l'étranger, la peinture française qui était alors bien bas, puisqu'on n'avait alors qu'un seul nom à citer, celui de Simon Vouet, dont on a quelques tableaux au Louvre. Mais Poussin s'aperçut bientôt qu'il ne pourrait rien faire de sérieux, et qu'on allait lui faire dépenser tout son talent et toutes ses forces à de menus travaux qui auraient été dignes du premier dessinateur venu.

L'imprimerie royale avait été créée juste un siècle auparavant, en 1540, et elle s'attachait à n'éditer que de beaux volumes. On crut ne pouvoir mieux les illustrer qu'en chargeant Poussin de cette besogne. Le voilà donc occupé à dessiner des frontispices, des culs de lampes, de petites vignettes et autres bagatelles qui lui perdaient un temps considérable, et l'empêchaient de produire quelque grand tableau, comme le roi lui en avait cependant commandé. C'est ainsi qu'il illustra d'abord un Virgile, puis la Bible et quelques autres ouvrages sur l'ordre même de la cour, qui ne lui commandait rien de sérieux. Alors vint pour Poussin le désenchantement; alors surgirent les regrets, les plaintes même qu'il exhale dans ses lettres. « La facilité que ces Messieurs ont trouvée en moi est cause que je ne puis me réserver aucun moment ni pour moi ni pour servir qui que ce soit, étant employé continuellement à des bagatelles, comme dessins de frontispices de livres, ou projets d'ornement pour des cabinets, des cheminées, des couvertures de livres et autres niaiseries. Quelquefois, ils me proposent de grandes choses ; mais à belles paroles et mauvaises actions se laissent prendre les sages et les fous. »

Il n'eut qu'un seul grand tableau à exécuter, une *Cène* pour le maître-autel de la chapelle du château de Saint-Germain. En outre, à ces désagréments vinrent s'en ajouter d'autres plus sensibles encore peut-être à Poussin. Il y avait, comme bien on pense, d'autres peintres qui étaient installés avant lui à la cour, et qui se virent subitement éclipsés par son arrivée. Ils furent donc tout naturellement portés à ne voir en lui qu'un intrus, qui aurait mieux fait de ne point passer les monts, et dont il fallait essayer de se débarrasser. C'était, en tête, Vouet qui affectait des airs d'important et que Louis XIII, comme on a vu, n'était pas fâché d'humilier un peu; c'était encore un certain paysagiste du nom de Feuquières, aujourd'hui bien oublié, et enfin un architecte du nom de Lemercier. Le premier avait une commande de quatre-vingt-seize tableaux pour les compartiments de la grande galerie du Louvre aux Tuileries, et il était très persuadé que tout devait se subordonner au paysage.

Il prenait donc des airs de supériorité vis-à-vis de Poussin, qui ne s'en fâchait pas, mais qui avait plutôt le bon esprit d'en rire : un tel rival n'avait rien de dangereux pour lui. Quant à Lemercier, il avait été chargé des plans d'ornementation pour la galerie, mais Poussin était chargé de contrôler son travail et de refuser ou d'accepter son plan. Il le refusa; c'était un ennemi qu'il se faisait. La coalition de ces trois personnages, soutenus par quelques puissants seigneurs, fut assez forte pour créer de sérieux embarras à Poussin. Il se crut même obligé de se défendre par une longue lettre adressée au surintendant des beaux-arts, M. Desnoyers, dans laquelle il prend la peine d'expliquer sa conduite et de rendre compte, par le menu, des travaux qu'il avait exécutés. Il va sans dire que le ministre était aisé à convaincre, et que son opinion, éclairée par M. de Chanteloup, était faite d'avance. Il fut répondu à Poussin que personne n'avait jamais douté de son honnêteté, et que le roi était content de ses services.

Malgré cette assurance, Poussin regrettait l'Italie, où du moins il pouvait vivre à sa guise, et travailler sérieusement; décidément le métier de peintre du roi, non plus que les fonctions de courtisan, ne convenaient à son caractère un peu rude, et à sa franchise un peu brutale. Il se fit, à ce qu'il semble, peu d'amis pendant son séjour en France, mais il resserra les liens qui l'unissaient déjà à M. de Chanteloup, son protecteur dévoué et constant à la cour. Aussi, lorsqu'il quitta la France, il lui écrivit une lettre empreinte d'une certaine émotion qui n'est pas ordinaire à Poussin. Voici en effet cette lettre, datée de l'an 1641 :

« Je joindrai à la présente (une autre lettre destinée à M. Desnoyers), ces deux lignes pour vous supplier de croire que je pars d'ici avec le grand regret de n'avoir pas eu le bonheur de vous dire adieu personnellement, et de ce qu'il faut qu'une feuille de papier fasse cet office pour moi. Je vous dirai donc adieu. Adieu, mon cher protecteur, adieu, l'unique amateur de la vertu; adieu, cher seigneur, vous qui méritez vraiment d'être admiré et honoré; adieu jusqu'au temps que Dieu me donne la grâce de vous revoir. »

Sous cette enflure de style, on sent qu'il était sincèrement pénétré de reconnaissance, en songeant qu'il n'avait trouvé de véritable affection qu'auprès de lui. Son séjour en France n'avait été que de deux ans à peine. Il ne devait pas revoir sa patrie, et, il faut bien le constater, il ne semble pas l'avoir jamais regrettée. Il est vrai de dire aussi qu'à cette époque le sentiment de la patrie n'était pas aussi vif qu'aujourd'hui. A ce voyage, il emmenait avec lui un jeune peintre qui devait faire parler de lui un jour, qui devait devenir peintre du roi Louis XIV, Charles Lebrun. Ce fut sous les auspices de Poussin que celui-ci commença ses études en Italie; la trace en est sensible dans les nombreuses peintures qu'il exécuta dans la suite.

De retour à Rome, Poussin se remit au travail avec ardeur. Il finit la série de tableaux intitulée *les Sept Sacrements*, pour le commandeur Cassiano del Vozzo; ces tableaux sont aujourd'hui en Angleterre. M. de Chanteloup était désolé de n'en pas avoir au moins un; Poussin lui en fit des copies, et lui envoya le tableau de l'*Extrême Onction* en lui disant : « Sans mentir, je me console en pensant que vous recevrez l'*Extrême Onction*, sans être malade. » Jeu de mot bien innocent, mais Poussin, dans ses lettres, s'ingénie souvent à chercher l'esprit qu'il ne rencontre pas toujours.

Une autre toile qu'il peignit alors, et qui eut une grande célébrité, fut le *Testament d'Eudamidas*, toile perdue aujourd'hui et que l'on ne connaît plus que par les reproductions de la gravure. Elle fut engloutie dans un naufrage avec l'édition de Dante, illustrée par Michel-Ange, lorsqu'on la transportait en Russie.

En 1643, un an seulement après le départ de Poussin, M. de Chanteloup vint à Rome. Il voulait voir le peintre, et aussi s'occuper de réaliser une idée qui devait être reprise par Louis XIV dans la suite : il s'agissait de créer une école de peinture à Rome, où les jeunes peintres français pourraient venir étudier facilement. Il ne put qu'ébaucher son projet; mais du moins l'impulsion était donnée, et du vivant même de M. de Chanteloup, il y eut à Rome des élèves français qui devinrent célèbres plus tard. Nous avons déjà parlé de Charles Lebrun, confié par M. Séguier aux soins particuliers de Poussin. Avec lui travaillèrent Mignard, Lemaire, Noiret, Chaperon, élève de Vouet, célèbre aujourd'hui, surtout pour avoir gravé les *Loges* de Raphaël. Cette colonie de jeunes peintres n'était pas toujours aisée à conduire, et Poussin s'en plaint plus d'une fois dans ses lettres; il fut à maintes reprises obligé de modérer l'emportement juvénile qui leur faisait porter des jugements téméraires sur les plus belles œuvres d'un Raphaël ou d'un Titien. Néanmoins, M. de Chanteloup avait confiance dans la direction de Poussin, et il avait raison; il ne s'en alla pas, comme on pense, sans lui emporter quelques toiles, et sans lui en commander d'autres.

Un autre solliciteur fut Scarron, le poète burlesque, ami de M. de Chanteloup, dont il était par surcroît le compatriote. Il avait connu Poussin à Rome en 1634; il faisait lui-même, à ses moments perdus — et il devait en avoir beaucoup, étant estropié, — quelques petits tableaux d'une peinture qui n'était ni bonne ni mauvaise. Comme confrère en peinture et comme ami de M. de Chanteloup, il crut pouvoir demander à Poussin une toile; et pour faciliter sa demande, il la fit précéder d'un de ses ouvrages. Mais s'il crut faire plaisir à Poussin, il se trompa fort, car celui-ci écrivait peu après à M. de Chanteloup : « J'ai reçu du maître de la poste de France un livre ridicule des frénésies de M. Scarron, sans lettre et sans savoir qui me l'envoie. J'ai parcouru le susdit livre une seule fois et pour toujours; vous trouverez bon que je ne vous exprime pas tout le dégoût que j'ai pour de pareils ouvrages. »

Si Scarron avait pu se douter que Poussin traitait ses poésies de *frénésies*, il est probable qu'il n'aurait pas insisté davantage. Mais il n'en savait rien, et il revint à la charge, en envoyant à Poussin une autre de ses productions littéraires, le *Typhon burlesque*, en y joignant cette fois une lettre, où il lui demandait formellement une peinture de sa main. Poussin répondit, indirectement encore cette fois : « Je voudrais bien que l'envie qui lui est venue lui fût passée, et que ma peinture ne lui plût non plus que me plaît son burlesque. Je suis marri de la peine qu'il a prise de me l'envoyer; mais ce qui me fâche davantage, c'est qu'il me menace d'un sien Virgile travesti et d'une épître qu'il m'a destinée dans le premier livre qu'il imprimera. »

Mais il fallait s'exécuter. Poussin, en cherchant ce qu'il pourrait bien lui envoyer, se rappela que Scarron avait été jadis abbé, et il lui envoya le *Ravissement de Saint-Paul*, qui se trouve aujourd'hui au Louvre. A ce même musée, se trouve un portrait de Poussin fait par lui-même vers cette même époque. Encore que Poussin n'aimât pas beaucoup le portrait, il peut néanmoins être compté parmi ses bonnes peintures. Nous en donnons la description d'après un des biographes de Poussin, M. Bouchitté; elle aide à mieux comprendre le caractère du personnage, et en rend la physionomie plus vivante : « Poussin s'est représenté assis dans l'ombre, drapé d'un manteau noir à larges plis, la main appuyée sur un petit portefeuille à esquisses; ses yeux sont noirs, pleins de feu et profondément enfoncés sous des sourcils épais; le nez est aquilin et massif, la bouche, quoique trop grande, est belle, la moustache rare. Les cheveux, longs, noirs, abondants, sont partagés, sur le milieu de la tête, par une ligne qui descend jusque sur le front. Ce front porte entre les sourcils ces rides « qui appartiennent, exclusivement, » dit Lavater, « à des gens d'une haute capacité, qui pensent sainement et noblement. » La tête est très belle, intelligente et puissante, telle qu'on en rencontre un grand nombre dans ce temps. Poussin est de la famille des Corneille, Descartes, Pascal, et il porte cette parenté sur son visage. » Ce portrait était destiné à Mr de Chanteloup ; c'était un des trois que Poussin fit de lui-même; il n'en exécuta jamais d'autre, n'aimant pas à se prendre soi-même pour modèle, ce que font cependant si volontiers les peintres.

C'est vers cette année 1650 qu'il eut un dernier ennui venant de la France. On se souvient qu'il avait été gratifié d'une maison, que lui-même qualifiait de palais. Il aurait bien voulu la conserver, ou du moins en retirer quelque argent; mais le nouveau gouvernement de Mazarin et de la reine-mère ne se soucia pas de ses réclamations et la maison fut donnée à un intrigant, sans même qu'on l'eût prévenu. Au fond, Poussin était désintéressé; le genre de vie qu'il menait ne l'obligeant pas à faire des dépenses excessives. Il continuait, comme par le passé, à travailler soigneusement, sérieusement; le dernier tableau qu'il peignit fut le *Déluge*.

En 1664, sa femme mourut; lui-même était souffrant, triste et préoccupé par des pensées de mort. Aussi écrivait-il à Mr de Chanteloup qui se plaignait de n'avoir pas de ses nouvelles : « Quand vous connaîtrez la cause de mon silence, non seulement vous m'excuserez, mais vous aurez compassion de mes misères. Après avoir, pendant neuf mois, gardé dans son lit ma bonne femme malade d'une toux et d'une fièvre d'étisie qui l'ont consumée jusqu'aux os, je viens de la perdre quand j'avais le plus besoin de son secours. Sa mort me laisse seul, chargé d'années, paralytique, plein d'infirmités de toutes sortes, étranger et sans amis, car dans cette ville il ne s'en trouve point. Voilà l'état auquel je suis réduit; vous pouvez vous imaginer le demeurant. On me prêche la patience, qui est, dit-on, le remède à tous les maux; je la prends comme une médecine qui ne coûte guère, mais aussi qui ne me guérit de rien.

« Me voyant dans un semblable état, lequel ne peut durer longtemps, j'ai voulu me disposer au départ. J'ai fait, pour cet effet, un peu de testament par lequel je laisse plus de mille écus à mes pauvres parents qui demeurent aux Andelys. Ce sont gens grossiers et ignorants, qui, ayant après ma mort à recevoir cette somme, auront grand besoin du secours et de l'aide d'une personne honnête et charitable. Dans cette nécessité, je viens vous supplier de leur prêter la main, de les secourir et de les prendre sous votre protection, afin qu'ils ne soient pas trompés ou volés. Ils vous en viendront humblement requérir, et je m'assure, d'après l'expérience que j'ai de votre bonté, que vous ferez pour eux ce que vous avez fait pour votre pauvre Poussin pendant l'espace de vingt-cinq ans. »

On sent qu'ici la larme est prête à venir; et cependant, Poussin était un caractère fortement trempé. C'est à ce moment que Félibien trace de lui le portrait que voici ; il peut être mis à côté de celui que nous avons cité plus haut : « Son corps était bien proportionné, sa taille haute et droite; l'air de son visage, qui avait quelque chose de noble et de grand, répondait à la beauté de son esprit et à la bonté de ses mœurs. Il avait, s'il m'en souvient, la couleur du visage tirant vers l'olivâtre, et ses cheveux noirs commençaient à blanchir lorsque nous étions à

Rome. Ses yeux étaient vifs et bien fendus, le nez grand et bien fait, le front spacieux et la mine résolue. »

Poussin mourut en 1665 et fut inhumé à Rome, dans l'église de Saint-Laurent, sa paroisse. Il laissait une foule de tableaux — plus de deux cents.

On a voulu ajouter à sa réputation de peintre celle d'écrivain, en mettant sous son nom quelques traités de peinture, entre autres un *Traité des lumières et des ombres*; mais il est aujourd'hui parfaitement démontré qu'il n'a jamais rien écrit de tel, comme le prouve cette lettre de Jean Dughet, son beau-frère, à Mr de Chanteloup qui lui en avait parlé :

« Monsieur, vous m'écrivez que M. Cérisiers vous a dit avoir vu un livre fait par M. Poussin, lequel traite des lumières et des ombres, des couleurs et des proportions; il n'y a rien de vrai dans tout cela. Cependant, il est constant que j'ai entre les mains certains manuscrits qui traitent des lumières et des ombres, mais ils ne sont pas de M. Poussin; ce sont des passages extraits par moi, d'après son ordre, d'un ouvrage original que le cardinal Barberini possède dans sa bibliothèque. L'auteur de cet ouvrage est le Père Matteo, maître de perspective du Dominiquin, et il y a bien des années que M. Poussin m'en fit copier une bonne partie, avant que nous allassions à Paris, comme il me fit aussi copier quelques règles de perspective de Vitellione : voilà ce qui a fait croire à beaucoup de personnes que M. Poussin en était l'auteur. Afin qu'il ne vous reste, monsieur, pas le moindre doute sur ce que je vous écris, vous m'obligerez de faire savoir à M. de Chambray que je tiens les manuscrits à sa disposition. » Et plus loin, il ajoute : « Tous les Français sont persuadés que M. Poussin a laissé des écrits sur la peinture; n'en croyez rien, monsieur. Il est bien vrai que je lui ai entendu dire plusieurs fois qu'il avait le projet de composer quelque traité sur cette matière; mais, quoique je l'aie souvent pressé de s'occuper de ce travail, il l'a toujours remis d'un temps à un autre : enfin, la mort est survenue et avec elle se sont évanouis tous les projets qu'il avait formés. »

Voilà qui est donc bien net : Poussin n'a laisé aucun écrit sur la peinture. D'ailleurs, que nous importe, puisque nous avons ses peintures elles-mêmes, sinon toutes, du moins les plus importantes, qui nous permettent d'apprécier en toute justice son talent.

Quant à l'homme, nous l'avons déjà suffisamment connu par le récit de sa vie; il n'est pas nécessaire d'insister longuement sur ses habitudes. Cependant, il nous a paru curieux de rapporter ce qu'un contemporain de Poussin, Vigneul Marville, dit de lui :

« J'ai souvent admiré, dit-il, l'amour extrême que cet excellent peintre avait pour la perfection de son art. A l'âge où il était, je l'ai rencontré parmi les débris de l'ancienne Rome, et quelquefois dans la campagne, et sur les bords du Tibre, qui dessinait ce qu'il rencontrait le plus à son goût; je l'ai vu aussi qui rapportait dans son mouchoir des cailloux et de la mousse, des fleurs et d'autres choses semblables, qu'il voulait peindre d'après nature. Je lui ai demandé, un jour, par quelle voie il était arrivé à ce haut point de perfection qui nous étonnait, et qui lui donnait un rang si considérable entre les plus grands peintres d'Italie, il me répondit : « *Je n'ai rien négligé.* »

» Le Poussin étudiait en quelque lieu qu'il fût. Lorsqu'il marchait par les rues, il observait toutes les actions des personnes qu'il voyait, et s'il en découvrait quelques-unes extraordinaires, il en faisait des notes dans son livre qu'il portait exprès sur lui. Il évitait autant qu'il pouvait les compagnies et se dérobait à ses amis pour se retirer seul dans les vignes et dans les lieux les plus écartés de Rome, où il pouvait, avec liberté, considérer quelques statues antiques, quelques vues agréables, et observer les plus beaux effets de la nature. C'était dans ces retraites et promenades solitaires qu'il faisait de légères esquisses des choses qu'il rencontrait propres, soit pour paysages comme des terrasses, des arbres, et quelques beaux accidents de lumière, soit pour des compositions d'histoire, comme quelques belles dispositions de figures, quelques accommodements d'habits, ou d'autres ornements particuliers, dont, ensuite, il savait faire un si beau choix et un si bon usage. »

Citons enfin, pour terminer, ce passage d'un homme qui, certes, a bien le droit de parler de peinture, et qui devait s'y connaître, de l'illustre Eugène Delacroix. Ces quelques lignes nous semblent résumer, sous une forme élégante et concise, la vie de Poussin, en même temps qu'elles indiquent la conclusion qu'il en faut tirer.

« La vie de Poussin se réfléchit dans ses ouvrages; elle est dans un accord parfait avec la beauté et la noblesse de ses inventions. C'est un exemple admirable à offrir à ceux qui se destinent à la carrière des arts. Il n'y a rien de plus intéressant que le tableau des luttes que ce grand homme eut à soutenir contre l'adversité et contre l'ignorance avant d'arriver à une célébrité qui semble si souvent aller au-devant des médiocres talents et leur aplanir toutes les difficultés. Quoique sa vie soit très connue (moins qu'il ne le croit) on peut dire qu'une pareille matière n'est jamais épuisée; il est des sujets sur lesquels on ne se lasse jamais de revenir; ce sont ceux qui élèvent l'homme, qui l'encouragent par de nobles exemples, qui lui montrent les grands hommes en butte à la malignité et à l'envie, et qui, cependant, en triomphent, sortent plus forts et mieux trempés de la lutte. »

LE TESTAMENT D'EUDAMIDAS

Nos jeunes lecteurs ont remarqué, dans le cours de ce chapitre qu'un des tableaux de Poussin, représentant le *Testament d'Eu-*

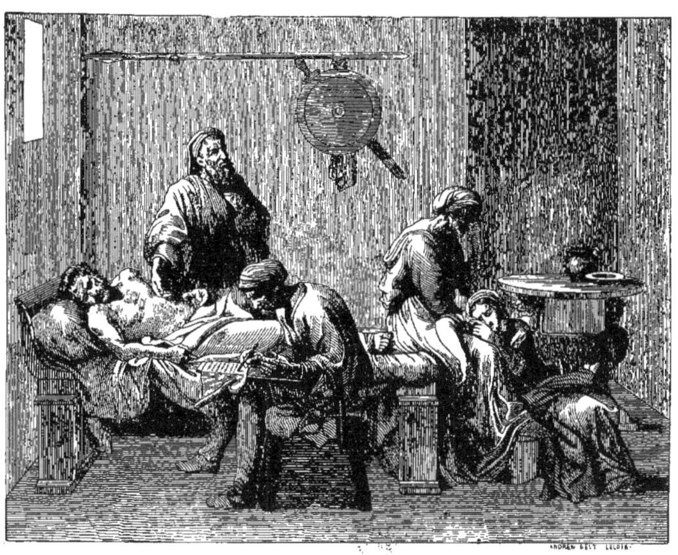

Le Testament d'Eudamidas. — Tableau de NICOLAS POUSSIN, perdu dans un naufrage, mais dont la reproduction a été conservée par la gravure.

Eudamidas, de Corinthe, homme fort pauvre, lègue à ses deux riches amis, Arétée et Charixène, sa mère à nourir et à soigner dans sa vieillesse, sa fille à doter le plus richement possible : La volonté du testateur fut exécutée. La confiance d'Eudamidas en ses amis se trouva justifiée, mais il n'est pas douteux que cet homme sage et vertueux eût été capable de faire pour eux le même sacrifice.

damidas, avait été perdu dans un naufrage. Pour ceux d'entre eux qui ne connaîtraient pas encore le sujet qui avait inspiré cette magnifique toile (laquelle fort heureusement nous a été conservée par la gravure), voici la traduction d'un passage de l'un des *dialogues* du philosophe grec Lucien, passage dans lequel le Grec Mnésippe et le Scythe Toxaris échangent leurs pensées au sujet de ce testament comme on en fait peu :

« ***Mnésippe.***

» Eudamidas de Corinthe, homme fort pauvre, avait deux amis très riches, Aretée de la même ville, et Charixène de Sicyone. En mourant, il laissa un testament ridicule, sans doute, aux yeux de bien des gens, mais qui ne le sera peut-être pas pour vous, Toxaris, qui chérissez la vertu et faites grand cas de l'amitié, puisque vous désirez avec tant d'empressement en connaître le trait le plus parfait. Voici donc ce que portait cet écrit :

« A Aretée, je lègue ma mère à nourrir et à soigner dans sa » vieillesse ; et à Charixène, ma fille à doter le plus richement » qu'il pourra sur ses propres biens. S'il arrive quelque acci- » dent à l'un des deux, l'autre aura le legs de celui-ci avec » le sien. »

» A l'ouverture du testament, tous ceux qui connaissaient la pauvreté d'Eudamidas, sans connaître toute l'amitié qui l'unissait avec les deux autres, regardèrent cette pièce comme une plaisanterie et se retirèrent en riant. « Qu'Aretée et Charixène » sont heureux ! s'écriaient-ils. Quelle riche succession ! Euda- » midas les a laissés ses créanciers en mourant, et c'est lui qui, » après sa mort, hérite de ses deux légataires vivants. »

» Cependant, ceux-ci arrivent, lisent le testament, et s'empressent d'exécuter la volonté du testateur. Charixène ne survécut que cinq jours ; Aretée, le plus honnête de tous les héritiers, accepta les deux legs : il nourrit la mère d'Eudamidas et dota sa fille en lui faisant présent de deux talents et demi sur cinq qu'il possédait ; il en donna également deux et demi à sa propre fille, et les maria le même jour. Que pensez-vous de ce trait d'amitié et de son auteur? En verrait-on beaucoup comme lui accepter une pareille succession? Croyez-vous que cet exemple mérite d'être cité?

» *Toxaris.*

» Oui, il est beau; mais j'admire encore plus la confiance d'Eudamidas dans ses amis. Il a montré qu'il eût été capable de faire la même chose pour eux, même sans testament de leur part; et l'on voit qu'il n'aurait pas eu besoin d'être appelé à pareille succession pour se porter héritier avant tout autre. »

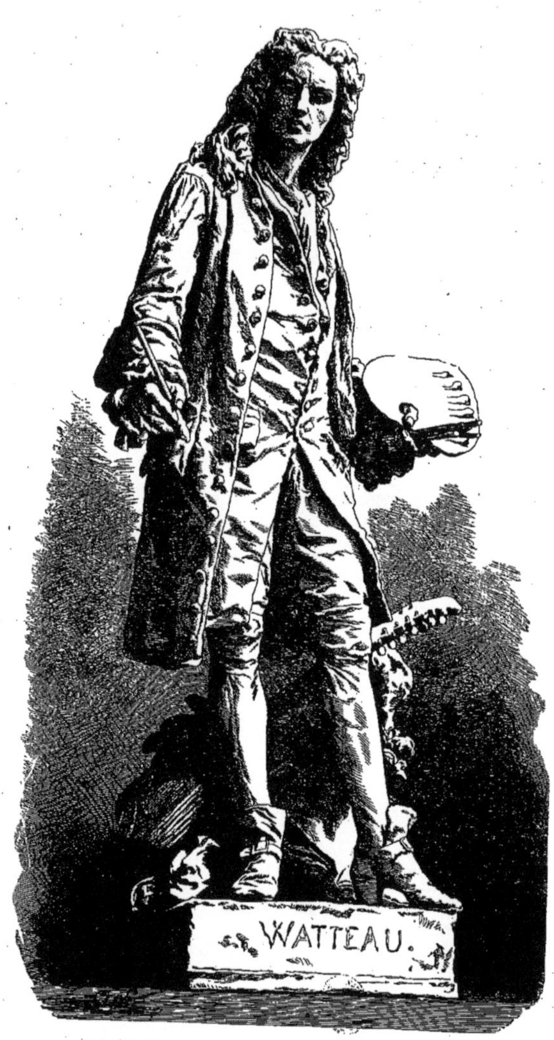

Statue de Watteau, érigée à Valenciennes, le 12 octobre 1884.

XII

WATTEAU

1684-1721

Watteau naquit à Valenciennes, en 1684, comme il a été prouvé récemment par la découverte de son acte de naissance, et mourut à Nogent-sur-Marne en 1721.

De même que Poussin représente par son caractère et par sa peinture le sérieux et grave XVIIe siècle, Watteau, par son humeur nerveuse, par son esprit agité, et par sa peinture un peu trop jolie peut-être, représente admirablement ce XVIIIe siècle si léger, si vif, si spirituel, surtout dans cette première période où, comme dit Voltaire, c'était le temps de l'*aimable Régence*. Il est le peintre par excellence de cette société élégante de grands seigneurs si frivoles, et de dames huppées qui ont leurs vapeurs.

Et cependant, par sa naissance, Watteau ne semblait guère destiné à peindre tous ces personnages du grand monde. Son père était un pauvre couvreur, qui n'avait pas souvent la bourse pleine, et qui ne se décida, qu'après bien des hésitations, à mettre son fils en apprentissage chez un peintre en bâtiments de la ville. Encore, semble-t-il bien qu'il ne considérait pas comme sérieuses les études de son fils, et qu'il songeait à lui apprendre son propre métier. Mais ce ne sont là que des probabilités; et malheureusement nous ne savons que bien peu de choses certaines sur Watteau. La biographie de cet artiste serait à refaire de fond en comble. Ainsi nous ne pouvons absolument rien affirmer de précis sur ses débuts.

Il vint de bonne heure à Paris, fuyant presque Valenciennes, mais à quelle date, nous n'en savons rien. Il était sans ressources, il fut donc obligé d'en passer par où la faim voulut; il tomba entre les mains d'un marchand de tableaux religieux. Il était occupé, avec cinq ou six autres, à confectionner des saints; encore ces manœuvres avaient-ils chacun leur partie spéciale, afin que la besogne allât plus vite; l'un faisait la tête, l'autre les draperies, un troisième les mains. Quant à Watteau, il avait eu le malheur de tomber sur un saint qui se vendait beaucoup; c'était Saint-Nicolas, et comme il était expéditif, on lui en faisait faire des douzaines, le tout pour une modeste somme d'argent à laquelle on ajoutait par charité un peu de soupe. Bientôt même, Watteau sut si bien son Saint-Nicolas par cœur qu'il put se passer de modèle, ce qui remplit de joie l'entrepreneur qui l'avait embauché.

Une telle vie ne découragea pas Watteau, mais elle dut ruiner sa santé, ce qui expliquerait les profonds découragements auxquels il se laissa aller dans la suite.

A ses moments de loisir, il va à la campagne ou dans une école gratuite et dessine d'après nature. Il rencontre Gillot, le peintre; il se prend pour lui d'une amitié vive et très sincère, s'arrange avec lui, et passe quelque temps dans son atelier; puis, brusquement, il y a une rupture entre les deux amis de la veille. Gillot se met à l'eau forte, où il s'est fait un nom; et Watteau entre chez Audran.

Cet Audran était concierge du Luxembourg, c'est-à-dire qu'il était conservateur. Il peignait très bien, surtout les ornements, dans le genre de ceux qu'avait employés Raphaël. Cette liaison de Watteau eut une influence considérable sur le développement de son talent. Il put étudier à son aise Rubens, et les arbres du jardin « moins peignés que ceux des autres maisons royales » et c'est certainement là qu'il apprit tout ce qu'il savait de dessin — lui-même d'ailleurs avouait qu'il en savait bien peu, — et son admirable science de la décoration. Audran, qui appréciait beaucoup son habileté, aurait vivement désiré le garder auprès de lui, mais Watteau ne pouvait se résigner à faire et refaire sans cesse de l'ornementation, et il prit brusquement congé de lui, prétextant qu'il avait besoin de revoir sa ville natale.

Et il partit pour Valenciennes. On sait le fait pur et simple, mais c'est tout. Il en revint vite pour rentrer à Paris, où il concourut pour le prix de Rome. Il aurait ardemment souhaité de voir cette ville et d'admirer en Italie les chefs-d'œuvre des grands maîtres dont il avait vu quelques copies; mais il dut se résigner à ne jamais voir ce pays de ses rêves; car il n'obtint que le deuxième rang et dut rester en France.

Sans être encore bien célèbre, il avait cependant déjà produit un nombre assez considérable de peintures, des portraits pour la plupart, qu'il faisait très vite, et qu'on lui enlevait très vite aussi. Car, tout en étant d'un esprit caustique, il était cependant très timide, et savait rarement refuser. C'est ainsi qu'un perruquier lui extorqua plusieurs de ses tableaux et qu'un sot lui fit recommencer jusqu'à deux fois une étude qu'il avait achevée. Il est vrai qu'il s'en vengea en redemandant son étude sous prétexte de la retoucher, et il l'effaça complètement.

Il fut reçu à l'Institut en 1717. Voici comment le secrétaire de l'Académie raconte la chose :

« La façon singulière avec laquelle il fut reçu à l'Académie royale de peinture et de sculpture est fort honorable ; il eut quelque envie d'aller à Rome pour y étudier d'après les grands maîtres, surtout d'après les Vénitiens, dont il aimait beaucoup le coloris et la composition. Il n'était pas en état de faire sans secours ce voyage, et c'est pourquoi il voulut solliciter une pension du roi. Pour en venir à bout, il prit un jour la résolution de faire porter à l'Académie les deux tableaux qu'il avait vendus à mon beau-père pour tâcher d'obtenir cette pension. Il part sans autres amis ni protection que ses ouvrages et les fait exposer dans la salle par où passent ordinairement messieurs de l'Académie de peinture et de sculpture qui tous jettent les yeux dessus et en admirent le travail sans en connaître l'auteur. M. de La Fosse, célèbre peintre de ce temps-là, s'y arrêta même plus que les autres et, étonné de voir deux morceaux si bien faits, il entra dans la salle de l'Académie et demanda par qui ils avaient été faits. Ces tableaux avaient un coloris vigoureux et un certain accord qui les faisait croire de quelque ancien maître; on lui répondit que c'était l'ouvrage d'un jeune homme qui venait supplier ces messieurs de vouloir bien intercéder pour lui, afin de lui faire obtenir la pension du roi pour aller étudier en Italie. M. de La Fosse, surpris, donne ordre qu'on fasse entrer ce jeune homme. Watteau paraît; sa figure n'était point imposante; il explique modestement le sujet de sa démarche, et prie avec instance qu'on veuille bien lui accorder la grâce qu'il demande, s'il a assez de bonheur pour en être digne. — Mais oui, répond M. de La Fosse, vous ignorez vos talents et vous vous méfiez de vos propres forces; croyez-moi, vous en savez plus que nous; nous vous trouvons capable d'honorer notre Académie; faites les démarches nécessaires, nous vous regardons comme un des nôtres. Il se retira, fit ses visites, et fut agréé aussitôt. »

Il fallait, en outre, un tableau pour faire partie de l'Académie ; Watteau envoya l'*Embarquement de Cythère*, un des plus beaux tableaux qu'il ait peints. Au reste, il demeura, quoique académicien, simple comme devant. « Watteau, dit Gersaint, ne s'enfla point de sa nouvelle dignité et du nouveau lustre dont il venait d'être décoré; il continua à vouloir vivre dans l'obscurité; et, loin de se croire du mérite, il s'appliqua encore plus à l'étude et devint encore plus mécontent de ce qu'il faisait. J'ai été souvent le témoin de son impatience et du dégoût qu'il avait pour ses propres ouvrages; quelquefois je l'ai vu effacer totalement des tableaux achevés qui lui déplaisaient, croyant y avoir remarqué encore des défauts, malgré le prix honnête que je lui en offrais; et même je lui en arrachai un des mains contre son gré, ce qui le mortifia beaucoup. »

Watteau n'était, en effet, jamais content de ce qu'il faisait. C'est qu'il se sentait impuissant à rendre son idée, parce que les moyens d'expression lui faisaient défaut. Il n'avait en effet jamais dessiné d'après le nu, et lui-même avouait qu'il lui manquait quelque chose. Il peignait nerveusement, employant beaucoup d'huile pour aller vite, ce qui a gâté quelques-unes de ses peintures. Il peignait avec acharnement, avec satisfaction, puis tombait épuisé de fatigue, et un profond dégoût le prenait pour ce qu'il venait de faire. Inquiet, il changeait sans cesse de logement, alla même en Angleterre, où il fut fort bien accueilli, ce qui ne put pas néanmoins le décider à rester longtemps dans ce pays. Il était poitrinaire et s'apercevait bien qu'il ne vivrait pas longtemps; il alla mourir à Nogent, en train de peindre un crucifix pour le curé de cette ville.

« Watteau était de moyenne taille et d'une faible constitution; il avait le caractère inquiet et changeant; il était entier dans ses volontés, libertin d'esprit, mais sage de mœurs; impatient, timide, d'un abord froid et embarrassé; discret et réservé avec les inconnus, bon mais difficile avec ses amis; misanthrope, même critique malin et mordant, toujours mécontent de lui-même et des autres et pardonnant difficilement; il aimait beaucoup la lecture (il lut quelques ouvrages de Léonard et de Rubens); c'était l'unique amusement qu'il se procurait dans son loisir; quoique sans lettres, il décidait assez sainement d'un ouvrage de l'esprit. »

Watteau est tout entier dans ce portrait, c'est un malade. Le *peintre des fêtes galantes,* comme on l'appelait, était un triste, qui n'attachait pas beaucoup d'importance à ses toiles parce qu'il aurait voulu faire beaucoup mieux. Aussi, de son vivant, elles se vendirent à un prix dérisoire. Son *Gilles,* qui est aujourd'hui au Louvre, et qui est peut-être sa plus belle toile, fut acheté 600 francs par le baron Denon qui vit la toile exposée chez un marchand de tableaux avec cette inscription : « Pierrot voudrait vous plaire. »

Mais un des plus beaux côtés du génie de Watteau est assurément d'être un paysagiste de premier ordre. Sur ce point, nous ne pouvons renoncer au plaisir de citer quelques lignes de M. de Goncourt.

« Watteau a créé un genre neuf. Le paysage académique, autrement dit le paysage en quête d'une noblesse, d'une beauté extra naturelle, Watteau l'a réalisé avec des qualités et des secrets qui n'ont rien des procédés et des éliminations de ses prédécesseurs et de ses contemporains. Avec ses arbres à rameaux ruisselant et cascadant jusqu'à terre, avec ses bouquets de charmille ouverts en éventail, avec ses murs de verdure s'ouvrant comme entre des portants de coulisses, avec ses clairières foulées par un menuet dans un rayon de soleil, avec ses grandes futaies imitant derrière les baigneuses un rideau à moitié déroulé, avec toute cette légère frondaison, touchée de la fluide couleur et meublée de balustres, de termes, de statues, de femmes de marbre, d'enfants de pierre, de fontaines enveloppées de pluie, — Watteau a fait une nature plus belle que la nature..... L'ennoblissement dont Watteau revêt son paysage académique à lui, c'est la poésie du peintre poète, poésie avec laquelle il surnaturalise, pour ainsi dire, le coin de terre que son pinceau peint. Des paysages idéalisés, des paysages atteignant dans leur composition poétique un certain surnaturel auquel l'art matériel de la peinture ne semble pas pouvoir monter, c'est là le caractère du paysage de Watteau. »

Watteau étant devenu un peintre à la mode, on se disputait de son vivant ses tableaux de genre. Cette vogue amena une grande dissémination de ses œuvres. En effet, plusieurs de ses toiles se trouvent encore actuellement en Belgique, en Prusse, en Russie (au musée de l'Ermitage), à Dresde, en Angleterre, etc... Valenciennes ne possède qu'un seul tableau du maître né chez elle. Il en existe une dizaine au musée du Louvre, à Paris. Mais l'œuvre de Watteau a été reproduit par la gravure et réuni en trois volumes qui contiennent cinq cent soixante-trois planches.

Sa ville natale qui, depuis deux cents ans, compte parmi ses enfants une bonne vingtaine de sculpteurs et de peintres célèbres ou illustres, a voulu immortaliser dans le marbre les traits du plus illustre d'entre eux. Un monument consacré à Watteau a été élevé par ses soins au milieu du square de l'ancienne place Joséphine, devenue la place Watteau, à quelques mètres seulement de la maison qu'il habita pendant sa jeunesse. Il se compose d'une fontaine surmontée de la statue du maître. L'exécution en avait été primitivement confiée à Carpeaux, le puissant sculpteur dont on admire le bas-relief de *la Danse* à la façade du grand Opéra de Paris, né, lui aussi, à Valenciennes. Mais la mort le surprit au moment de mettre la dernière main à la statue, qui fut néanmoins exposée au *Salon*. Elle fut achevée par M. Hiolle, compatriote, ami et admirateur de Carpeaux, qui, de concert avec M. Dussart, achitecte, fit exécuter le monument entier d'après le projet préparé par le maître avant sa mort. Watteau est représenté debout, tenant d'une main sa palette et de l'autre son pinceau. Au pied, le masque de la Comédie et une mandoline.

La municipalité de Valenciennes avait choisi pour l'inauguration du monument la date du deux centième anniversaire de la naissance de celui qui, malgré l'humilité de son origine, est parvenu par le seul secours d'un travail acharné à conquérir l'immortalité du talent, donnant ainsi à tous un magnifique et encourageant exemple de ce que peut produire la persévérance dans le labeur. Malheureusement, le dimanche douze octobre 1884, le mauvais temps contraria pendant toute la journée la cérémonie et la fête consacrées à son glorieux enfant. Ce fut sous des torrents de pluie qu'à deux heures et demie la statue fut découverte en présence des autorités et de la foule qui entourait l'estrade officielle et celle où les musiques exécutaient leurs morceaux. Malgré tout, la fête fut cependant brillante dans la brave cité artistique dont toutes les rues et toutes les places étaient décorées et pavoisées aux couleurs nationales.

Deux plaques commémoratives furent en outre placées, ce même jour, sur deux maisons de Valenciennes. Celle qu'habita Watteau n'était qu'à deux cents mètres environ du point où s'élève sa statue. L'emplacement qu'elle occupait correspond à celles qui, dans la rue de Paris, portent aujourd'hui les numéros 39 et 41. La plaque posée sur celle-ci porte cette inscription :

ICI VÉCUT — ICI TRAVAILLA
ANTOINE WATEAU
de 1699 *à* 1702.

L'autre plaque a été placée rue Delsaux, sur la façade de la maison natale de Carpeaux dont Valenciennes avait également voulu célébrer le souvenir. On y lit les mots suivants :

ICI NAQUIT
JEAN-BAPTISTE CARPEAUX
le 16 *mai* 1827

EXPLICATION

Dans le cours de ce chapitre, nous avons suivi l'usage généralement adopté jusqu'à ce jour en écrivant *Watteau* avec deux *t*.

Cependant l'acte de baptême de l'illustre peintre, récemment découvert sur le registre de la paroisse Saint-Jacques, à Valenciennes, est ainsi conçu :

« Le 10 octobre 1684, fut baptisé Jean-Antoine, fils légtime
» de Jean-Philips Wateau et de Michelle Lardenois, sa
» femme.

» *Le parin* (sic)

» Signé : Jean-Antoine Bouché.

» *La marine*, (sic)
» Signé : Jeanne Maillou. »

On voit donc, d'après ce document, que la véritable orthographe du nom du *peintre des fêtes galantes* était *Wateau* avec un seul *t*.

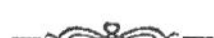

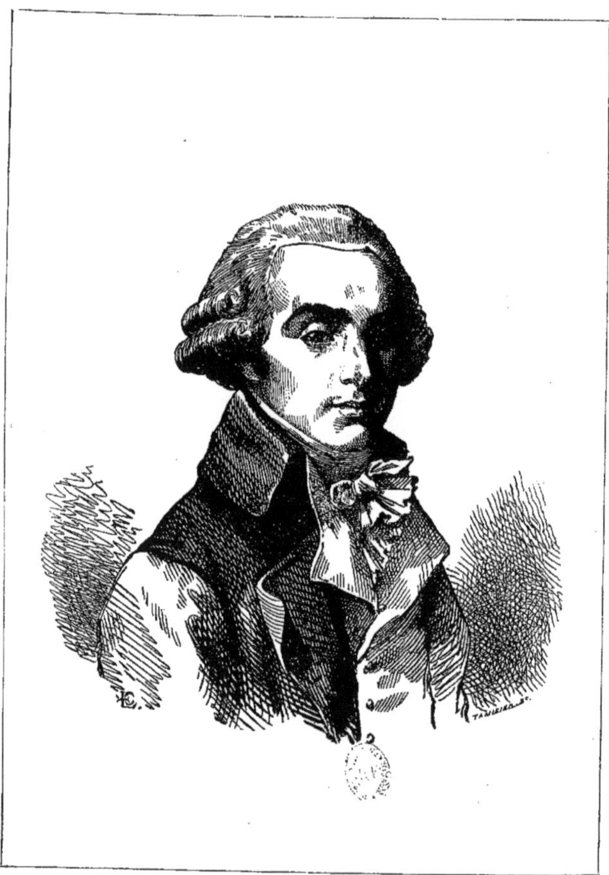

Portrait de Prudhon.

XIII

PRUDHON

1758-1823

Dans Prudhon se retrouvent les principaux traits qui caractérisent l'artiste moderne, ou du moins sous lesquels il nous plaît de vous le représenter aujourd'hui : tempérament nerveux à l'excès, d'une sensibilité exagérée, en tout l'opposé de ces génies puissants, tels que nous en avons vu dans la personne d'un Léonard de Vinci, d'un Raphaël, d'un Michel-Ange, tous artistes parfaits, également versés dans la peinture, la sculpture, l'architecture, complets en un mot, et d'un génie bien équilibré. Il semble que de nos jours cet équilibre ait disparu, et n'ait point encore été retrouvé. Peut-être est-ce que la force même des choses, et la complexité de notre civilisation le veulent ainsi : nous ne faisons que poser la question et constater le fait. Prudhon et Watteau, dont nous avons raconté la vie dans ce même volume, en sont des exemples frappants.

Ce n'est pas à dire que leur vie en soit pour cela moins intéressante, tout au contraire; mais elle est moins complète, moins réglée, et par suite l'enseignement qu'on en peut retirer est d'un effet bien moindre sur l'esprit. On en jugera d'ailleurs par le simple récit de la vie de Prudhon, un peu triste, un peu estompée de gris comme les dessins de ce délicat artiste.

Il naquit à Cluny en 1758, et mourut à Paris en 1823.

Il était le dixième des dix enfants d'un tailleur de pierres. La maison, pauvre et d'aspect misérable, était située au fond d'une impasse, où le soleil ne brillait guère. L'enfance de Prudhon ne fut donc pas très gaie; en outre, il eut le malheur de perdre, très jeune, son père et sa mère. Il semble toutefois que leur influence, et surtout celle de sa mère, ait été très profonde sur lui; c'est d'elle qu'il tient cette nature sensible et délicate qui le distingue entre tous les artistes, qui fit son malheur et aussi son talent.

Son enfance se passa comme celle des enfants de son âge, à jouer, à courir, à travailler aux champs, et à aller parfois ramasser le bois mort à la forêt voisine. Un jour qu'il en revenait avec un fagot sur la tête, un bon curé le rencontre, lui fait poser son fardeau et cause avec lui. Les réponses de l'enfant, sa figure douce et éveillée plurent à l'ecclésiastique, qui lui proposa de venir le lendemain matin au presbytère. L'enfant y vint, le bon curé lui enseigna les premiers rudiments, et lui fit servir la messe; après quoi, trouvant que son élève promettait, il l'envoya chez les moines de Cluny, où l'enseignement était gratuit.

Et voilà comment Prudhon fut élevé quelque temps à Cluny par les moines. Ceux-ci donnaient l'instruction gratuitement; ils enseignaient les premiers éléments du dessin; et Prudhon montrait un goût spécial pour ce dernier exercice. Il illustrait la plupart de ses cahiers de dessins enfantins et naïfs, où la correction faisait souvent défaut, mais où se trouvait déjà un certain sentiment de la forme; il grattait même les tables, ce qui lui attira parfois les admonestations et même les corrections des moines; enfin, un jour qu'il avait réussi à se procurer, on ne sait comment, un gros morceau de savon, il s'en servit pour y sculpter les principaux personnages de la Passion. Lorsque, dix ans plus tard, à son retour de Rome où il était allé pour terminer ses études, on lui montra ce morceau de savon, il fut tout ému, et le considérait presque comme son chef-d'œuvre! Il y avait dans l'abbaye quelques vieux tableaux peints d'une main pieuse, rustique, si l'on veut, mais qui excitaient l'admiration du jeune Prudhon qui passait de longues heures à les contempler. Il essaya même de les copier. C'était chose malaisée, puisqu'il n'avait jamais vu peindre, et qu'il en était encore à considérer la peinture comme un mystère réservé à quelques initiés. Cependant, il réussit à se fabriquer un pinceau avec les poils de la queue d'un cheval, mais les couleurs, où les trouver? Il eut alors l'idée ingénieuse, qu'on prête aussi à Titien, de cueillir des fleurs et de faire de la couleur avec leur suc; puis il peignait; mais, comme on pense, il n'arrivait pas à un bon résultat. Aussi, comme un jour un moine qui le voyait peiner, lui dit en souriant : « Tu ne réussiras pas, petit, ils sont peints à l'huile. » — Prudhon ouvrit de grands yeux, sans comprendre; il ne devait se rendre compte du sens de ces paroles que longtemps plus tard. Peut-être, cependant, est-ce à cette première époque qu'il faut faire remonter une enseigne qu'il fit pour un chapelier. L'enseigne représentait une cuve, où l'on foule le feutre, avec cette inscription au bas de la peinture : « *Charton, marchand-chapelier, vend toutes sortes de chapeaux, neufs et autres.* »

Fût-ce cette peinture qui attira d'une manière définitive l'attention des moines sur Prudhon, on ne saurait l'affirmer; cependant, ils le recommandèrent à l'évêque de Mâcon, Mgr Moreau, personnage influent, qui fit envoyer le jeune Prudhon à Dijon, chez Devosges, artiste sincèrement épris de son art, et qui réussit par son initiative privée à fonder une école de peinture que les Etats de Bourgogne prirent sous leur protection, allant même jusqu'à créer des bourses pour permettre aux jeunes élèves intelligents d'aller terminer leurs études à Rome. Disons tout de suite que ce fut Devosges qui forma des élèves, tels que Doyen, Ramey, et surtout Rude.

Lorsque Prudhon entra dans l'atelier de Devosges, il avait

seize ans. On n'a rien conservé de ses premières œuvres. Il est d'ailleurs fort à présumer qu'il ne produisit pas beaucoup, car c'est en somme un artiste tardif, qui ne montra ce qu'il était que vers l'âge de trente ans. Ses études, à Dijon, ne furent interrompues que par un voyage qu'il fit à Cluny pour se marier. Il épousa la fille d'un notaire, et ce mariage lui pesa toute sa vie, car sa femme ne sut pas le comprendre et le rendit malheureux. Il resta avec elle, à Cluny, jusqu'en 1780, menant une vie de misère et s'abandonnant au découragement, lorsque vint à passer par Cluny le baron de Joursanvault, propriétaire en Beauce, ancien chevau-léger du roi, qui avait un goût très vif pour l'art. Il s'attacha à Prudhon, et lorsque celui-ci se décida à aller chercher fortune à Paris, en 1780, il le recommanda à son ami, le graveur Wille.

Prudhon resta trois ans dans cette ville, pendant lesquels on ne sait absolument pas ce qu'il fit; puis il revint à Dijon pour se préparer au concours pour l'école de Rome. Il faillit ne pas y être envoyé par suite de sa trop grande bonté d'âme; c'est du moins ce que la tradition rapporte. Il était en loge et travaillait à son tableau, lorsqu'il entendit, dans la loge voisine de la sienne, un de ses concurrents qui pleurait. Prudhon enlève une planche de la cloison qui le séparait de ce dernier, et pour le consoler, lui fait son tableau. Le jour du jugement venu, ce fut le tableau auquel Prudhon avait collaboré qui eut la première place; lui ne venait qu'au second rang. Il avait mieux fait pour son concurrent que pour lui-même. Mais le lauréat ne voulut pas profiter de l'erreur des juges; il leur avoua la fraude et Prudhon fut envoyé à Rome.

A cette époque, à Rome, on se passionnait en peinture pour l'érudition, la recherche de l'archaïsme et de l'antiquité; c'est de là, en effet, que David envoya son *Serment des Horaces*. Prudhon ne se laissa pas entraîner par l'engouement général. Il s'attacha à étudier Raphaël, Corrège, Léonard de Vinci surtout qu'il appelait l'*Homère de la peinture.* Tous les travaux qu'il exécuta pendant son séjour dans cette ville sont aujourd'hui perdus. sauf une copie d'un plafond qui se trouve à Dijon. D'ailleurs, il travailla peu, si l'on en juge par la réponse qu'il fit à quelqu'un qui lui demandait ce qu'il faisait à Rome : « Je m'occupais, répondit-il, à regarder et à admirer les chefs-d'œuvre. » Il semble même que le séjour de Rome l'ait quelque peu ennuyé. Il ne fréquentait que son ami le statuaire Berthaud ; la société des autres peintres ne le séduisit jamais ; encore une fois c'était une âme délicate et sensible que la malignité de ses camarades blessait. Voici comment il s'exprime à ce sujet dans une lettre adressée de Rome à M. Fauconnier :

« Il est à Rome certain café où s'assemble une partie des artistes français, et où je me suis trouvé trois ou quatre fois dans les commencements. Là, chacun cherche un point de dispute, qui se rencontre bientôt, pour faire étalage de son éloquence. Là tous les maîtres sont passés en revue et ne sont point épargnés. On critique celui-ci, on déchire celui-là; Raphaël lui-même est blâmé de ne s'être pas assez asservi à l'antique. Le mieux de tout cela, c'est que tous ces messieurs les beaux parleurs n'étudient ni Raphaël, ni l'antique et s'amusent chez eux à ne rien faire qui vaille. »

Revenu de Rome à Dijon, pour aller ensuite à Paris, il tombe en pleine révolution. Si les théâtres ne fermèrent pas, l'art toutefois pâlit de ce profond bouleversement qui se fit sentir à Paris, plus encore qu'ailleurs, et comme Prudhon était timide, il ne trouva guère d'occasions pour montrer son talent ; c'est à peine s'il parvint même à gagner sa vie. Il accepta toutes les commandes, même les plus humbles et les plus indignes de son talent. Il fit d'abord le portrait de M. et de Mme Fauconnier, mais ensuite ce furent des entêtes pour des brevets d'invention, pour les lettres des différents ministères, et pour les bureaux du Directoire. Encore ne le payait-on pas bien cher, et comme sa femme était venue le rejoindre à Paris, il vivait dans un état voisin de la misère. N'y pouvant plus tenir, il se décida à quitter Paris et se retira dans une petite ville de la Franche-Comté, à Rigny, près de Gray. C'est là qu'il put refaire sa santé délabrée et se retremper au contact de la nature. Bientôt même il put se remettre à l'ouvrage, fit plusieurs portraits à l'huile et au pastel, et des illustrations pour le célèbre imprimeur Pierre Didot.

Il fit trois dessins pour le livre de *Daphnis et Chloé;* l'un entre autres représente la chèvre allaitant Daphnis, et est inspiré par ce passage de la traduction d'Amyot : « En cette terre, un chevrier nommé Lamos trouva un petit enfant que l'une des chèvres allaitait. » Puis ce fut le tour de la *Tribu indienne,* ce roman de Lucien Bonaparte si peu lu aujourd'hui. Pour une édition des œuvres de Racine, Prudhon fit le frontispice : « *Son génie et Melpomène le mènent à l'immortalité.* » C'est également à cette époque qu'il faut rapporter le portrait de Rousseau, et cinq vignettes pour un de ses ouvrages. Ajoutons, pour compléter, que Prudhon fit aussi une planche pour l'*Aminta,* et une pour l'*Imitation de Jésus-Christ,* « *le Christ portant sa croix.* »

En 1796, Prudhon revenait à Paris, mais dans des conditions bien autres qu'en 1789. Le calme de Rigny avait apaisé son cœur malade; il avait, en outre, fait la connaissance d'un personnage important : Frochot, qui avait joué un rôle considérable aux Etats-Généraux de 1789, et qui était alors membre de l'administration centrale de la Côte-d'Or, en attendant qu'il devînt préfet de police à Paris, ce qui ne tarda pas beaucoup. Grâce à lui, Prudhon eut des commandes importantes, et les quatre années qui suivirent son retour à Paris peuvent compter parmi les plus actives et les plus fécondes de son existence. C'est alors, en effet, que coup sur coup il peint sa belle toile de : *la Sagesse et la Vérité,* il décore l'hôtel Saint-Julien, il exécute deux plafonds au Louvre et il achève ce beau dessin, appelé *la Paix.*

En arrivant à Paris, il alla faire quelques visites à ses confrères messieurs les peintres. Tous le reçurent mal; sauf un, Greuze, qui lui dit avec sa brusquerie ordinaire : « Avez-vous du talent? — Oui, répondit Prudhon ingénûment. — Alors, c'est tant pis! tant pis! Du talent? Que voulez-vous faire aujourd'hui avec du talent? Tenez, je crois, sans me flatter, en avoir autant et plus que X... et Y... et cependant regardez mes manchettes. » Et il lui montrait, en effet, une paire de manchettes en fort piteux état. Malgré cette boutade, Greuze accueillit avec sympathie Prudhon, et plus tard même il disait dans une soirée : « Il ira plus loin que moi; il enfourchera les deux siècles avec les bottes de sept lieues. »

En 1798, Prudhon envoie au salon un dessin *Phrosyne et Mélidor*, et un projet de frise, une *Bacchanale;* puis l'année suivante, il expose sa première peinture importante : *la Sagesse et la Vérité descendant sur la terre.* Il avait alors quarante et un ans. Il se mettait tard en route, mais il devait marcher, comme disait Greuze, avec des bottes de sept lieues. Et d'abord les dessins de ce tableau lui valent un prix d'encouragement, plus un logement et un atelier au Louvre. Quant à la peinture, elle alla de Versailles à Saint-Cloud où un incendie la gâta beaucoup, et aujourd'hui elle est reléguée dans un grenier du Louvre. « Cet ouvrage, dit M. Clément, justifia la confiance du gouvernement. On y admirait la poésie de la pensée et de la composition, la grâce des formes, le charme de la couleur et du pinceau, enfin une exécution large et moelleuse jusqu'alors inconnue dans l'Ecole. »

Dès lors, Prudhon était connu, et les commandes allaient venir. Ce fut d'abord un riche banquier, du nom de Lanois, qui lui fit décorer le salon de son hôtel Saint-Julien, rue Cerutti. Prudhon composa huit sujets allégoriques, et quelques figures et motifs secondaires.

En 1801, Bonaparte revenait d'Italie, et était partout, à Paris, accueilli avec des éloges unanimes. Prudhon fit comme tout le monde. Il dessina *le Triomphe de Bonaparte*, ou *la Paix*, superbe dessin qui fit sensation au Salon, et il termina en même temps son premier plafond au Louvre. Peu après, il émigra avec Ramey, Pajou, Duvivier, Norry, du Louvre à la Sorbonne. Depuis François Ier, le Louvre avait servi à loger un grand nombre d'artistes. Napoléon, sous prétexte de restaurer le palais, les mit un peu brutalement à la porte, ainsi que les Didot, les célèbres imprimeurs, qui, eux aussi, avaient obtenu pour leurs presses une place au Louvre. C'est là que furent imprimées ces belles éditions *dites* éditions du Louvre.

« A la Sorbonne, Prudhon habitait un appartement fort propre, à gauche de la porte d'entrée, au deuxième étage, précisément au-dessous de l'horloge. Son atelier, vaste, éclairé par une grande fenêtre donnant sur des jardins et très bien tenu, était à peu près au milieu du bâtiment du fond et ne communiquait pas avec le logement. C'est là qu'il passa une vingtaine d'années; c'est là que l'ont vu dans l'intimité quelques amis qui vivent encore et dont les souvenirs me permettent de donner des détails authentiques sur sa personne et sur ses habitudes.

» Prudhon était alors dans la force de l'âge. De petite stature, sa tête paraissait trop grosse; mais le corps souple, bien pris, sa taille svelte et droite lui donnaient un aspect vif et dégagé. Il avait les cheveux blonds cendrés, des yeux bleus pleins d'expression et le teint frais. Il n'était pas régulièrement beau, mais sa physionomie tendre et rêveuse reflétait à merveille son caractère sensible et passionné. Uniquement préoccupé de son art, il était négligé dans sa mise. Il portait, chez lui et dans son atelier, une petite veste grise à collet d'astrakan, brandebourgs et grands revers. En ville, il était ordinairement vêtu d'une redingote noire à la boutonnière de laquelle on voyait à peine le ruban rouge qu'il avait reçu des mains mêmes de l'Empereur, en 1808. Dans le monde, il était timide, habituellement silencieux, presque sauvage et d'une apparence modeste. Chez lui et

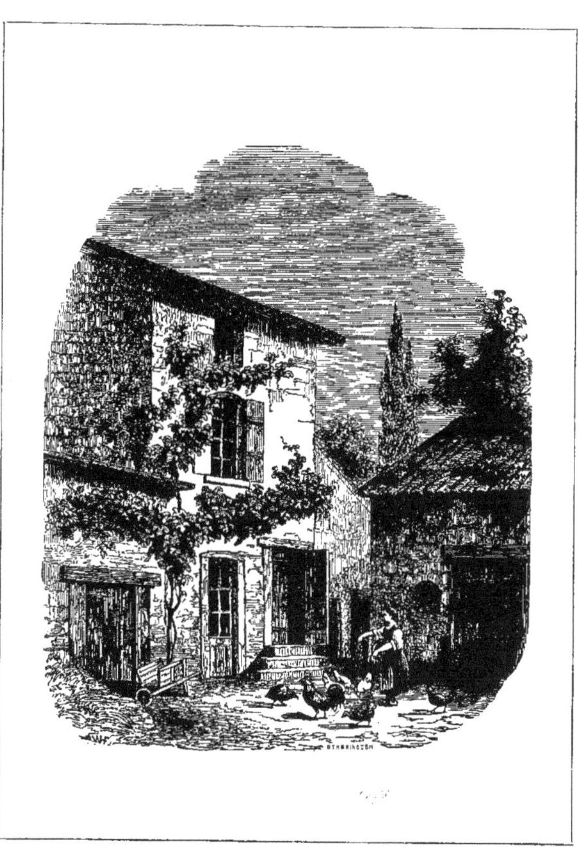

Maison où est né PRUDHON, à Cluny.

en petit comité, il s'animait, parlait avec facilité, une grande élévation, une sorte d'éloquence qui frappait vivement. Ses sujets favoris étaient non seulement la peinture, mais la philosophie et la religion, qui le préoccupait beaucoup et sur laquelle il avait des vues très larges et très personnelles. Sa vie était très réglée, ni cafés, ni spectacles. Toujours levé de très bon matin, il travaillait toute la journée sans désemparer et se couchait entre neuf et dix heures. »

Ajoutons tout de suite que Prudhon resta presque toute sa vie au Louvre, et que c'est là qu'il peignit les toiles qui ont surtout contribué à sa réputation.

En 1808, il envoya au Salon la toile qui est aujourd'hui au musée du Louvre, si connue, sous le nom de *la Vengeance poursuivant le Crime*. L'idée première remontait à l'année 1804. Un jour que Prudhon se trouvait à dîner chez le préfet de la Seine, Frochot, la conversation vint à rouler sur la prochaine commande qui allait être faite d'un tableau destiné à orner le Palais-de-Justice. Et chacun des convives donnait son avis, disait son mot, proposait une idée, lorsque Frochot vint à réciter ces deux vers d'Horace :

Raro antecedentem scelestum
Deseruit pœna.

L'imagination de Prudhon part là-dessus; il court s'enfermer dans une pièce voisine, d'où il ressort, rapportant une esquisse qui excita l'enthousiasme de tous les convives. Et dès qu'il fut de retour chez lui, Prudhon adressa son projet au préfet et le lui soumit par cette lettre :

« Trouver un sujet qui soit en rapport avec la destination d'une salle de justice criminelle et les fonctions des magistrats qui doivent y siéger; présenter à la fois des victimes, des juges et des coupables; rendre ces objets avec cette énergie d'expression qui donne à l'âme une commotion forte et y laisse une trace profonde, serait, si je ne me trompe, atteindre le but que l'on se propose dans l'exécution du tableau qui doit être placé dans cette salle.

» Plein de cette idée, mais peu satisfait de tout ce que l'histoire nous donne sur cette matière, qui ne consisterait d'ailleurs que dans des faits usés ou obscurs, je m'arrête à la nature de la chose même qui, remplissant en tout point les convenances, fournit le tableau le plus énergique ; il est de tous les temps, appartient à tous les peuples, s'annonce et s'explique de lui-même et présente en même temps la cause et son effet.

» Figurez-vous la vengeance publique, Némésis à l'aile de vautour, chargée de la poursuite des coupables, traînant au pied du tribunal de la justice le crime et la scélératesse. La Justice, armée du glaive, entourée de la Force, la Prudence et la Modération, prononce l'arrêt foudroyant qui les frappe de mort. La victime ensanglantée du crime, le poignard dans le sein, gisant sans mouvement sur les marches du tribunal même, est sous les yeux de l'homicide : il est saisi de crainte et frissonne d'horreur ! Ajoutez, pour sentir l'effet de ce tableau terrible, la présence des juges, l'arrivée des coupables, l'éloquence mâle des orateurs, les émotions diverses peintes sur les visages d'une assemblée nombreuse, et vous avouerez qu'il serait difficile à l'imagination de n'être pas vivement frappée d'un tel ensemble.

» Ce tableau, composé de huit figures, de la largeur de dix pieds sur huit de hauteur, destiné pour la salle principale du tribunal criminel, serait du prix de 15,000 francs. Il serait payé par tiers de 5,000 francs chaque, à trois époques différentes ; la première à la présentation de l'esquisse, la deuxième lorsque le tableau serait ébauché, la troisième lorsqu'il serait entièrement terminé.

» Je me charge de le finir dans l'espace de dix mois à dater du jour de la présentation du croquis. Dans l'emplacement de la salle en bas, qui est de la hauteur de huit pieds, sur six de largeur, on pourrait y mettre un fait historique ou autre, analogue à la justice criminelle et subordonné au sujet du haut.

» Le sujet arrêté, on en déterminerait le prix, et il serait exécuté de suite aux mêmes clauses que le précédent.

» Pour ce qui me regarde personnellement, vous devez croire que l'amour de l'art et le désir de me distinguer ne me feront rien négliger de ce qui pourra contribuer à sa perfection, et le rendre digne de l'autorité qui m'en a chargé. »

On possède encore au Louvre deux dessins qui furent exécutés à l'occasion de ce tableau, dont Prudhon obtint, comme il le demandait, la commande, mais avec beaucoup de modifications introduites dans le projet primitif, comme on le verra par la description du tableau que nous donnons à la fin du chapitre.

La toile fit grande sensation au salon de 1808, et David daigna même dire : « Enfin, celui-là a son genre à lui; c'est le Boucher, le Wateau de notre temps : il faut le laisser faire ; cela ne peut produire aucun mauvais effet aujourd'hui dans l'état où est l'Ecole. Il se trompe, mais il n'est pas donné à tout le monde de se tromper comme lui; il a du talent. Ce que je ne lui pardonne pas, ajoutait-il en souriant, c'est de faire toujours les mêmes têtes, les mêmes bras et les mêmes mains. Toutes ces figures ont la même expression et cette expression est toujours la même grimace. Ce n'est pas ainsi que nous devons envisager la nature, nous autres disciples et admirateurs des anciens. »

David la comprenait autrement, hélas! Et malheureusement pour Prudhon, il était l'oracle de l'école; on jurait par David. « On se ferait difficilement idée, dit Delacroix, de ce qu'était alors la toute-puissance du préjugé en faveur de David. Il est permis aujourd'hui, malgré tout le respect et toute l'admiration que mérite cet illustre maître, de s'étonner que cette admiration ait pu être portée à ce point de fanatisme. C'était l'opinion parfaitement établie que David passait de cent coudées les peintres les plus célèbres; le plus léger doute à cet égard eût révolté tout le monde. Sa couleur même était un objet d'admiration; le gris de ses teintes était finesse; le peu d'éclat de ses tableaux était sobriété admirable et l'effet même de la force qui méprise l'exagération. Ce qu'on appelait le style, c'était le sien par excellence, et quand on disait d'un peintre qu'il avait *du style*, cela ne voulait pas dire qu'il eût une forme originale, à lui, une manifestation de sa pensée empreinte de son génie particulier; cela signifiait qu'il avait le style antique fixé désormais par David et revivant dans sa peinture. Ce qui est fait pour étonner encore d'avantage, c'est que dans ce moment même, le Louvre ne suffisait point à contenir et à mettre en lumière les chefs-d'œuvre nombreux de la peinture de toutes les écoles anciennes que la conquête avait amenés à Paris de l'Italie, de la Flandre, de l'Espagne. Le Luxembourg n'avait pas été dépouillé de la superbe suite de tableaux de Rubens. La plus grande partie des chefs-d'œuvre de Rubens aujourd'hui retournés à Anvers, Bruxelles, Malines, Gênes, Florence; la *Transfiguration*, *la Sainte-Cécile*, les madones admirables, les admirables portraits de Léon X et vingt autres de Raphaël, de la première force, *le Saint-Jérôme*, la *Léda* du Corrège, *Saint-Pierre* du Titien, *le Saint-Marc* du Tintoret, en un mot tout ce que la peinture avait produit de plus parfait pendant trois siècles, tout était là, excepté ce qu'on n'avait pu arracher aux murailles.

« Cette réunion de merveilles, telle que l'œil des hommes n'en verra jamais de semblable, étalée sous les yeux d'une génération indifférente, n'avait pu tempérer cette étrange fureur d'antique dont tous les artistes étaient possédés. Et les talents ne manquaient cependant pas. On voyait au premier rang Girodet, Guérin, Gérard, et Gros lui-même, ce fils de Rubens, qui eut bien le triste courage de résister à toute cette magie vers laquelle il inclinait en secret. L'admirable Gros, malgré l'éclat de ses premiers succès, était alors considéré comme une espèce d'hérétique au milieu de tous ses confrères. Les bons sujets de l'école l'accusaient de ne point dessiner et de manquer de style. A les entendre, il ne savait peindre que des uniformes et à force de se l'entendre répéter, le grand peintre avait eu la bonhomie de prendre au sérieux cette tactique de l'envie et de la sottise. Il revint même sur ses pas autant qu'il le put, et, durant les dernières années de sa vie, il s'efforçait encore de rester dans la voie que son aveugle respect pour son maître lui faisait prendre pour la meilleure. »

Prudhon ne poussa pas l'aveuglement aussi loin que Gros, et surtout il ne se laissa pas entamer par la critique, qui d'ordinaire se montre fort ignorante en matière d'art. Ainsi *le Journal des Débats* chargeait- vers cette époque, un certain Bougeard de faire le compte-rendu du salon. Ce Monsieur, après avoir commencé par une longue et ennuyeuse dissertation sur « Boucher, de ridicule mémoire, » arrive à Prudhon, à qui il ne ménage pas les avertissements déplacés dans sa bouche, et qu'il veut bien encourager en ces termes : « On connaissait déjà M. Prudhon par de petits dessins et quelques petits tableaux. Depuis, il s'était occupé avec succès de divers ouvrages de plafond; mais il faut marquer cette année comme l'époque de son entrée dans la lice avec les artistes d'un ordre supérieur. L'évènement lui a prouvé qu'on ne pouvait mieux choisir son temps pour une telle entreprise. »

En vérité, M. Bougeard était bien spirituel et bien bon ; c'est qu'il espérait que peu à peu Prudhon rentrerait à l'Ecole, comme un mouton au bercail ; et nous avons vu par le passage cité plus haut de Delacroix, ce qu'il faut entendre par l'école. Mais lorsqu'il vit que décidément Prudhon était un indépendant et voulait rester lui-même, les éloges devinrent aigre-doux, pour se transformer bientôt en critiques. Prudhon eut le bon esprit de ne se soucier pas plus des critiques que des éloges : il avait mieux à faire que de lire les dissertations de M. Bougeard.

En 1810, Napoléon épousait Marie-Louise.

Lors des fêtes qui furent données à cette occasion, Prudhon fut chargé de peindre un certain nombre de décorations à l'Hôtel de Ville. En outre, comme le conseil municipal voulait offrir un cadeau à la jeune impératrice, Prudhon fut encore chargé de faire les dessins des objets qui devaient être offerts, et qui se composaient d'une table avec miroir, de coffrets à bijoux, d'une Psyché, etc..... Napoléon admira même à un tel point le talent de Prudhon, qu'il le chargea d'enseigner le dessin à Marie-Louise. Celle-ci dormait pendant la leçon, mais Prudhon ne continuait pas moins à dessiner imperturbablement ce qu'il avait commencé de lui montrer. Il fit deux fois le portrait de son élève, une fois celui de Napoléon au crayon noir, et trois ou quatre fois celui du roi de Rome. Un de ceux-ci fut même exposé au salon de 1812.

En 1814, il envoya au salon : *Zéphire qui se balance*, charmante composition, dont l'idée lui était venue, dit-on, pendant qu'il était occupé de faire le portrait de M. Lezay. Celui-ci avait amené avec lui son enfant, qui, ne sachant que faire, s'était mis à se balancer sur une corde accrochée dans l'atelier de Prudhon. En 1816, il fut reçu à l'Institut; l'année suivante, il composa le tableau d'*Andromaque et Pyrrhus*, puis une *Assomption de la Vierge*, pour la grande chapelle des Tuileries. Deux dessins, qu'il composa pour l'étude de ce dernier tableau, sont aujourd'hui au musée de Cherbourg.

En 1721, la mort tragique d'une personne tendrement aimée vint lui briser le cœur et l'anéantir pour quelque temps. Il reprit ensuite son travail et ses habitudes. Voici quel était son genre de vie sur ses dernières années : « Il se levait de très bonne heure, travaillait assidûment; puis le soir venu, on l'emmenait faire un tour de promenade sur le boulevard extérieur. Lorsque le temps était mauvais, il restait au logis et passait de longues heures à caresser un gros chat qu'il avait pris en affection et qui s'établissait sur ses genoux. »

Il s'était en quelque sorte comme détaché du monde, et poussait le désintéressement et l'amour de son art jusqu'aux extrêmes limites. Témoin cette anecdote rapportée par Mme Belloc : « Prudhon peignait un tableau, et M. Belloc, pour éviter l'ennui de chercher un acheteur, le vendit au duc de Fitz-James qui en offrait 20,000 francs. Tout joyeux, M. Belloc s'en vint trouver Prudhon dans son atelier et lui dit : « Eh bien! votre tableau est vendu, mon cher Prudhon; le duc de Fitz-James le veut à tout prix. Il offre 20,000 francs, mais si vous désirez plus, fixez vous-même la somme. — Je vous remercie, répondit Prudhon; mais mon tableau est vendu. — A qui? — A Odiot; il me le paye 5,000 francs, et je préfère le voir entre les mains d'un amateur sincère qui l'aimera, qui ira chaque jour le regarder, à qui il procurera une vive et vraie jouissance, qu'entre celles d'un grand seigneur qui lui jettera à peine un coup d'œil le lendemain du jour où il sera entré dans sa galerie, et qui ne l'achète que parce que mon nom est à la mode en ce moment. »

Son dernier tableau fut : le *Christ sur la croix*, et une ébauche en grisaille l'*Ame délivrée.* Il avait pris pour texte ces paroles du psalmiste : « O qui donnera des ailes à mon âme comme à la colombe pour m'envoler vers mon dernier repos! » Prudhon se sentait mourir, et il voyait venir sa fin avec joie, brisé par les douleurs de l'existence, étant de ceux qui ont une âme trop sensible aux épines dont la route de la vie est bordée.

Il s'éteignit doucement le 16 février 1823, disant à ses amis qui pleuraient autour de lui : « Ne me pleurez pas, c'est mon bonheur. »

« J'allai, dit un de ses élèves et amis, M. Berger, à son service funèbre. Il faisait un temps affreux; la neige tombait à gros flocons. Le convoi était escorté par une compagnie de soldats d'infanterie pour lui rendre les honneurs militaires, comme chevalier de la Légion d'honneur. Les coins du poèle étaient tenus par plusieurs membres de l'Institut, entre autres par M. Hersent, qui s'approcha de moi en me demandant si j'étais un parent du défunt, car je fondais en larmes. Je sentais vivement la perte que je venais de faire. M. Prudhon avait été si bon, si doux, et ses conseils si précieux pour moi. »

A ces quelques lignes émues nous pourrions ajouter celles du premier biographe de Prudhon, de Voïart; disons seulement avec lui que si Prudhon a excité jadis l'envie de ses émules, on lui rendra pleine justice quand on aura mieux étudié son œuvre, et que « l'épithète de *Corrège français* lui sera confirmée par la postérité. »

Nous avons promis tout à l'heure de donner la description du magnifique tableau *Le crime poursuivi par la justice céleste,* tel qu'il fut exécuté par Prudhon et exposé au salon de 1808. Voici celle que le *Magasin pittoresque* a donnée en 1838 :

Un meurtrier a surpris sa victime durant la nuit dans un endroit sauvage qui semble inaccessible. Il la laisse étendue à terre, dépouillée, percée de plusieurs coups, et il s'éloigne en cachant son poignard dans les plis de sa robe. Mais la Justice arrive au-dessus de lui, représentée par deux figures allégoriques, l'une le bras étendu pour saisir, et un flambeau à la main, l'autre tenant des balances et un glaive pour frapper. Le sujet est parfaitement conçu; le groupe aérien est supérieurement jeté. La main qui s'avance pour saisir le coupable est d'une indéfinissable expression; toutes les mains du reste, ainsi que les pieds, et particulièrement les têtes, sont très belles. Toutefois, il faut dire que celle du meurtrier, où l'on remarque une merveilleuse empreinte de férocité et d'inquiétude, est imitée d'un buste antique de Caracalla, et que celles du groupe allégorique n'ont pas été peintes non plus sans réminiscences. Prudhon n'eut pas trouvé de lui-même des choses si en dehors de ses habitudes, mais le morceau précieux du tableau, celui où triomphent les vraies qualités de l'auteur, c'est le cadavre du malheureux assassiné. Que ce corps est beau! qu'il intéresse! Comme il sert bien l'intention générale! Les effets et les accidents de la lune et du flambeau sont ménagés avec une rare habileté. Peut-être, cependant, le passage des ombres à la lumière est-il trop heurté; peut-être encore les couleurs des draperies, si bien ajustées d'ailleurs, sont-elles trop éclatantes, les objets ne se voyant pas si distinctement au clair de lune et au flambeau. Ces critiques et d'autres furent faites dans le temps, et semblent fondées. Mais l'impression fut grande et terrible, si terrible, que lorsqu'on eut transporté le tableau au Palais de Justice, on fut obligé de le retirer à cause de l'effroi qu'il inspirait. On le plaça au musée du Luxembourg, puis à celui du Louvre, où il est aujourd'hui. L'empereur en fut aussi frappé que le public, et il décora Prudhon.

Au même salon de 1808, Prudhon avait produit une des plus charmantes choses qui existent : l'*Enlèvement de Psyché par le Zéphyr*. Psyché, dans les songes d'un léger sommeil, se sent emporter par un essaim d'enfants ailés. Elle est on ne peut mieux endormie et céleste, ainsi que les figures d'enfants. L'attitude du Zéphyr est un peu gênée, ce semble; mais que de tendresse dans tous ses traits! que de sollicitude pour l'objet aimé, et de crainte qu'il soit réveillé! Le dessin est parfois anguleux et désordonné; la couleur, en certains endroits, pourrait être moins violette. Mais ces défauts, qui ne sont guère sensibles que pour les praticiens, se dérobent presque pour tout le monde sous la grâce suave et touchante qui les enveloppe. Il en est de même de tous les tableaux, quel qu'en soit le sujet, que Prudhon composa depuis.

D'ordinaire, Prudhon procédait à la composition de ses ouvrages comme André Chénier nous raconte qu'il faisait ses poèmes, lentement, à loisir, et par accès, s'inquiétant peu, malgré les salons annuels, d'avoir fini à un moment plutôt qu'à un autre, et n'éprouvant du reste le besoin de produire qu'à intervalles.

L'anecdote racontée par Mme Belloc, au sujet de la vente d'un de ses tableaux à Odiot, a déjà montré que Prudhon poussait aussi loin que possible le désintéressement et l'amour de son art. Voici une autre anecdote, non moins typique à cet égard ; elle fait ressortir, en outre, l'extrême désir de Prudhon d'atteindre à la perfection qu'il rêvait.

Lorsque Fontaine construisit le grand escalier du Louvre, on voulut confier à Prudhon, qui avait pour la peinture décorative une aptitude particulière, l'exécution du plafond. Il fit aussitôt des esquisses pour cet ouvrage, qui lui plaisait beaucoup. Mais, lorsqu'il apprit que le plafond devrait être terminé en un an, il dit : « Ce n'est pas mon affaire. Je ne veux livrer mon œuvre que lorsqu'elle sera parfaite. Adressez-vous à X*** ; c'est un peintre expéditif ; il fera ce que vous demandez. »

Et il renonça ainsi à une commande fort importante.

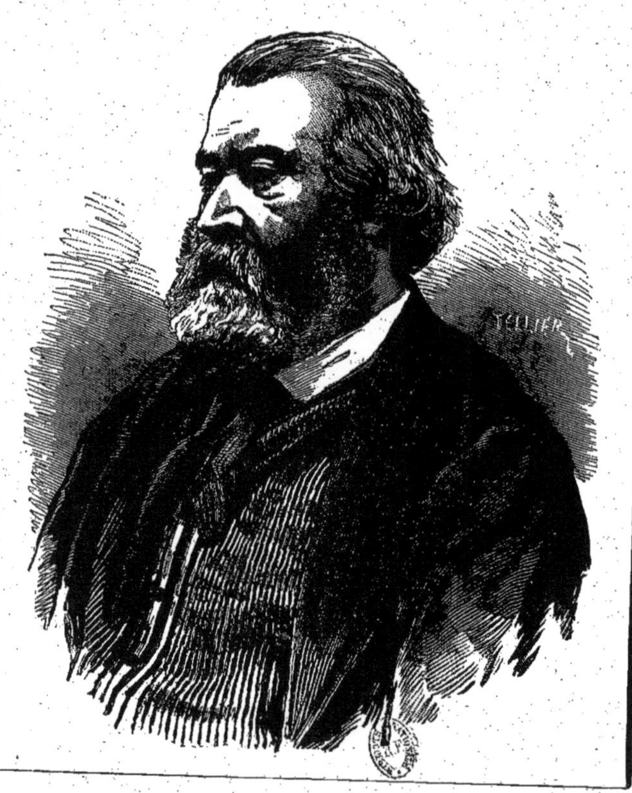

Portrait de Millet.

XIV

MILLET

Jean-François Millet, naquit en 1814 au hameau de Gruchy, commune de Gréville, non loin de Cherbourg, et mourut à Barbizon en 1875.

Ses parents, cultivateurs aisés, étaient établis depuis de longues années dans ce petit hameau de Gruchy, où il vit le jour. Il serait très intéressant d'étudier sa famille pour retrouver, plus tard, en Millet, les germes d'artiste et de poète qui existaient en eux.

Le célèbre peintre, dans ses souvenirs, se rappelait surtout avec émotion sa vieille grand'mère et un curé, son grand-oncle. « J'avais, dit-il, un vieux grand-oncle qui m'aimait beaucoup, et me traînait partout avec lui..... Comme je commençais à courir pas mal, je m'étais sauvé une fois avec d'autres gamins, et nous étions descendus sur les rochers au bord de la mer. En me cherchant partout, et ne me trouvant pas, il avait fini par venir du côté de la mer; et il m'avait aperçu penché sur des mares que la mer laisse en se retirant et dans lesquelles je cherchais à prendre des têtards. Il m'avait appelé avec un cri si épouvanté que je me redressai en sursaut et l'aperçus sur le haut des falaises, me faisant les signes les plus pressants de remonter au plus vite. Je ne me le fis pas répéter; car il m'avait fait une grande peur; si j'avais pu trouver un autre endroit, pour remonter, que le petit sentier au bout duquel il m'attendait, je n'aurais pas manqué de le prendre, mais l'escarpement des falaises m'y forçait absolument.

» Quand je fus une fois remonté, lui, me voyant hors de danger, se mit pour tout de bon en colère. Alors, il prit son chapeau à trois cornes et se mit à taper avec sur mon dos; et, comme la falaise était encore très raide à remonter jusqu'au village, et mes petites jambes ne me permettant pas d'aller bien vite, il me suivait en me tapant dans le derrière avec son chapeau et aussi rouge de colère qu'un coq. Il fit ainsi jusqu'au village. A chaque coup de son chapeau, il me disait : « Ah! je vais t'aider à remonter! ». Cela m'avait donné une grande peur du chapeau à trois cornes. Du reste, ce pauvre oncle, toute la nuit suivante, eut les cauchemars les plus affreux; il se réveillait à chaque instant en sursaut, en criant que je *m'affalaisais.* »

Encore que Millet ne comprît pas bien à cet âge, comme lui même le dit, l'affection à grands coups de chapeau, il adorait son grand-oncle, et peut-être plus encore sa grand'mère, qui était en même temps sa marraine, femme de l'ancien temps, nourrie de la lecture de la Bible, et des solitaires de Port-Royal. Elle ne voyait qu'une chose au monde : son petit François. Le matin, elle allait l'éveiller en lui disant : « Réveille-toi, mon petit François; si tu savais comme il y a longtemps que les oiseaux chantent. » Et le petit François s'éveillait, pas trop vite, à ce qu'il semble, puisque lui-même nous a conservé les premières impressions.

« Je me rappelle, dit-il, m'être éveillé un matin dans mon petit lit en entendant des voix de gens qui causaient dans la chambre où j'étais. Parmi les voix, il se faisait une espèce de ronflement qui s'interrompait de temps en temps. C'était le bruit d'un rouet et les voix étaient celles de femmes qui filaient et cardaient la laine. La poussière de la chambre venait danser dans un rayon de soleil, qui entrait par la fenêtre étroite et un peu haute qui donnait toute seule du jour à cette chambre. J'ai revu bien des fois ce rayon de soleil donner le même effet, car la maison faisait face au levant. Il y avait dans un des coins de la chambre un grand lit recouvert d'une couverture rayée de larges raies, rouges et brunes, et retombant tout autour jusqu'à terre. Il y avait aussi une grande armoire de couleur brune adossée au mur entre le pied du lit et la muraille où était la fenêtre. Tout cela me revient comme un rêve bien vague, bien vague, et s'il fallait me rappeler même un peu les visages de ces pauvres fileuses, toutes mes facultés seraient bien des fois insuffisantes, car, quoique j'aie grandi avant qu'elles n'aient disparu de ce monde, je ne peux me rappeler que leurs noms pour les avoir entendu prononcer depuis dans ma famille. »

Il passa donc les premières années de sa vie dans une atmosphère toute tiède d'affection, encore que la vie fût rude à Truchy; il courait le long de la mer avec les autres gars, développant en lui cette santé si robuste, sans laquelle il n'aurait pu supporter les épreuves dont il eut à souffrir dans la suite. A six ans et demi, il alla à l'école; c'est encore une date qui était restée fixée dans sa mémoire, et voici comme il nous raconte la chose.

« Mon entrée à l'école eut lieu pour la classe de l'après-midi. En arrivant dans la cour où les enfants jouaient, avant la rentrée, la première chose que je fis fut de me battre.

» Les enfants, déjà grandelets, à qui on m'avait confié, étaient fiers d'amener à l'école un enfant qui n'avait guère que six ans et demi, et qui connaissait déjà ses lettres; et, de plus, ils me trouvaient grand et fort, à tel point qu'ils assuraient qu'il n'y en avait pas un de mon âge, ni même un de sept ans, qui pourrait me battre.

» Il ne s'en trouvait pas là ayant moins de sept ans. On a voulu tout de suite savoir à quoi s'en tenir là-dessus. On en a donc amené un qu'on croyait des plus forts, afin de nous faire battre. Il faut avouer que nous n'avions pas de bien fortes raisons de nous en vouloir et le combat se serait effectué assez mollement.

» Mais il y avait un moyen d'intéresser l'honneur de ceux qu'on désirait faire battre. On prenait un fétu qu'on mettait en travers sur l'épaule d'un des deux, et on disait à l'autre : « Je parie que tu n'oserais pas enlever ce fétu ! » Comme on ne voulait pas passer pour peureux, on avançait la main et on enlevait le fétu. Il est bien entendu que l'autre ne devait pas souffrir une pareille insulte. On se battait donc pour tout de bon.

» Les grands excitaient celui pour qui ils avaient pris parti, et on ne séparait pas ceux qui se battaient. Il fallait qu'il y eût un vainqueur. On fit donc pour nous comme je viens de le dire ; on eut recours au fétu. Je fus le plus fort ; je me couvris de gloire. Ceux qui étaient pour moi, étaient joliment fiers ; ils disaient : Millet n'a que six ans et demi et il a battu un garçon de sept ans. »

A six ans de là, Millet fit sa première communion, ce qui signifie, à la campagne, qu'on dit adieu à l'école pour aller travailler aux champs. Cependant, le curé qui lui avait appris le catéchisme, frappé des réponses de Millet qui, cependant, n'avait pas pu en apprendre un seul mot par cœur, voulut le pousser plus loin et lui apprendre le latin, et le mit à l'*Epitome* et au *Selectæ*. Millet n'y mordait guère, malgré son enthousiasme pour Virgile ; mais le curé persistait à croire qu'il en ferait quelque chose, et décida même ses parents à le lui confier lorsqu'il fut transféré à la cure d'Heauville. Millet resta bien quelque temps avec lui ; mais il avait le mal du pays et revint bien vite auprès de ses parents, disant, les larmes aux yeux, qu'il ne voulait jamais plus les quitter.

Il mena donc pendant cinq ou six ans la vie d'un cultivateur, prenant part à tous les travaux des champs, même les plus pénibles ; c'est ce qui explique qu'il ait si bien pénétré le sens de cette vie particulière faite de souffrance et de bonheur ; car si elle abrutit le corps, elle laisse reposer l'esprit. Les jours où il pleurait, et où il ne pouvait absolument pas travailler aux champs, il lisait les différents ouvrages qui se trouvaient à la maison et qui étaient presque tous des livres de piété : la Vie des Saints, les Confessions de Saint-Augustin, Bossuet, Fénelon; enfin, et surtout la Bible qu'il lut et relut pendant toute son existence. C'est là ce qui explique qu'il ait eu une âme vraiment pieuse, et profondément sensible. Parfois, il dessinait, tâchant de rendre son impression. Un jour, il dessina un pauvre vieux tout courbé comme les arbres de ce pays, et toute la famille le reconnut. Le père de Millet, qui n'était certes pas un paysan ordinaire, comprit tout de suite que son fils serait pris par l'art; peut-être eut-il le pressentiment que son fils serait malheureux; cependant, il n'hésita pas à le conduire à Cherbourg, pour faire voir ses premiers essais à un peintre et demander si l'enfant avait des dispositions.

Il présenta deux dessins de son fils à un certain Mouchel. Ce M. Mouchel ne pouvait croire que les dessins qu'il avait sous les yeux fussent bien de Millet, et il n'hésita pas un instant à l'accepter pour le faire travailler. Nous disons travailler, mais le mot est bien ambitieux, car Mouchel, de son vrai nom Dumoncel, était l'individu le plus fantasque qu'on connût à Cherbourg.

Il avait épousé une bonne paysanne des environs, habitait le Roule, au fond d'une petite vallée avec un moulin qui lui appartenait, et qu'il faisait tourner, tout en se livrant à son goût furieux pour la peinture. Il aimait la campagne au point d'en être fou, et passait même de longues heures en tête à tête avec un cochon, dont il prétendait comprendre le langage.

Mouchel laissa Millet faire ce qu'il voulut; et celui-ci copia quelques bosses et alla peindre au Musée de Cherbourg. Il y était lorsqu'on vint lui dire que son père se mourait. Il partit aussitôt comme un trait, courut à perdre haleine, mais lorsqu'il arriva, son père était mort, emporté subitement par une fièvre cérébrale.

Millet en ressentit une profonde douleur. Etant l'aîné de la famille, il crut qu'il était de son devoir de rester à la maison pour remplacer son père; mais il n'y resta que quelques mois.

Il avait des tristesses subites qu'il ne pouvait cacher à sa mère et à sa grand'mère qui en devinaient bien la cause; il vint de Cherbourg une lettre qui l'appelait pour reprendre ses études de peinture; on lui offrait même des commandes; bref, il se laissa convaincre et partit.

On lui avait promis de le faire entrer dans l'atelier de Langlois, le peintre le plus célèbre de Cherbourg.

Langlois était un ancien élève de Gros. Pas plus que Dumoncel, il ne lui donna de leçons précises; il l'abandonna également à lui-même, et Millet recommença à faire des dessins d'après la bosse, et à aller copier au Musée de Cherbourg un tableau de Jordaens et des toiles du XVIIe siècle.

Il s'était lié, quoiqu'il fût assez peu communicatif, avec un jeune commis de librairie, Fenardent, dont un fils épousa plus tard la fille aînée de Millet; et il pouvait, par son intermédiaire, se livrer à sa passion pour la lecture. Il dévora tout : Victor Hugo, Shakepare, Walter-Scott et bien d'autres.

Cependant Langlois, voyant qu'il n'avait rien à apprendre à son élève, adressa une lettre au conseil municipal de Cherbourg, pour demander qu'on l'envoyât à Paris, terminer ses études, affirmant qu'il réussirait bien dans la peinture historique. Ce Langlois était vraiment bon prophète! Le conseil, après bien des hésitations, vota 400 francs d'indemnité auxquels le conseil général de la Manche ajouta 600 francs; et ce fut avec cette somme que Millet débuta dans Paris; encore ne lui fut-elle payée que pendant deux ans.

Il partit à vingt-trois ans, après bien des recommandations de sa pauvre grand'mère qui le croyait perdu pour toujours, et arriva à Paris un jour de janvier :

« Ce fut un samedi de janvier que j'arrivai le soir à Paris par la neige; la lueur des réverbères presque éteints par le brouillard, la quantité immense de chevaux et de voitures qui se heurtaient ou s'entrecroisaient, les rues étroites, l'odeur et l'air de Paris me portèrent à la tête et au cœur au point de me suffoquer. Je fus pris par une crise de sanglots que je ne pouvais arrêter... »

Dans ce corps si robuste était une âme très sensible ; il partagea, à ce moment-là, les craintes de sa grand'mère, et il se crut à peu près perdu. Il ne retrouvait plus les champs, les vastes espaces, l'air pur de sa Normandie ; il sentait que tout était rétréci, un peu mesquin à Paris, avait-il tort, lui, paysan?

Au bout d'un mois il fut pris de la fièvre, fut soigné par une âme charitable ; mais il ne se remit pas complètement, obligé de vivre avec ses trente sous.

Cependant, il était venu à Paris pour travailler, se disait-il ; il allait pouvoir enfin trouver des modèles et admirer les œuvres de tous ces grands peintres dont il n'avait pu voir encore que des copies. Ce qu'il désirait surtout contempler, c'était le Louvre ; il passa longtemps à le chercher, étant très timide et n'osant pas demander où il se trouvait, de crainte de se faire moquer de lui. Il arriva à le découvrir, et alors ses premières souffrances disparurent.

Il resta comme en extase devant les chefs-d'œuvre qui l'aveuglaient, le paralysaient.

Il faudrait pouvoir rapporter ici tout au long les impressions de ce grand artiste sur d'autres grands artistes ; nous n'avons pas la place suffisante pour le faire. Mais citons cependant ce passage où il parle de Michel-Ange :

« Quand je vis le dessin de Michel-Ange, qui représente un homme évanoui, ce fut bien autre chose : l'expression des muscles détendus, les méplats, les modelés de cette figure affaissée sous la souffrance physique, me donnèrent toute une série d'impressions ; je me sentais comme lui supplicié par le mal. J'avais pitié de lui. Je souffrais de ce même corps, de ces mêmes membres. Je vis bien que celui qui avait fait cela était capable, avec une seule figure, de personnifier le bien et le mal de l'humanité.

C'était Michel-Ange, c'est tout dire. J'en avais vu déjà des gravures médiocres, à Cherbourg, mais là je touchais le cœur et j'entendais la parole de celui qui me hanta si fortement toute ma vie. »

Un autre peintre, un Français celui-ci, qui le hanta aussi toute sa vie, et dont il aimait à lire les ouvrages, fut Poussin; il appréciait vivement le caractère austère, mais juste et sincère de ce grand maître.

Cependant, Millet ne pouvait pas rester à Paris en se contentant seulement de regarder et de voir, ce qui était déjà une bonne leçon; il devait à ceux qui lui avaient accordé une pension de se mettre à l'école d'un peintre contemporain. Il choisit l'atelier de Paul Delaroche, le peintre le plus en vogue à ce moment.

Millet se trouva dépaysé dans ce milieu de jeunes gens dont la plupart n'avaient pas la moindre vocation pour la peinture, et qui passaient la moitié de leur temps, à l'atelier, à faire de grosses farces et à chercher de l'esprit.

On voulut d'abord se moquer de Millet; mais comme il montra les dents et qu'il était de taille à se défendre contre tous, on le laissa tranquille, enfermé dans son mutisme, et on s'en vengea en l'appelant l'homme des bois.

Mais l'homme des bois laissait dire et travaillait en silence. Son maître Delaroche, tantôt l'encourageait, tantôt le rabaissait, sans lui donner aucun conseil. Millet concourt pour le prix de Rome; il avait fait un bon tableau au dire de Delaroche lui-même, mais aussi celui-ci avait, comme il le déclara à Millet, à faire passer un certain Roux. Millet se le tint pour dit, et ne mit plus les pieds à l'atelier.

Il résolut de travailler seul et d'arriver par lui-même. Il s'était lié à l'atelier avec Marolle, fils d'un fabricant de vernis de la rue du Four. A eux deux, ils louèrent un petit atelier au coin de la rue d'Enfer et du Val-de-Grâce, et ils se mirent à travailler.

Mais la misère se mit bientôt de la partie, et ils eurent fort à souffrir. Millet faisait des tableaux, Marolle allait les vendre, — quand il le pouvait — jamais au-dessus de 20 francs. Encore Millet n'osait-il pas les signer.

C'est de cette époque que datent les pastiches qu'il fit de Watteau, de Boucher, sujets fort demandés.

En 1840, il affronta pour la première fois le salon ; il y avait trois ans qu'il était à Paris.

Il envoyait deux portraits; l'un, celui de Marolle; l'autre, celui d'une de ses parentes : celui-ci seul fut admis.

Après quoi, Millet qui allait tous les ans revoir son cher pays, partit un peu soulagé. Mais il ne se doutait guère de toutes les déceptions qui l'attendaient à Cherbourg.

On lui demanda de faire le portrait de Javain, l'ancien maire, mort, dont on n'avait pas de bonne photographie, moyennant quoi on lui promettait 300 francs.

Il lui fallut d'abord s'installer dans le vestibule de la mairie, sur le passage des allants et venants qui ne se gênaient pas pour le critiquer et lui faire retoucher qui un œil, qui la bouche, qui le nez. La concierge de la mairie poussa même les hauts cris quand elle eut appris que Millet s'était servi d'un commis de mairie, qui avait même été condamné à trois mois de prison, pour le faire poser pour les mains. Comment après cela s'étonner si le portrait n'était pas ressemblant?

Bref, lorsque le portrait fut terminé, le conseil refusa net, en déclarant qu'il n'était pas ressemblant, et en refusant également de payer la somme convenue.

Mais lorsque Millet, lassé de toutes ces mesquineries, eut déclaré péremptoirement qu'il abandonnait l'argent, on s'empressa de pendre monsieur Javain (c'est son portrait que je veux dire) à la plus belle place, dans la salle des délibérations du conseil.

Ce qui n'empêcha pas d'ailleurs le conseil de supprimer la maigre pension accordée jusque-là à Millet. Celui-ci, pour vivre, accepta, comme jadis Prudhon, toutes les commandes qu'on voulut bien lui adresser. Il peignit jusqu'à des enseignes pour un vétérinaire et pour une modiste.

Après quoi, il revint à Paris ; mais il n'y revenait pas seul. Il amenait avec lui une jeune femme qu'il avait épousée, et qui ne devait pas vivre longtemps.

En 1842, ses deux envois au Salon sont refusés; en 1844, on reçut les deux qu'il envoya. C'était une laitière, et un pastel intitulé : *Leçon d'équitation*. Ce pastel transporta Diaz d'enthousiasme, et Tourneux ne fut pas moins émerveillé; il voulut même connaître l'auteur de ce chef-d'œuvre ; mais lorsqu'après bien des recherches, il eut fini par découvrir sa demeure, le concierge lui répondit :

« Ils étaient deux dans un petit logement, le mari et la femme ; la femme est morte et le mari est parti on ne sait où. »

Millet était retourné prendre des forces dont il avait si grand besoin, et, naturellement, il était parti pour Cherbourg. Un pastel qu'il y fit excita l'intérêt en sa faveur, et le sous-préfet lui offrit même un poste de professeur au collège de Cherbourg. C'était le pain quotidien assuré. Millet refusa cependant ; il sentait, lui, une voix qui lui disait qu'il devait faire autre chose, et d'ailleurs cette carrière ne lui paraissait pas assez indépendante. Il aimait mieux reprendre sa vie de misère. Il repartit donc pour Paris, marié une seconde fois, décidé à l'emporter de haute lutte et à se faire comprendre.

Mais il trouva bien des résistances, et le premier de ses ennemis fut la faim.

Nous n'exagérons rien. Il faut lire dans le beau livre qu'un de ses amis, A Sensier, a conservé à sa mémoire, les lettres navrantes qu'il écrivait pour obtenir 20 francs, 30 francs de manière à ne pas mourir de faim. Voici un exemple, entre beaucoup d'autres : « C'était à la tombée du jour ; Millet était dans son atelier, assis sur une malle, le dos arrondi comme quelqu'un qui a froid.

» Quand on arriva, il dit bonjour et ne se leva pas. Il gelait dans ce triste réduit. On lui remit les 100 francs, et il ne prononça que ces mots : « Merci, ils arrivent à temps, nous n'avons pas mangé depuis deux jours; mais l'important, c'est que les enfants n'aient point souffert; ils ont eu jusqu'à présent leur nourriture. » — Puis il appela sa femme : — Tiens, dit-il, je vais aller acheter du bois, car j'ai grand froid. »

Il avait exposé un *OEdipe détaché de l'arbre* et un *St Jérome;* puis, en 1848, un *Vanneur* et *la Captivité des Juifs à Babylone*.

L'année suivante, comme le choléra était à Paris, il se décida à aller à la campagne, à Barbizon, près de la forêt de Fontainebleau. Là, du moins, il aurait de l'air, et lorsqu'une de ses épouvantables migraines, comme il en avait, viendrait le prendre, il s'en irait se promener.

Il croyait n'y rester que quelques mois; il y demeura jusqu'à la fin de sa vie, c'est-à-dire pendant vingt-sept ans encore.

« Ses occupations, dit Sensier, étaient de deux sortes : le matin il labourait son jardin, plantait, semait ou récoltait; et, après le déjeuner, il entrait dans une salle, basse, froide et obscure, qu'on appelait l'atelier. » C'est cependant là qu'il fit tous ces chefs-d'œuvre qui se vendent aujourd'hui un demi-million, comme l'*Angelus*, et dont on lui offrait de son vivant un prix dérisoire.

Il força les portes du salon et finit par obtenir une médaille qui le mettait hors concours et lui permettait d'envoyer ce que bon lui semblait. Il avait d'ailleurs réussi à se faire un ami de Théodore Rousseau, qui finit si misérablement, de Diaz qui le réchauffait, et de la plupart des artistes qui ne voulaient s'astreindre à aucune école. Il finit même par être décoré.

Mais que de luttes pour arriver jusque-là! que d'angoisses dans cette pauvre âme sensible qui connaissait à fond la nature et se désespérait de ne pouvoir l'exprimer!

On refusait un de ses tableaux, et il disait : « On croit qu'on me fera courber, qu'on m'imposera l'art des salons; eh bien! non; paysan je suis né, paysan je mourrai. »

Et il avait raison, et notre époque lui donne raison. Car il était naïf et sincère, et il exprimait ce qu'il sentait; il se mettait tout entier dans sa peinture.

Que peut-on demander de plus à un artiste...

Comme homme, on peut dire hautement que c'était une belle âme. Ecoutez plutôt ses propres paroles qui mériteraient d'être inscrites en tête d'un recueil de ses lettres :

« Mon programme, c'est le travail, car tout homme est voué à la peine du corps. Tu vivras à la sueur de ton front, est-il écrit depuis des siècles : Destinée immuable qui ne change pas! Ce que tout le monde devrait faire, c'est de chercher le progrès dans sa profession, c'est de s'efforcer à toujours faire mieux, à devenir fort et habile dans son métier et à surpasser son voisin par son talent et sa conscience au travail. C'est pour moi la seule voie. Le reste est rêverie ou calcul. »

FIN.

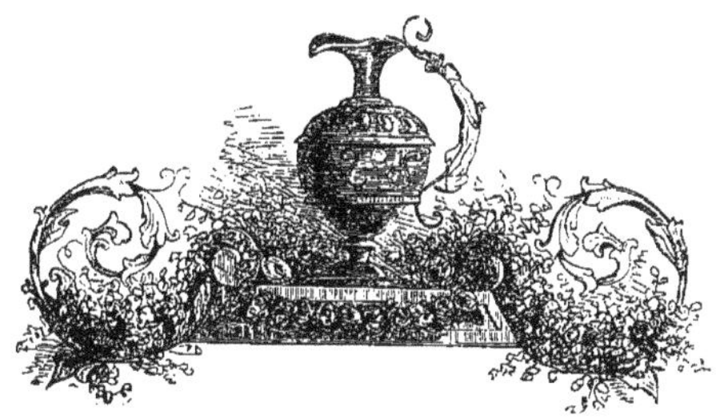

TABLE DES GRAVURES

Le Repas de famille. — Tableau de WATTEAU. 4

Les cinq bourgmestres. — Tableau de REMBRANDT. 15

Portrait de Raphaël, par lui-même. 24

L'École d'Athènes. — Peinture à fresque de RAPHAEL, exécutée en 1512. 51

Portrait de Michel-Ange. 56

La Sibylle d'Erythrée. — Peinture à fresque de MICHEL-ANGE. 67

Portrait de Léonard de Vinci. 78

Une sainte famille. — Tableau de LÉONARD DE VINCI. 87

Portrait d'Antonio Allegri, dit le Corrège. 100

Saint Gérôme. — Tableau du CORRÈGE. 109

Portrait du Titien. 120

Portrait de Philippe II, roi d'Espagne. — Tableau du TITIEN. 131

Portrait de Paul Véronèse. 141

Les Pèlerins d'Emmaüs. — Tableau de PAUL VÉRONESE. 151

Portrait de Murillo. 164

Portrait de Rubens. 180

Episode d'une chasse au lion. — Tableau de RUBENS. 193

Portrait de Rembrandt, par lui-même. 206

Portrait d'Albert Dürer, par lui-même. 220

L'Enfant prodigue. — Gravure d'Albert Durer. 229

Portrait de Nicolas Poussin, par lui-même. 244

Le Testament d'Eudamidas. — Tableau de Nicolas Poussin. 265

Statue de Watteau, érigée à Valenciennes, le 12 octobre 1884. 270

Portrait de Prudhon. 282

Maison où est né Prudhon, à Cluny. 291

Portrait de Millet. 304

FIN DE LA TABLE DES GRAVURES.

TABLE

Introduction. 7

I. — Raphaël. 25
II. — Michel-Ange. 57
III. — Léonard de Vinci. 79
IV. — Le Corrège. 101
V. — Titien. 121
VI. — Paul Véronèse. 145
VII. — Murillo. 165
VIII. — Rubens. 181
IX. — Rembrandt. 207
X. — Albert Dürer. 221
XI. — Poussin. 245
XII. — Watteau. 271
XIII. — Prudhon. 283
XIV. — Millet. 305

FIN DE LA TABLE.

Limoges. — Imp. E. Ardant et Cie.

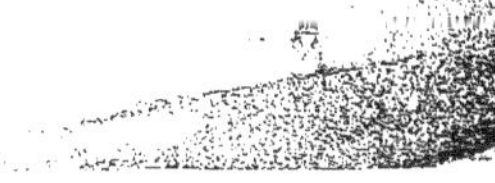

www.ingramcontent.com/pod-product-compliance
Ingram Content Group UK Ltd.
Pitfield, Milton Keynes, MK11 3LW, UK
UKHW021100220726
13924UKWH00005B/2170

9 782019 923877